金色财经

数字货币与法

DIGITAL CURRENCY AND LAW

刘　磊　吴之欧　著

法律出版社 | LAW PRESS
北京

图书在版编目(CIP)数据

数字货币与法 / 刘磊, 吴之欧著. -- 北京 : 法律出版社, 2022(2022.7 重印)

ISBN 978-7-5197-6528-6

Ⅰ. ①数… Ⅱ. ①刘… ②吴… Ⅲ. ①数字货币－货币法－研究 Ⅳ. ①D912.285.04

中国版本图书馆 CIP 数据核字(2022)第 045985 号

数字货币与法
SHUZI HUOBI YU FA

刘 磊 吴之欧 著

策划编辑 沈小英
责任编辑 毛镜澄
装帧设计 汪奇峰

出版发行 法律出版社
编辑统筹 法治与经济出版分社
责任校对 王 丰 李景美
责任印制 吕亚莉
经　　销 新华书店

开本 710 毫米×1000 毫米 1/16
印张 18.5 **字数** 263 千
版本 2022 年 5 月第 1 版
印次 2022 年 7 月第 2 次印刷
印刷 固安华明印业有限公司

地址:北京市丰台区莲花池西里 7 号(100073)
网址:www.lawpress.com.cn
投稿邮箱:info@lawpress.com.cn
举报盗版邮箱:jbwq@lawpress.com.cn
销售电话:010-83938349
客服电话:010-83938350
咨询电话:010-63939796

书号:ISBN 978-7-5197-6528-6
定价:89.00 元

凡购买本社图书,如有印装错误,我社负责退换。电话:010-83938349

刘 磊

北京盈科（上海）律师事务所“数字经济与金融科技团队”负责人，法学硕士。兼任同济大学人工智能社会治理协同创新中心兼职研究员，甘肃政法大学人工智能法治研究院研究员，GLG格理集团专家库成员，亚洲数字银行、亚太投资银行法律顾问。

专注区块链、虚拟货币、NFT、Web3.0、跨境支付、数据合规等数字金融领域的法律实务与理论研究工作，办理200余起相关案件；发表《司法实务中私人“数字货币”属性的认定困境及对策分析》《论电信网络诈骗中瑕疵被冻结人的保护》《侦查权力与公民权利的冲突与平衡——“断卡行动”中的公民财产权保障路径》等学术文章；在微信公众号“律动币圈”以及金色财经、巴比特、今日头条等网站发表专业文章上百篇；针对虚拟货币、NFT的法律问题，曾接受《中国知识产权报》、《每日经济新闻》、《方圆》、金色财经等媒体的采访。

曾受邀为“海南大学博士研究生人工智能课程”、“中央财经大学法律硕士区块链与法律课程”、甘肃省律师协会青年领军人才培训班、海南省涉外法律服务律师人才培养班授课。曾获盈科全国青工委“十佳未来之星”、盈科（上海）“新十年 · 十青年”代表等荣誉称号。开设抖音号“上海刘磊律师”，为社会公众普及区块链、虚拟货币领域的法律知识。

吴之欧

温州大学教授，访美学者，兼职律师，法学博士。九三学社中央青年工作委员会委员，九三学社温州市委员会常委、温州大学基层委员会主委。兼任温州市政协委员、温州市政府立法专家、温州市法学会禁毒法学会会长、温州市政协法律顾问组组长、温州市公安局禁毒指导师、温州仲裁委员会仲裁员、鹿城区人民检察院专家委员会委员、浙江省法学会刑法学会理事、浙江省法学会律师法学会理事。

在核心及一级期刊上发表论文30多篇；出版专著2部、主编教材3部、参编教材4部；主持省部级课题6项，参与国家社科基金重大项目、青年项目各1项。多次为省市司法系统、政府部门、妇联、团委开办讲座，担任市县各级党校干部培训授课老师。多次作为专家嘉宾参与地方电视台、广播电台“政情民意中间站”“电视问政”等法治栏目的录制。曾代理“钱某会交通肇事案”“温州菜篮子集团腐败窝案”等具有地区影响力、全国影响力的案件。个人事迹曾经地方报纸《温州都市报》《温州政协》整版报道，经《中国妇女》报道。

简称表

机构/组织中文名称	机构/组织英文全称	简称
纳斯达克证券交易所	National Association of Securities Dealers Automated Quotations	NASDAQ
纽约证券交易所	New York Stock Exchange	NYSE
巴塞尔银行监管委员会	Basel Committee on Banking Supervision	BCBS
国际清算银行	Bank for International Settlements	BIS
经济合作与发展组织	Organization for Economic Cooperation and Development	OECD
欧洲中央银行	European Central Bank	ECB
英格兰银行	Bank of England	BoE
国际货币基金组织	International Monetary Fund	IMF
欧洲银行业管理局	European Banking Authority	EBA
反洗钱金融行动特别工作组	Financial Action Task Force on Money Laundering	FATF
新加坡金融管理局	Monetary Authority of Singapore	MAS
荷兰中央银行	De Nederlandsche Bank	DNB
美国国家经济研究局	National Bureau of Economic Research	NBER
澳大利亚税务局	Australian Taxation Office	ATO
美国商品期货交易委员会	U. S. Commodity Futures Trading Commission	CFTC

续表

机构/组织中文名称	机构/组织英文全称	简称
美国证券交易监督委员会	U. S. Securities and Exchange Commission	SEC
迪拜金融服务管理局	Dubai Financial Services Authority	DFSA
迪拜国际金融中心	Dubai International Financial Centre	DIFC
香港证券及期货事务监察委员会	Hong Kong Securities and Futures Commission	HKSFC
美国司法部	U. S. Department of Justice	DoJ
瑞士金融市场监督管理局	Swiss Financial Market Supervisory Authority	FINMA
瑞士联邦委员会	Swiss Federal Council	SFC
瑞士联邦税务局	Swiss Federal Tax Administration	FTA
美国国家税务局	Internal Revenue Service	IRS
美国金融消费者保护局	Consumer Financial Protection Bureau	CFPB
美国金融犯罪稽查局	Financial Crimes Enforcement Network	FinCEN
纽约州金融服务局	NewYork Department of Financial Services	NYSDFS
美国众议院	United States House of Representatives	HR
得克萨斯州众议院	Texas House of Representatives	THR
美国货币监理署	Office of the Comptroller of the Currency	OCC
美国国家银行	United States National Bank	USNB
美国联邦储蓄银行	American Federal Savings Bank	AFSB
美国财政部	Department of the Treasury	DOT
美国总统金融市场工作组	Presidential Working Group of Financial Markets	PWG
联邦存款保险公司	Federal Deposit Insurance Corporation	FDIC
联邦金融机构检查委员会	Federal Financial Institutions Examination Council	FFIEC

续表

机构/组织中文名称	机构/组织英文全称	简称
日本金融厅	Financial Services Agency	FSA
日本众议院	The House of Representatives of Japan	HRoJ
德国联邦金融监管局	Federal Financial Supervisory Authority	BaFin
澳大利亚证券及投资委员会	Australian Securities and Investments Commission	ASIC
澳大利亚交易报告和分析中心	Australian Transaction Reports and Analysis Centre	AUSTRAC
澳大利亚竞争与消费者委员会	Australian Competition and Consumer Commission	ACCC
韩国金融服务委员会	Financial Services Commission, Republic of Korea	FSC
韩国国税厅	National Tax Service	NTS
韩国经济财政部	Ministry of Economy and Finance	MOEF
香港金融管理局	Hong Kong Monetary Authority	HKMA
香港保险业监管局	Hong Kong Insurance Authority	HIA
香港特别行政区财经事务及库务局(财库局)	Financial Services and the Treasury Bureau of Hong Kong Special Administrative Region	FSTB
多伦多证券交易所	Toronto Stock Exchange	TSE
加拿大银行监督委员会	Financial Transactions and Reports Analysis Centre of Canada	FINTRAC
安大略省证券委员会	Ontario Securities Commission	OSC
国际金融稳定委员会	Financial Stability Board	FSB
国际证监会组织	International Organization of Securities Commissions	IOSCO
支付和市场基础设施委员会	Committee on Payments and Market Infrastructures	CPMI
阿姆斯特丹证券交易所	Amsterdam Stock Exchange	AEX

序

“未来已来，将至已至。”伴随人工智能、区块链技术的不断发展，第四次工业革命正在以前所未有的速度深刻地改变着我们的生活。毫不夸张地说，由物联网、大数据、人工智能等技术所驱动的社会生产方式变革已然引领人类进入新纪元。

这一场以网络化、信息化与智能化的深度融合为核心的技术革命，在渗透社会生活诸领域的同时，也已然引发一系列从未遇到过的法律难题和伦理难题。比如，作为区块链行业先驱的私人数字货币（Crypto）将会带来一系列洗钱、非法换汇等刑事风险；代币（Token）作为 Web3 世界的重要基础设施，也带来大量诈骗、非法集资、非法发行证券等法律问题；稳定币的大规模应用对现有各国中央政府主导下的主权货币和既有法律体系下的跨境支付结算带来了冲击；NFT 作为确权工具无论是对元宇宙的发展还是对 Web3 世界的建设都意义非凡。但在无监管不透明的情况下，同样会带来诸多侵权、诈骗风险；以 Terra 为典型代表，利用 Defi（去中心化金融）、DAO（去中心化自治组织）、稳定币结合区块链技术搭建起来的 Web3 应用生态，其潮起潮落对于全球金融市场的冲击不容小觑。

变化是必然的，而且我们已经置身于飞速变化之中。我们对于新事物的价值发现已经远远赶不上发明新事物的速度。一项新技术可能在问世五六年甚至十年之后，其潜在价值和用途的共识才会逐渐达成，而在这之前，以区块链名义进行的所谓金融创新、去中心化金融活动，事实上很可能既不是创新，也不是真正的去中心化和去集权化。

变化也为法学理论界和司法实务人员带来了严峻挑战。从智能合约的法律效力到人工智能创作物的著作权问题；从 Token 的法律属性和财产属性认定，到 Web3 应用于跨境投融资的合法性及投资者保护问题，全球的司法机构和金融监管部门都处在探索阶段。"新技术呼唤新治理，新治理需要新智慧。"2017 年开始，包括法学界在内的学术界，已经针对人工智能领衔的新技术所引发的各种问题展开了一系列深入研究。就法学而言，理论研究逐步深入的同时，《民法典》《数据安全法》《个人信息保护法》等法律规范也紧随技术潮流，对新问题作出了一系列规范。

在新技术所涉法律问题这一研究领域，同济大学法学院于 2019 年正式成立了互联网与人工智能法律研究中心，以此作为集中研究新技术所带来法律问题的平台。2021 年 9 月，"上海市人工智能社会治理协同创新中心"落户同济大学，法学院承担起了这一协同创新中心的牵头任务，与校内、校外多家科研单位、高等院校、产业机构协同建设。以此为契机，同济大学的法学教育与研究将在传统优势的基础上，依托上海市人工智能社会治理协同创新中心这一平台，强化新兴技术领域的法学教学与研究，并将聘任相关领域的实践专家从事这方面的教学和研究工作。目前，同济大学法学院与汽车学院、交通学院联合进行的无人驾驶法律问题研究已具雏形，区块链技术的研究也取得了初步成果。我们希望，我们的努力既能推动前沿技术领域法律问题的研究，也能进一步推动实务界人士和理论界人才的沟通合作，为复合型科技法治人才的培养履行高校的社会责任。

本书作者刘磊律师，是一支致力研究区块链、数字金融领域法律问题律师团队的负责人。难能可贵的是，他在从事司法实务的同时，一直致力在理论上为推动涉私人数字货币的司法案件统一裁判标准贡献自己的智慧，对于私人数字货币的属性以及由此产生的诸多争议都有较深入的思考与研究。作为我们的兼职研究人员，他邀请我为本书作序，我欣然应允！

是以为序！

蒋惠岭*

2022 年 5 月

* 上海市人工智能社会治理协同创新中心主任，同济大学法学院院长、特聘教授。

自　序

（一）

2008 年全球金融危机爆发之际，中本聪发表了一篇文章《比特币：一种点对点的电子现金系统》，从此拉开了数字货币的帷幕。2013 年 11 月 5 日，比特币从 229.21 美元一枚的开盘价，仅用了 10 天时间，涨到了开盘价 1152.73 美元一枚。2013 年 12 月 3 日，中国人民银行等五部委发布《关于防范比特币风险的通知》，该通知认为，比特币不是由货币当局发行的，不具有法偿性与强制性等货币属性，并不是真正意义上的货币。从性质上看，比特币是一种特定的虚拟商品，不具有与货币等同的法律地位，不能且不应作为货币在市场上流通使用。但是，比特币交易作为一种互联网上的商品买卖行为，普通民众在自担风险的前提下拥有参与的自由。

2014 年，泰达（Tether）公司在其网站宣称严格遵守 1∶1 的准备金保证，即每发行 1 枚 USDT（泰达币）代币，其银行账户都会有 1 美元的资金保障。由于 USDT 代币由现实世界货币存储支持，它声称用户可以享受基于数字、区块链交易的好处，而不受大多数加密货币的波动影响。自此，稳定币的市场一飞冲天，币圈的生态借助稳定币的流通适用，得到了质的飞越，虚拟货币的用户群体也借此进一步扩大。

2017 年前后，国内发行虚拟货币融资的项目应接不暇，“山寨币”“空气币”“僵尸币”等虚拟货币只要能上线虚拟货币交易所，就能获得几百倍甚至几千倍的收益；一桩桩匪夷所思的金融狂欢背后，都是项目方操盘手的“杰作”，最终将无比锋利的镰刀无情地向“韭菜”砍去。2017 年 9 月 4 日，中国人民银行等七部委发布《关于防范代币发行融资风险的公告》明确，代币发行融资，本质上是一种未经批准非法公开融资的行为，涉嫌非法发售代币票券、非法发行证券以及非法集资、金融诈骗、传销等违法犯罪活动。

2019 年 8 月 2 日，中国人民银行下半年工作会议中强调，加快推进我国法定数字货币（DC/EP）的研发步伐，跟踪研究国内外虚拟货币发展趋势；2019 年 10 月 24 日，习近平总书记在中央政治局第十八次集体学习时强调，我们要把区块链作为核心技术自主创新的重要突破口，明确主攻方向，加大投入力度，着力攻克一批关键核心技术，加快推动区块链技术和产业创新发展。

2020 年 3 月 12 日，比特币从 8000 美元跌至 3150 美元一枚；2020 年 12 月 16 日，比特币价格创历史新高，达到 21，500 美元一枚；2021 年 1 月 3 日，达到 34，600 美元一枚；2021 年 1 月 8 日，达到 40，000 美元一枚；2021 年 2 月 17 日，达到 50，000 美元一枚；2021 年 3 月 12 日，达到 60，000 美元一枚。无独有偶，除比特币外的虚拟币币种，甚至出现一天几十倍、上百倍、上千倍的涨幅，譬如，大家耳熟能详的狗狗币、Shi 币。

2021 年 3 月 11 日，艺术家 Beeple 的作品《Everydays：The First 5000 Days》在佳士得官网上以 69，346，250 美元成交（折合人民币约为 4.5 亿元），成为最贵 NFT 艺术品，同时该作品成为在世艺术家拍卖作品价格排行榜中的“第三高价”；2021 年 8 月 30 日，波场 TRON 创始人孙宇晨宣布，他以 1050 万美元的价格拍下编号为 3442 的 Justin Sun Tpunks 头像。

2021 年 4 月 14 日，美国主要加密货币交易平台 Coinbase 全球公司在 NASDAQ 正式上市交易。

2021 年 5 月 18 日，中国互联网金融协会、中国银行业协会、中国支付清算协会发布《关于防范虚拟货币交易炒作风险的公告》明确，虚拟货币价格暴涨暴跌，虚拟货币交易炒作活动有所反弹，严重侵害人民群众财产安全，扰乱经济金融正常秩序。

2021 年 9 月 7 日，萨尔瓦多成为世界上首个正式承认比特币作为法定货币的国家。

2021 年 9 月 3 日，国家发展和改革委员会等十一部门发布《关于整治虚拟货币“挖矿”活动的通知》，该通知要求，各级地方政府全面梳理排查虚拟货币“挖矿”项目，严禁新增项目投资建设，加快存量项目有序退出。2021 年 9 月 15 日，中国人民银行等十部委发布《关于进一步防范和处置虚拟货币交易炒作风险的通知》，该通知明确，虚拟货币相关业务活动属于非法金融活动。开展法定货币与虚拟货币兑换业务、虚拟货币之间的兑换业务、作为中央对手方买卖虚拟货币、为虚拟货币交易提供信息中介和定价服务、代币发行融资以及虚拟货币衍生品交易等虚拟货币相关业务活动，涉嫌非法发售代币票券、擅自公开发行证券、非法经营期货业务、非法集资等非法金融活动，一律严格禁止，坚决依法取缔。对于开展相关非法金融活动构成犯罪的，依法追究刑事责任。两项通知的出台，在实务中产生犹如“大地震”般的效果，据此，境内币圈相关业务活动纷纷关停或者“出海”寻求生机，譬如，“虚拟币挖矿企业”“虚拟币交易所”纷纷“出海”，甚至直接关停面向所有中国用户的服务，停止中国新用户的注册，清零存量的中国用户。

2022 年 2 月 18 日，中国银行保险监督管理委员会在官网发布《关于防范以“元宇宙”名义进行非法集资的风险提示》称，近期，一些不法分子蹭热点，以“元宇宙投资项目”“元宇宙链游”等名目吸收资金，涉嫌非法集资、诈骗等违法犯罪活动，其手法主要体现为：编造虚假元宇宙投资项目、打着元宇宙区块链游戏旗号诈骗、恶意炒作元宇宙房地产“圈钱”、变相从事元宇宙虚拟币非法牟利。

2022 年 2 月 23 日，最高人民法院发布《关于修改〈最高人民法院关于审理非法集资刑事案件具体应用法律若干问题的解释〉的决定》，首次在司法解释层面指出“虚拟货币交易”，通过对该司法解释的解读，如果虚拟币交易符合非法集资的构成要件，那么按照非法集资的相关罪名，如非法吸收公众存款罪和集资诈骗罪，可以将非法募集虚拟币的行为纳入非法集资的体系内进行打击。

回顾以上虚拟货币发展史上部分重要的历史时刻，作为一个法律人，面对虚拟货币这一新鲜事物，笔者常常思索以下问题：

第一，比特币 10 年间涨幅超过了 2000 万倍，支撑它高价背后凝结出的共识，是倾向演化成“黄金”作为“资产保值”工具的共识；抑或是 18 世纪荷兰“郁金香泡沫”破裂前达成的“共识”？比特币是历史上最大的庞氏骗局，还是将掀开货币革命史上一幅全新的篇章？

第二，10 年来，虚拟货币这一新鲜事物为社会创造的价值，譬如，打破美元作为全球贸易的霸权格局，促进国际贸易的结算体系，在一定程度上减少了进出口相关成本，释放了跨境商品贸易的市场活力，增加全球财富的流动性等，与其损耗的社会资源相比，孰轻孰重？

第三，虚拟货币的金融创新玩法，归根结底：是如股市般的“移花接木”，还是“击鼓传花”的游戏？从社会公平正义的角度，投资虚拟货币引发的社会财富再分配，是否合乎公正？

第四，虚拟货币在法律上到底属于什么？多达 10,000 多种的虚拟币，如何进行类型化划分？如何进行法律定性？

第五，以虚拟货币为标的物的各种民事法律行为，是否应受我国《民法典》的保护？如若我国《民法典》不保护涉虚拟货币案件的民事法律行为，那么法院应当一律驳回原告的诉请，抑或是根据合同无效的法定后果，该返还的返还，该赔偿的赔偿？另外，在执行环节，法院该如何执行涉虚拟货币的资产？

第六，虚拟货币衍生出的巨大金融市场游离于众多国家的传统金融监管之外，对于虚拟币这一“洪水猛兽”，传统的证券法是否无计可施？众所周知，金融市场必须合规经营，必须符合所在国的金融监管，譬如，我国主板上市的企业，一定要符合我国《公司法》《证券法》对企业净利润和公司业绩的相关要求，财报必须要公示以接受监督，定期召开股东会等；然而，在“新三板”、科创板、北京证券交易所上市的企业，相较主板上市，法律要求会有很大差异,这就形成了不同企业差异化的上市标准,对应不同的监管模式,从而在高效实现融资的过程中,最大限度地控制金融风险。

让传统金融难以想象的是,几乎所有的主流虚拟币可以在全球任意一家虚拟货币交易所上市交易,且无须接受任何实质性的金融监管。试想,我们境内“新三板”上市的企业,可能还处于年年亏损的状态,让它可以在境内主板、创业板、科创板、NASDAQ、NYSE 同步上市交易公司股票,至于这家公司经营得如何,没人在乎。大家只在乎该公司股票能不能投机赚钱,不同交易所之间能否量化“套利”? 另外,开设虚拟币交易所的门槛远远低于开设传统证券交易所的门槛,甚至在很多国家,对于开设虚拟币交易所的企业被当作一家普通的科技公司,没有任何金融监管的要求,在这种情况下的虚拟货币衍生的金融市场与赌场无异,金融风险如何能得到防控? 投资者的利益该如何保护?

此外,通过 ICO(首次代币公开发行)、IEO(首次交易所发行)、STO(证券通证发行)等币圈金融创新模式,以“资产或权益通证化”“通证代币化”的方式,通过代币(虚拟币)在交易所融资,这种虚拟币金融创新模式,给传统的金融市场带来的风险不可估量,币圈的金融创新最终能否赋能于实体经济? 如果金融的手段既不能赋能于实体,又不能控制风险,其对社会有何正向价值? 如果难以阻挡这一“洪水猛兽”,该如何通过法治手段将虚拟货币衍生的这一不可忽视的金融市场风险控制在一定范围内?

第七,虚拟货币具有的“标的虚拟化、去中心化、匿名化、跨国交易、变现能力强”等特性,使其成为完美的违法犯罪工具之一;同时,拥有虚拟币的中国用户群体规模在全世界都十分靠前,甚至一度排到世界第一;所以,近年来在我国涉及虚拟币的相关违法、犯罪的案件,呈指数级增长,各种以虚拟币为标的产生的复杂法律问题层出不穷。

第八,为了绕开我们国家不支持,甚至打击虚拟币相关金融活动的政策,境内经营虚拟币相关业务的企业,通过在境外注册公司作为“马甲”,境内“去中心化办公”(无固定办公场所,所有员工居家办公)的模式,声称自己是境外企业并合法展业；或者，该企业核心高管团队在境外，但技术团队、运营团队、销售团队等，通过境外公司外包合作的模式，开展境内业务；再有甚者，让中国的用户统统注册为海外主体，中国用户也披上了境外主体的“马甲”，然后以“境外对境外”的模式，再与其进行虚拟币业务合作与交易。在实务中，这些声称可以绕开我国监管的手法，是否真的完全不再适用中国的法律？如果这种行为最终导致中国境内投资人大量受损，该如何维护他们的权益？

第九，虚拟币领域的犯罪多涉及诈骗、“洗钱”、掩饰隐瞒犯罪所得及其收益罪、帮助信息网络犯罪活动罪、非法经营罪、组织领导传销活动罪等，然而，鉴于虚拟币的复杂性，在司法实务中，很难区分罪与非罪、此罪与彼罪的界限。所以，如何辨别出“犯罪分子利用虚拟币从事违法犯罪”与“纯粹在法无禁止即自由的原则下，投资虚拟币业务行为”之间的区别？如何准确适用法律，遵行“以事实为依据，以法律为准绳”的原则，在虚拟币领域就显得尤为重要，甚至成为法律人亟须解决的实务问题之一。

第十，十几年间，围绕虚拟货币展开的各种运作模式，如区块链技术的应用落地，稳定币的诞生，以 ICO、IEO、STO 等模式发行的“使用型、权益型”通证，以及由此产生的“挖矿经济”、“通证经济”、NFT 数字藏品、链游 GameFi、DAO、Web3.0、元宇宙等，到底对社会有什么价值？哪些属于“科技创新”，哪些属于“新消费场景”，哪些属于“投机炒作”，哪些属于“违法犯罪”？

（二）

自 2009 年比特币的横空出世，到今天虚拟货币总市值已超过 2 万亿美元，在过去的十几年中，随着区块链技术不断被提到新高度，围绕货币发行权、虚拟货币与央行发行的法定数字货币之间的定位与区分，虚拟货币的应用场景、价值及其合法性等问题不断被人提出。

对于数字货币的界定，目前我们可以将其主要分为两种：一种是由各国政府发行的数字法币，从某种程度上来说，这种数字法币经国家主权背书，是法定货币的数字化，如中国人民银行发行的数字人民币。另一种便是以比特币、以太坊为首的私人发行的数字货币（简称为私人数字货币，但按照行业惯例，本书多称为“虚拟货币”）。从 CoinMarketCap 官网来看，截至 2022 年 3 月上旬，全球虚拟货币共计 18,085 种，这些私人数字货币又被称为私人“加密货币”，此处的“加密”特指“区块链”去中心化的技术特征。但是，很多种类的虚拟币并没有使用“区块链”去中心化的技术，所以在逻辑上“加密货币”并不能涵盖“虚拟货币”。

笔者通过对不同种类的私人数字货币的属性、技术原理、市场接受程度等因素将其分为不同种类：第一类，主流虚拟货币，如比特币、以太坊；第二类，稳定币；第三类，遵循发行所在国证券法，发行的使用型、权益性代币；第四类，非法融资项目代币。

有观点认为，主流虚拟货币的出现是去中心化组织争夺货币发行权的象征，正如哈耶克在《货币的非国家化》中所言，“基于政府信用的法定货币体系十分脆弱，若将货币发行权独立于主权国家，不同的发行主体相互竞争，那么最为可靠的货币将通过优胜劣汰存活，对经济的稳定和发展大有裨益”。当代人们理所当然地理解为：货币的发行权有且只能掌握在主权国家政府手中，但从津巴布韦、委内瑞拉等国家货币信用的崩塌等现象中，关于货币发行权掌握在民众还是政府手上的优与劣，初显端倪。尽管在 2009 年央视“对话”栏目中，戴维·罗斯柴尔德亲口否认了《货币战争》一书中对于罗斯柴尔德家族掌控西方大国货币发行权的传奇描述，但以 BoE 为代表的中央银行私有化，无疑能够使国际大银行家可以左右大国货币的发行权，故而以比特币为首的虚拟货币的出现，被认为有望打破大财团或中央政府对货币发行权的控制以及通货膨胀对民众私人财产的侵蚀。但不可否认的是，历史经验告诉我们：在一个稳定的中央政府的主导下，政府发行货币更能体现和维护社会的公平和正义。

常有人议论：私人数字货币能够替代法定货币成为世界货币的一种？

尽管萨尔瓦多已经通过《比特币法案》,将比特币确定为国家法定货币,但由于其市场价格的大幅波动及去中心化的货币发行权,使目前大多数国家并不承认其作为法定货币的合法性。

私人数字货币的价值何在?能够成为电子黄金吗?至少到目前为止,缺乏底层资产的大多数私人数字货币在抛却其货币属性后的使用价值基本为零,而基于底层资产的私人数字货币却被认为有望增加流动性,提高传统金融的效率。毫无疑问,在目前市面上 10,000 多种的虚拟货币中,唯有比特币被寄予"电子黄金"的厚望。关于比特币的神话亦是见仁见智,有人将它看作一场巨大的庞氏骗局,称其为"永不消逝的邪教";有人将它奉为信仰,是实现财富自由的捷径。

私人数字货币作为信息互联网发展到价值互联网的产物,给世界交易规则和传统支付体系带来了颠覆性影响;它对区块链去中心化技术的运用,以及人们共识的积累与完善,慢慢剥离了原本属于国家的"铸币权",从而给主权货币带来了极大挑战;同时,鉴于国际政治等因素,美国货币的多次超发,美元作为全球贸易货币的共识被逐渐削弱,私人数字货币也在该时代背景下得到一定的发展空间,甚至作为国与国之间博弈的手段之一;加之其具有的便捷性、易流通性的特征,使私人数字货币逐渐演变为全球性的支付工具、投资产品。但不可忽视的是,跨地域性、匿名性的特点也让私人数字货币成为"洗钱"、逃避外汇、非法交易等违法犯罪的避险手段。私人数字货币繁荣的背后,映射出世界各国对新型事物监管体系的荒芜,进而导致了私人数字货币领域鱼龙混杂,各种模式的虚拟货币层出不穷。此外,以数字货币、区块链项目为旗号,滥发私人数字货币"圈钱"、骗钱的现象亦不绝于耳。私人数字货币在成为民间资本市场丰沃的投机领地的同时,也成为犯罪分子宠爱的天堂。

在这样的多元矛盾下,如何打击涉及私人数字货币的犯罪活动和维护市场交易自由的天然价值,便成为当前全球各国政府战略部署、社会经济发展、国家现代化建设必须直面的问题。而对于诸多问题的回答,又脱离不开法律这一维护自由、平等、秩序的框架。

然而，目前我国学界少有专门探讨货币法律概念的论著，且主流观点认为，货币具有本国的“国家性”或“主权性”特征。在这样的货币国家性思维影响下，学界较缺乏对货币特殊法律效果的全面分析；除“占有即所有”这一涉及货币转让的私法问题存在较多研究外，学界并未对货币的特殊法律效果进行深入探究。以至于当比特币等私人数字货币在市场上交易流通后，学界的目光仍然停留在对它货币职能标准的分析之上，却忽视了与传统货币法理论以及既往出现的数字货币概念研究的衔接，更遑论形成体系、系统化、专业化的数字货币法律属性的研究论著。

在缺乏对数字货币法律属性的研究背景下，使当前涉及私人数字货币的法律纠纷案件，司法实务者难以形成较统一的私人数字货币法律属性认知。给数字货币持有者、投资者、经营者带来了不可控的风险。而这也违背了法律可预测性的原则，无法有效保护社会公民的合法权益，同时也给打击涉及数字货币的刑事犯罪增添了法律依据的难题。

（三）

作为专门解决数字货币法律纠纷律师团队的负责人，笔者和团队成员明显感受到数字货币案件呈现逐年增多的趋势，但由于私人数字货币领域的专业性和监管政策的不明朗，国内涉私人数字货币的民事案件“同案不同判”情形较普遍，不同法院对私人数字货币的属性认定不一，对涉案合同效力及合同无效或解除后的法律后果也裁判不一，而在涉私人数字货币的刑事案件中，也出现了同案异判的情况。正是基于这一现实，笔者一直想在从事司法实务的同时，在理论上为推动涉私人数字货币的司法案件统一裁判标准贡献自己的绵薄之力，本书着力探讨数字货币的属性问题以及探究对私人数字货币的监管路径，可谓基础理论的探索。

当下，我国如何在保障公民正当的人身和财产权利的同时，抑制市场对私人数字货币投机、炒作的热情，这是立法部门及司法裁判部门的重任；如何为更多敢于创新的新型区块链企业提供高质量的法律服务，“去伪存真”，识别行业糟粕，引导创新企业在符合监管政策的前提下合法创新，这是我们专业律师团队的重任。

不可否认，私人数字货币及其衍生品的发展已势不可当，作为其底层技术的区块链领域，如何从技术角度进行源头防范亦是需要思考的问题。私人数字货币作为密码学、大数据等技术的发展产物，尽管在过去几年中已经带来了种种负面效应，但究其根本，正如凯文·凯利所言，往往是人的局限所致。在《科技想要什么》一书中，凯文·凯利亦直言，“科技想要拥抱生命，它想要进化、想要秩序、想要充满神奇、充满活力的未来”。故而，本书对私人数字货币及区块链金融本身的风险进行了罗列，在详细梳理当前世界范围内私人数字货币的监管实践后，也对我国私人数字货币的监管和立法进行了思考。笔者相信，“未来已来，只是分布不均”（The future is here, just not evenly distributed），在“野蛮生长”过后，科技发展带来的私人数字货币领域必将朝着常态化监管、合规化经营的方向迈进，期待这一天的早日到来。

最后，鉴于本书主要研究对象的称谓不一，有“数字货币”“虚拟货币”“私人数字货币”“加密货币”等，为避免引起误解，笔者特对本书论证过程中涉及的研究对象之“称谓”作出如下说明：

第一，本书的前三章以货币的本质作为研究出发点，以物理形态的不同，将货币分为“实物货币”与“虚拟货币”；以发行主体的不同，将数字货币分为“法定数字货币”（也称为“主权数字货币”）和“私人数字货币”（也称为“非主权数字货币”）。故而，前三章论述的数字货币多系广义上的数字货币，包括“法定数字货币”和“私人数字货币”，而在特指“法定（主权）数字货币”之外称谓的“数字货币”，则指代狭义的数字货币，即“私人数字货币”。

第二，本书的研究对象多为实务中称谓的“加密货币”，从逻辑上来说，“加密”二字应与“区块链”技术有关联，然而在实务中的“加密货币”并非都是使用区块链技术生成的，本书若全部使用“加密货币”指代研究对象，恐有不妥。

第三，从中国人民银行等部门多次发布的规范性文件来看，我国法定数字货币又名“数字人民币”，私人数字货币又名“虚拟货币”，在实务中被称为“加密货币”，也即本书的重点研究对象。又因“虚拟货币”的广义范围还包括QQ币、游戏币等，故在此说明，本书中所指虚拟货币仅指代私人数字货币。

鉴于以上原因，本书在第四章开始，多以“虚拟货币”“私人数字货币”“加密货币”来指代本书的研究对象。

本书在一定程度上也是本人所负责律师团队近年的心力所萃，由衷感谢团队成员钱伟、占青在本书写作过程中所提供的鼎力支持。此外，还特别感谢如下师友对本书写作所提供的帮助，他们是IBM研究院上海研究院前院长、边界智能创始人曹恒，华东师范大学法学院教授、博士研究生导师石冠彬，中央财经大学张夏明博士。本书仅供读者参评，如有任何疑问或建议，欢迎发送电邮至：1050334299@qq.com；15000397177（微信）。

2022年3月21日　上海

目　录

第一章　货币革命：从货币到数字货币

一、溯源：货币的起源及其本质学说

货币，也就是钱，自古至今在我们的日常生活中都扮演重要角色，但要给货币下一个精确的定义却并非易事。早在19世纪40年代英国的“通货之争”中，就有“通货主义”与“银行主义”的货币定义截然对立。通货学派认为，只有金属货币和银行券才构成货币；银行学派则认为，此外，存款等信用工具也应属于货币范畴，因为它们同样发挥交换媒介的功能。这是关于货币定义的第一次大争论，这种争论几乎一直延续至今。[1] 目前，对于货币的定义，主流观点有两种：一是从理论上来定义货币，其主要是通过回答货币是什么，以此来揭示货币本质的定义；[2]二是从经验统计上来定义货币，其通过对日常经验的判断来衡量货币的范围。

（一）货币的起源

人们对货币起源问题的追问和探讨由来已久。从管仲到司马迁，从亚里士多德到中世纪的神学家，从古典经济学家到凯恩斯和一般均衡学派，他们都曾对这一问题进行过研究并给出自己的解读。其中的一个主流共识便是，物物交换是最初的交换形式（亚里士多德、柏拉图、司马迁、亚当·斯密、

---

〔1〕 参见张友麒、杜俊娟、王磊主编：《金融学概论》，上海财经大学出版社2018年版，第16页。

〔2〕 如马克思、佩塞克（Pesek）、萨文（Savin）、纽伦（Newlyn）和布特尔（Bootle）、米尔顿·弗里德曼（M. Friedman）和安娜·施瓦茨（A. J. Schwartz）等学者对货币的定义。参见郭红、孟昊编著：《现代西方货币金融理论发展研究》，东北财经大学出版社2014年版，第4页；胡海鸥主编：《货币理论与货币政策》，上海人民出版社2004年版，第2～5页。

马克思),这种形式很不方便,为解决这种“不便”,人们便发明了货币。因此,货币是在商品交换中产生的,货币的产生解决了物物交换中的诸多不便,以货币为中介的交换是在物物交换基础上发展出来的更高级的交换形式。至于物物交换的不便之处有三:其一,物物交换中商品笨重而不易运输。[1] 其二,由于交换者之间的供需不易匹配,因而物物交换中人们难以寻找到合适的交换对象。[2] 其三,一些人立足资本主义的现代经济体系,认为雇佣工人只出售自身的劳动力这一种商品,其获得的工资应当为其提供所需要的各种商品,这就涉及复杂的交易。在物物交换条件下,这种交易会面临很大困难。[3] 毕竟,“规定用商品偿付的契约是不确定的,因为同种商品的价值是不同的,而当时还没有办法知道各种商品之间的价值比例”。[4] 同时,货币是如何从物物交换中产生的?货币产生的具体过程究竟是什么?人们对此也众说纷纭,并不存在一致的看法。笔者将这些看法梳理后分为以下6种模式:

第一,货币是借助国家和法律人为地规定的。如中国古代的“先王制币说”认为,货币是圣王先贤为解决民间交换困难而创造出来的。[5] 西方持此

---

〔1〕 如亚里士多德所言:“形形色色的生活必需品总是形体笨重,不容易运输的。”因此物主“互相商定,在交换中使用一种媒介物,其物(如铁、银等)本身既自有其效用,而且在日常生活中运用时又很方便。使用时,起初是按其体积和重量计值的,后来就渐渐想到了在媒介物上加用印记的办法,这就避免了权衡重量和标明价值的麻烦”。[美]A. E. 门罗编:《早期经济思想——亚当·斯密以前的经济文献选集》,蔡受百等译,商务印书馆2017年版,第16页。

〔2〕 约翰·罗指出:“一个想以物易物的人,并不总是能够找到这样的人,这个人正好想要他要出让的商品而又正好拥有他想要的商品。”在此方面,亚当·斯密不仅重复了约翰·罗的观点,而且进一步指出:“为了避免这种不便,除自己劳动生产物外,随时身边带有一定数量的某种物品,这种物品,在他想来,拿去和任何人的生产物交换,都不会被拒绝。”[英]约翰·罗:《论货币和贸易 兼向国家供应货币的建议》,朱泱译,商务印书馆2009年版,第2页;[英]亚当·斯密:《国民财富的性质和原因的研究》(上),郭大力、王亚南译,商务印书馆2011年版,第19~24页。

〔3〕 参见[美]哈里斯:《货币理论》,梁小民译,中国金融出版社1989年版,第4~5页。

〔4〕 [英]约翰·罗:《论货币和贸易——兼向国家供应货币的建议》,朱泱译,商务印书馆2009年版,第2页。

〔5〕 如《管子·国蓄》记载:“玉起于禺氏,金起于汝汉,珠玉起于赤野。东西南北距周七千八百里,水绝壤断,舟车不能通。先王为其途之远,其至之难,故托用于其重,以珠玉为上币,以黄金为中币,以刀币为下币。三币共握之……先王以守财物,以御民事,而平天下。”参见李奕滨等主编:《货币金融学》,立信会计出版社2018年版,第3页。

观点的代表人物是亚里士多德、巴尔本和克纳普。如重商主义代表人物巴尔本明确指出："货币是法律规定的价值。"[1]韦森认为，"货币是人类经济活动和交往中一种附带着人们的集体意向性和'意见约同性'的制度实在，是商品交换、市场运行、经济增长、资源配置和人们生活游戏中'人们集体意向性的制度建构'"。[2]

第二，货币是分工和交换发展的产物。司马迁的《史记·平准书》记载："农工商交易之路通，而龟贝金钱刀布之币兴焉。"即指货币产生于交换的发展之中。[3] 在本杰明·富兰克林看来，分工的出现产生了交换，由此产生了货币。[4] 亚当·斯密在此基础上详细论述了货币的产生和发展过程，分工产生了交换，最初人们把牲畜等物品作为交换媒介，随后金属由于自身的自然特点（不易磨损、耐久性、可分割等）而成为交换媒介即货币。[5] 对于贵金属作为货币的原因，重农学派代表人物杜阁认为："由于自然之理，黄金和白银构成了货币，而且构成了具有普遍性的货币；这件事与一切习俗和一切法律都不相干……把黄金和白银当做货币来使用，这便提高了它们作为物资的价值。"[6]

第三，货币产生于人们的习惯。例如，萨伊明确反对货币是由国家规定的，他认为："选择某种物品而不要其他物品充当货币的是习惯而非政府权力。"[7]门格尔也强调，习惯在形成普遍接受的交换手段方面所具有的重要意义，认为货币从商品中独立出来的原因，既不是因协约或立法强制的结果而产生的，也不是由于单纯的偶然事件而出现的，而是各时代各民族的不同

---

〔1〕［英］托马斯·孟、［英］尼古拉斯·巴尔本、［英］达德利·诺思：《贸易论》，顾为群等译，商务印书馆 2017 年版，第 43 页。

〔2〕韦森：《货币的本质再反思》，载《财经问题研究》2016 年第 10 期。

〔3〕参见李奕滨等主编：《货币金融学》，立信会计出版社 2018 年版，第 3 页。

〔4〕参见［美］富兰克林：《富兰克林经济论文选集》，刘学黎译，商务印书馆 1989 年版，第 8 页。

〔5〕参见［英］亚当·斯密：《国民财富的性质和原因的研究》（上），郭大力、王亚南译，商务印书馆 2011 年版，第 24 页。

〔6〕［法］杜阁：《关于财富的形成和分配的考察》，商务印书馆 2009 年版，第 44～45 页。

〔7〕［法］萨伊：《政治经济学概论》，陈福生、陈振骅译，商务印书馆 2017 年版，第 261 页。

经济状态的自然产物。[1] 随后,一般均衡理论运用博弈论方法发展了门格尔的观点。[2]

第四,货币是人们相互信任的产物。这种观点认为,人们所需要的并非货币本身,而是能用于未来购买物品或支付债务的保证。只要人们充分信任彼此,社会范围内的普遍交换就是可行的。可见,正是人们彼此之间的信任产生了货币,而且各种形态的票证都可以充当货币。[3]

第五,货币是由聪明人设计出来的,因而是少数人智慧的产物。例如,14 世纪的神学家奥雷斯姆在分析物物交换时说:“用这种方式进行交换既有不少困难,又常惹起事端,因此有些才智过人的人便想出了一个较为简便易行的方法——行使货币,以之作为彼此衡量和交换自然财富的手段。”因此,“我们可以把一切货币叫作人造的财富”。[4] 杰弗里·克劳瑟也将货币描述为“某个懒惰天才划时代的发明”。[5]

第六,货币是人们为了确定价格而采用的工具。备受边际学派推崇的戈森在研究“交换经济”后认为,交换需要一种物品来确定所有其他物品与之交换的比例及价格,由此便产生了货币。他还把通过货币所确定的价格看作实行分工的前提条件。[6] 凯恩斯的观点与此相似,他认为货币起源于表示债务和价目的功能。[7]

在以上模式中,笔者比较倾向第四种模式,即货币与信任体系的挂钩。

---

〔1〕 参见[奥]卡尔·门格尔:《国民经济学原理》,刘絜敖译,上海人民出版社 2005 年版,第 173 页。

〔2〕 See C. Menger, *Orr The Origins of Morwy*, Ludwig von Mises Institute, 2009, p. 35 - 36.

〔3〕 See P. Diamond, *Money in Search Equilibrium*, Econometrica, Vol. 52:1, p. 8 - 16(1984).

〔4〕 [法]奥雷斯姆:《论货币的最初发明》。转引自[美]门罗:《早期经济思想——亚当·斯密以前的经济文献选集》,蔡受百译,商务印书馆 1985 年版,第 72 页。

〔5〕 Geoffrey Crowther, *An Outline of Money*, Nelson Press, 1941, p. 15.

〔6〕 参见[德]赫尔曼·海因里希·戈森:《人类交换规律与人类行为准则的发展》,陈秀山译,商务印书馆 2017 年版,第 103 ~ 120 页。

〔7〕 参见[英]凯恩斯:《货币论:货币的纯理论》(上册),何瑞英译,商务印书馆 1986 年版,第 5 页。

一般认为当商品经济发展到一定程度之后，才产生了信用。[1] 在远古时期的许多族群中都发现了实物信贷，却没有任何交易媒介的痕迹，更没有价值标准。原始部落早期的交易是建立在一种债权和债务之上的信用交易，“购买”商品的债务人的姓名和交易日期被刻在两片“符木”上，债务人归还时将两片“符木”合拢，债权债务关系解除。这一交易活动并未涉及交易媒介及价值计量的问题。经济学教科书一般从商品交换分析货币的起源，但是从商品交换模式推导货币的产生，暗含假定货币购买力的逻辑根源是商品的交换价值。然而，货币已经从最初的实物货币演变到目前不可兑换的信用货币，货币本身必须具有价值才能衡量其他商品的价值的论断，遭到人们的质疑是无可厚非的。商品交换关系实际上也是一种债权和债务关系，即信用关系。信用关系，是指在彼此信任的基础上就有条件地使用（或让渡）某种物品（或资源）所达成的契约关系和履行该契约的行为过程。人作为一个社会动物相互之间如何才会“彼此信任”？这种彼此信任的关系既可以建立在实物的基础上，也可以建立在人际关系上，还可以建立在法制或习俗形成的制度基础上。相关契约的条件的形成途径又是怎样的？可以通过多次交易试错产生，也可以通过彼此协商产生，还可以通过习惯或制度规定形成。早期的信用关系较薄弱且缺乏相应的保护机制，故信用关系的建立一般是建立在实物基础上，通过习惯或者试错等方式形成。

基于此，笔者认为，人类货币史发展至今，选用何种币材作为货币载体已非首要条件，首要的是隐藏在货币之后的信用关系。兵法有言，“攻心为上，攻城为下”。诚如有些学者所言，黄金也好，美元也罢，或是股票、债券、房地产，玩到最高境界，都是玩信心。[2] 人们之所以接受货币，是因为相信别人也同样会接受，进而用货币换取自己所需要的商品，但是普遍的信用关系是需要很长时间才能建立起来的，随着普遍信用关系的建立，货币逐渐从

---

〔1〕 当然，这里所指的信用是严格意义上的商业信用或银行信用，但是原始的信用要比货币的历史长得多。

〔2〕 参见宋鸿兵编著：《货币战争》，中信出版社 2007 年版，第 273 页。

小范围的特殊债权扩大为全社会的一般债权。由于普遍的社会信用体系尚未建立,小范围的信用关系虽已建立但尚未稳定且缺乏保障机制,货币的初始载体一般为具有价值的实物。这种带有某种抵押品意义的实物货币的保险机制,促进了早期交易的发展。随着国家的兴起和国家税收机制的建立,人们产生了对国家货币的需求,即税收机制赋予了国家货币普遍的社会信用,这也便是不可兑换货币为人们所接受的最主要原因。

(二)货币的本质学说

上文已分析,货币起源学说众多,每一种学说背后都有对货币本质的揭示,虽然笔者赞同"信用起源说",但也有必要将其他学说进行罗列分析,以飨读者。在货币理论发展历史上,金属主义货币学说与名目主义货币学说分别对货币本质问题作出了各自的回答,前者认为货币的本质是一般等价物,充当一般等价物的是贵金属货币。后者对货币本质的论述包括信用本质论、特殊的债权债务本质论与契约本质论,从而形成了以下 4 种货币本质观:

1. 货币的本质是一般等价物

金属主义货币学说对货币本质的探讨有悠久的历史。亚里士多德认为,有些商品(如金属)比其他商品更适合承担货币职能,货币是通用的价值尺度,能以衡量一切财物的价值。作为货币的商品具有相对稳定的价值。托马斯·孟认为,货币必须是有实质价值并可充当一般商品价值尺度的金属货币。[1] 威廉·配第认为,充当货币的贵金属同其他商品一样具有价值,源于生产中消耗的劳动时间。詹姆斯·斯图亚特首次明确指出:"货币是一切可让渡的最适当的等价物。"[2]

亚当·斯密提出,货币是商品交换中逐渐从"很多种类货物"中分离出来作为"共同衡量的标准"或"共同的价值标准"的卓越见解,认为金银是货

[1] 参见陈岱孙、商德文主编:《近现代货币与金融理论研究:主要流派理论比较》,商务印书馆 1997 年版,第 4 页。

[2] [英]斯图亚特:《政治经济学原理》,金镝、金熠译,华夏出版社 2009 年版,第 302 页。

币的“最准确标准”,[1]他强调要用足值金属货币充当交换媒介,严厉地批评国家强制推行名目货币的行为,并将之称为“比公共大灾祸所能产生的大得多、普遍得多的个人财产上的革命”。[2] 受斯图亚特与亚当·斯密的影响,托马斯·图克首次提出货币是一般等价物且货币为贵金属黄金的观点,并进一步指出货币的本质职能是价值尺度,这是货币代用物所不具有的,金才是真正的货币。[3]

马克思的货币本质论实际上是金属主义货币学说的总结,他指出,“在商品世界起一般等价物的作用”的“特殊商品”就是货币,并且“有一种商品在历史过程中夺得了特殊地位,这就是金”。[4] 著名学者李崇淮则认为,一般等价物既可以是金银,又可以是纸币,现代社会纸币的作用仍然是一般等价物。[5]

2. 货币的本质是信用

英国经济学家麦克鲁德最早提出货币的本质是信用这一观点,[6]但这一观点并未在金本位制时代引起太大反响。1973 年琼·罗宾逊、约翰·伊特韦尔在《现代经济学导论》中再次提出货币的实质是信用的观点。进入 21 世纪,菲利克斯·马汀博士重新提出货币的实质是信用的观点,[7]并以经典的雅浦岛石币为例进行论证,他指出:“雅浦岛的货币不是‘费’,而是背后一套以信用记账以及靠这种账目而进行清算所构成的体系。”

此外,弗利和布伦霍夫等也赞同现代货币的本质是信用,他们基于社会

---

[1] [英]坎南编:《亚当·斯密关于法律、警察、岁入及军备的演讲》,陈福生、陈振骅译,商务印书馆 1962 年版,第 197 页。

[2] [英]亚当·斯密:《国民财富的性质和原因的研究》,郭大力、王亚南译,商务印书馆 2004 年版,第 24 页。

[3] 参见孙少岩、石洪双:《论现代货币的本质》,载《国有经济评论》2015 年第 1 期。

[4] [德]马克思:《资本论》,中共中央马克思恩格斯列宁斯大林著作编译局译,人民出版社 2004 年版,第 82 页。

[5] 参见李崇淮:《论货币形式发展的新阶段》,载《中国社会科学》1982 年第 2 期。

[6] 他在《信用的理论》中指出:“货币的本质不过是向他人要求生产物与劳务的权利或符号,从而实为一种信用。”同时,另一位英国学者白芝浩也提出,货币的本质是一种可转让的信用的观点。参见刘絜敖:《国外货币金融学说》,中国金融出版社 2010 年版,第 201 ~ 202 页。

[7] [英]马汀:《货币野史》,邓峰译,中信出版社 2015 年版,第 15 页。

承诺的有效性、等级制货币理论,认为商品货币与简单商品经济相适应,信用货币则与资本主义经济相适应,并将信用形式的世界货币与资本联系起来。[1]

国内学者对货币的信用本质研究兴趣颇为浓厚。胡海鸥认为,货币是固定地充当一般等价物的特殊商品,揭示了金本位条件下的货币本质。而现代纸币的发行是以企业和政府的债务凭证为担保,以一般等价物定义货币,已无法充分解释货币和商品交换的实际情况。因此,货币的定义要转移到其作为信用的载体上来,以货币信用进行交换,即商品与货币各自代表的信用对等(交换)。[2] 褚俊虹等从普适性信任及交易成本递减规律出发,认为交易过程中起作用的是信任关系。对强权、中间人、物品自然普适性的信任,使交易媒介得以产生,而对物品普适性的信任使交易媒介得以发展并最终收敛。因此,货币的本质是信用,货币发展的本质规律是交易成本递减。[3] 韦森曾经将货币归结为在人类经济活动和市场交往中凝聚人们"集体意向性"的一种制度实在,经过长期思考后,韦森认为,将货币的本质看作一种可转让的债或可转让的信用,是对货币本身最深层的理解。[4]

3. 货币的本质是特殊的债权债务关系

德国历史学派克拉蒲在1905年出版的《货币国定论》中提出,货币的本质是特殊的债权债务。他认为,金属主义货币学说的重大缺陷在于只能解释金属足值货币,而不能解释其他类型的货币。他强调,"货币是法制的创造物",货币价值单位仅仅是名义价值,不需要实质价值。即使是足值金属货币标明的价值,也仅仅是名义价值。[5] 如法国查理大帝在位时期从未铸造过一枚硬币,但这并不妨碍他建立记录信用和债务的"记账货币"体

---

[1] See Randal Wray, *On Marx's Theory of Social Concept*, Routledge Kegan Paul, 1983, p. 33 – 43.

[2] 参见胡海鸥:《货币定义的演变及其思考》,载《复旦学报》2001年第2期。

[3] 参见褚俊虹等:《普适性信任及交易成本递减规律》,载《金融研究》2002年第3期。

[4] 参见韦森:《货币、货币哲学与货币数量论》,载《中国社会科学》2004年第4期。

[5] 参见韦森:《货币的本质再反思》,载《财经问题研究》2016年第10期。

系。[1] 英尼斯亦认为，货币起源于债权债务关系，最早的货币源于充当债权债务凭证的“符木”，其历史比最早出现的铸币还早2000多年。[2]

后凯恩斯主义学派大多也认为，货币的本质是特殊的债权债务关系，他们认为货币的价值源于外在所赋予的普遍接受性以及相应的购买力，[3] 在大多数情况下，货币与国家、政府密切相关。货币起源于公共部门，而非私有部门，“记账单位”是货币的首要功能，货币首先是作为债务和债权单位的量度，货币作为一种债务具有等级结构，国家法定货币由于可以纳税而处于债务金字塔等级结构的顶端，意味着社会的最终支付手段。只要国家确定货币的名义价值并接受货币作为主要支付方式，货币材质并不重要。[4]

4. 货币的本质是契约

美国学者麦吉尔最早从契约角度对货币进行了分析，明确提出货币的本质是契约。公共选择理论创建者、著名经济学家布坎南提出，货币已默示包含于霍布斯的社会契约之中的观点，即货币一经形成就具有社会契约的性质。[5] 陈彩虹提出纸币契约论，认为纸币实际上是一种契约，纸币作为整体社会普遍接受的价值承诺或担保支撑，必须由国家提供强大的信用力量支撑。[6] 单飞跃等认为，货币通过人类经济活动和交往，凝结人们的互利和平等信念，成为集体意向性和意见约同性的制度实在，成为人们集体意向性的制度建构。货币承载和凝结人们相互信任的集体意向性，具有社会契约

---

[1] 参见刘絜敖：《国外货币金融学说》，中国金融出版社2010年版，第201页。

[2] 在意大利发现的约公元前1000多年的铜片，其功能如同符木，它们在制造时就被有意地分成“干”和“蒂”，以备债权人和债务人各执一半。参见刘絜敖：《国外货币金融学说》，中国金融出版社2010年版，第201页。

[3] 参见李黎力、张红梅：《基于交易与基于债务的货币本质观之比较》，载《当代财经》2014年第10期。

[4] 参见孙少岩、石洪双：《论现代货币的本质》，载《国有经济评论》2015年第1期；韦森：《货币的本质再反思》，载《财经问题研究》2016年第10期。

[5] 参见单飞跃、何自强：《币值稳定的货币宪法分析》，载《上海财经大学学报》2011年第6期。

[6] 参见陈彩虹：《纸币契约论》，载《财经问题研究》1997年第8期。

的性质。[1]

货币的契约性质隐含了两层含义：一是人们共同认可某特定物为货币；二是人们共同认可货币的价值。以往文献往往忽视了第二层含义，对货币价值的共同认可是货币方便地履行交换职能的基础。王学龙等认为，货币是一种为了节约交易费用而设计的载有对社会资源支配权的契约。契约的目的是保障货币作为一种有效率的交换媒介。[2] 王振栋认为，纸币本质上是国家与货币持有者之间的契约，纸币持有者的财产权利是一种债权，其权利价值取决于国家信用的承诺，为建立一国政府对货币价值的有效承诺，需要将政府权力运行纳入法治轨道中来，对政府货币权力运行实施有效约束和规范。[3] 周若愚也认为，货币的本质是契约。货币的各种经济功能都是货币契约本质的外在体现，是货币契约特性的具体表现。货币的契约本质决定了货币的内在特性，是实现货币各种功能的前提条件。[4]

事实上，无论对货币作何种解读，我们都很难穷尽对其本质的终极探究。因为各种形态的货币只是货币的载体，我们不能使用货币的形态来代表或代替货币，但这不妨碍我们在此仍然和货币起源论中所言一样，认为货币是信用的载体，货币的本质是信用。

值得一提的是，有学者从人类学角度研究后认为，货币可以任何形式出现，但无论用什么形式的货币，都不会脱离人类社会。货币只是表现形式，货币的核心从来不是黄金、白银、股票等冰冷的资产，也不是交易所清算系统里的符号，货币的核心是兄弟情谊、政治联盟、部落约定、国家秩序、社会道德和国际条约，是灵长类动物(人)的组织方式。只有放弃使用“货币”一词，去研究人类的进化史，才能说清楚人类社会为何最终与这种被称为“货

---

[1] 参见单飞跃、何自强：《币值稳定的货币宪法分析》，载《上海财经大学学报》2011 年第 6 期。

[2] 参见王学龙等：《货币契约、金融功能与经济发展》，载《财经问题研究》2012 年第 1 期。

[3] 参见王振栋：《纸币契约中公民权利与政府权力之间的内在冲突与博弈》，载《上海金融》2012 年第 7 期。

[4] 参见周若愚：《钱约论——货币的契约本质与货币银行学革命》，中国经济出版社 2016 年版，第 77 ~ 78 页。

币"的东西黏合在一起。只有"不单独研究货币，才能真正理解什么是货币"。[1] 笔者认为，经济学理论是否将我们带入一个关于货币本质理论研究的"死角"难以验证，但抛开经济学谈货币，无论正确与否，在无数条历史交叉的因果线索里，这一观点至少给了我们一个重新思考货币的新视角。

二、演变：从实体货币到虚拟货币

关于货币职能的学说，西方经济学观点基本相同，目前通说多认可马克思在《资本论》中提出的货币五大职能，即价值尺度、流通手段、贮藏手段、支付手段和世界货币。

关于货币制度，从地理位置上来说，当前货币制度包括国家货币制度、区域性货币制度和国际货币制度。国家货币制度主要是为了保证一国货币和货币流通的稳定。以欧元为代表的区域性货币制度通过货币区内协调的货币、财政和汇率政策，使货币区内各个国家实现充分就业、物价稳定和国际收支平衡。国际货币制度通过建立稳定的国际货币秩序，提供足够的国际清偿能力并保持国际储备资产的信心，保证国际收支的失衡得到有效而稳定的调节，促进国际贸易和国际经济活动的发展。[2] 通常认为，货币制度在发展过程中先后历经了银本位制、金银复本位制、金本位制、纸币本位制。纸币本位制在通说观点里也被认为是信用货币制度，是货币制度的高级形式，它使用国家的强制手段，以本身没有价值的纸币代替金银执行货币职能。[3]

作为一般等价物的货币最早并非基于国家的强制性规定而产生，最开始的货币是一种社会制度，而非国家制度。[4] 数字货币的诞生是否对货币职能和货币制度产生冲击尚不可一概论之，但货币物理形态的变化确已成为现实，回顾几千年的发展历程，货币的形态随着社会生产力的发展和社会

---

〔1〕 周洛华：《货币起源》，上海财经大学出版社 2019 年版，第 30～33 页。

〔2〕 参见张凤等主编：《国际金融》，中国原子能出版社 2013 年版，第 199 页。

〔3〕 参见姚铮、王华：《货币、银行与金融市场》，浙江大学出版社 1996 年版，第 32 页。

〔4〕 See Karl Menger, *On the Origins of Money*, Economic Journal, Vol. 2:6, p. 239－255 (1892).

的演进不断变化，至目前为止，货币大体已经经过“实物货币—金属货币—代用货币—信用货币”4 个发展阶段。[1] 随着互联网和移动支付的普及，电子货币开始步入公众视野，而比特币的诞生也正式掀起了一场始于哈耶克的货币非国家化论调的数字货币狂欢盛宴。

（一）实体货币

实体货币的发展经历了从实物货币、金属货币到纸质货币的过程。

1. 实物货币

作为一般等价物最原始和朴素的形式，实物货币本身既可作为商品，也可作为货币充当交换媒介。[2] 在古代波斯、印度和意大利等地，都有用牛、羊作为货币的记载。[3] 埃塞俄比亚曾以盐作为货币，非洲和印度也曾用象牙作为货币，美洲土著人和墨西哥人用可可豆、烟草、玉石、布帛、鱼钩等作为交换中的货币。[4] 在中国夏商周时期，许多商品诸如海贝、龟壳、兽皮、牲畜、生产工具、武器等，都曾充当过实物货币，后来，随着交换范围的扩大，充当等价物的商品大部分被淘汰，只有少数受人欢迎的海贝、龟壳等从商品范围中分化出来，成为专用等价物，即所谓“流通的货币”，海贝币也成为最早有文字记载的货币。大约公元前 2000 年，《盐铁论 · 错币》中便有“币与世易，夏后以玄贝，周人以紫石，后世或金钱刀币”的说法。[5] 商周的青铜器和甲骨文都有关于用贝壳作为赏赐物的记载，同时期的墓地也发掘了大量的贝壳陪葬物。[6] 我国现在很多与金钱有关的文字都以“贝”字作为偏旁，这

---

〔1〕 参见高晓燕、李向前主编：《货币金融学》，中国金融出版社 2017 年版，第 18 页。

〔2〕 参见李小丽、丛禹月主编：《金融学》，天津大学出版社 2014 年版，第 7 页。

〔3〕 根据《荷马史诗》的记载：狄俄墨得斯的铠甲可以换 9 头牛，格劳科斯的铠甲价值 100 头牛，第一名角斗士的奖品为 12 头牛，而一名工艺熟练的女奴价格为 4 头牛等。

〔4〕 参见周虹：《电子货币论》，中国人民大学出版社 2010 年版，第 5 页。

〔5〕 中国古代以海贝充当原始货币。因为贝产于海，不敷流通，就用仿制品来代替，遂有蚌贝、骨贝、石贝、陶贝等，乃至出现向金属货币形态过渡的铜贝，中国商周时期的墓葬也时有出土。商代的卜辞和铜器铭文中，也有“锡贝”“囚贝”“赏贝”等字样。秦始皇统一全国后，行铸钱，贝、刀、布等原始货币乃废。参见戴志强编著：《钱币鉴赏与收藏》，印刷工业出版社 2013 年版，第 9 页。

〔6〕 参见黄达主编：《货币银行学》，中国人民大学出版社 2000 年版，第 13 页。

间接证明了我国在很早以前就以贝壳作为货币的事实。[1]

实物货币逐渐退出历史舞台的主要原因来自其币材的局限性：第一，实物质地不均匀，难以准确衡量交换商品的价值；第二，实物货币体积大、价值小、不便携带；第三，实物货币不便分割，或者分割后价值大大减损；第四，实物货币不能长期储存；第五，实物货币的数量有限性无法满足商品经济发展所需的货币量。

2. 金属货币

第二次社会大分工后，铜器、青铜器和铁器得到广泛应用。随着社会生产力的发展和商品交换的扩大，鉴于金属在满足货币币材特征方面的优势越来越明显（价值稳定、易分割、易保存、便于携带），当时较发达的国家开始先后迈上由实物货币向金属货币的过渡之路。

金属作为货币币材并非完全沿着由贱金属至贵金属的路径而来。人类在公元第一个千年进入了贵金属时代，但这时候的贵金属并非只有黄金，而是金、银、铜并存。由于黄金的稀缺与开采难度大，也十分珍贵，大部分时候金币处于辅币的地位，而银币、铜币处于主币的情况较普遍。在初期，由于铁价值较低、易锈蚀、不便保存等特点，其被用于币材的时期较短。[2] 商代开始，铜和金开始作为货币金属进入流通领域；宋代，白银进入流通市场并成为主要的货币材料；在其他古文明国家，白银也在公元1000年前后出现。[3] 公元13世纪，西欧金币数量增加，到19世纪上半期，世界主要国家都开始采用金银复本位制，到20世纪初时，黄金成为唯一经过历史考验并被赋予财富价值的金属货币。

那些被淹没在漫漫历史长河中的其他金属货币，也带给我们关于马克

---

〔1〕 参见陈勇：《支付方式与支付技术——从实物货币到比特币》，湖南大学出版社2018年版，第4页。

〔2〕 据史料记载，中国五代十国时期（公元900多年）使用过铁钱，古希腊斯巴达在公元前6世纪也使用过铁钱，但都时间较短，流通范围有限。参见高晓燕、郭德友主编：《金融学》，中国金融出版社2017年版，第19页。

〔3〕 参见高晓燕、李向前主编：《货币金融学》，中国金融出版社2017年版，第19～20页。

思对“金银天然不是货币,但货币天然是金银”[1]之论调的思考,即一种物品要想成为充当“一般等价物”的货币,需要具备:(1)良好的抗氧化性和抗腐蚀性;(2)良好的便携性;(3)数量有足够的供给,以满足不断增长的需求量。

延伸思考:从中西方不同路径看待黄金货币属性之崛起

(1)西方社会与黄金

按照时间轴的顺序,早在4000多年前,古埃及人就使用黄金作为交换中介物,彼时黄金的货币形态是金块。公元前700年左右吕底亚古国成为人类历史上最早使用金币的国家。吕底亚古国作为当时交通发达、区位良好的国际都市,交易规模大且频繁,有使用高价值金币的需求,加之盛产黄金,人类最早的金币——铸金币由此产生。[2] 在铸金币出现后,统治者似乎找到了神权与王权结合的载体。在铸金币上刻画统治者头像、神的图案以及标志性的建筑的方式一度流行,甚至今天的纸币上还留有这种痕迹。[3] 通过这样的方式,统治者宣扬神权与王权,起到了巩固统治和加强经济联系的作用。

接下来的古罗马时期是黄金货币使用更广泛的时期,黄金进一步渗透到人们生产生活、贸易外贸、军事战争、对外掠夺中去。[4]

---

[1] 人民出版社编:《马克思恩格斯全集》(第13卷),人民出版社1962年版,第145页。

[2] 参见宗兆昌:《货币银行理论》,中国水利水电出版社1996年版,第6页。

[3] 铸金币首先为公元前6世纪的波斯帝国大流士所效仿,推出大流士金币,将自己头顶王冠、手持弓矛的形象印到金币上,通过金币的流通宣扬王权;马其顿亚历山大大帝也发行了亚历山大金币,将以强健体魄和力量文明的赫尔克里斯头像印在金币上;其父菲利普斯发行的菲利普铸金币印有主神宙斯的头像……参见祝合良、李广国等:《大金势——人民币国际化与黄金》,首都经济贸易大学出版社2017年版,第53页。

[4] 当时上到帝王、军队、商人,下到制陶人、农民都用金币。帝国用金币为雇佣军发薪水、奖金和慰问金;拥有金币数量的多少成为人们衡量财富多少与发言权大小的标尺;为了追逐黄金,古罗马进行了长期的对外扩张,包括“布匿战争”“黄金之战”等,先后征服了埃及、希腊、叙利亚、北非、高卢等国家与地区。参见马英俊:《古今中外话黄金》,东北大学出版社2000年版,第27页。

在古罗马崩溃后，西方社会进入了拜占庭时代。拜占庭对金币的使用达到了新高度。拜占庭金币的完整性、纯度、声誉以及可接受度，是君主们心目中的一切，甚至拜占庭帝国的整部历史，就是以黄金为焦点的历史。短暂光明之后，历史就进入了长达6个世纪的黑暗时期，黄金的避险功能开始由此产生。

18世纪中后期，工业革命的展开加之欧洲各国对非洲、美洲的殖民与扩张，大量黄金流入欧洲。随着黄金大量产出及欧洲金融业迅猛发展，各国纷纷向金本位靠拢。1867年黄金被确认为唯一的世界货币，自此全球金本位正式形成。1971年世界货币体系去黄金化，美元与黄金脱钩，黄金没有了束缚，再没有固定其价格的外力限制，供求成为影响黄金价格的主要内在因素。此外，国际性事件、“黑天鹅”事件等的爆发也会引起黄金价格的大幅波动。自1968年黄金价格从35美元一盎司涨到目前的1866美元一盎司，经历了波澜壮阔的起伏，并与石油、战争、国家政策等外部因素表现出较强的相关性。[1] 从过去50年黄金价格变动趋势中寻找周期，抛开波浪周期理论与道氏理论等微观技术层面的分析，从宏观来看，自货币去黄金化之后，黄金价格总体上呈上扬趋势，随着社会的发展与全球一体化进程加快，黄金价格受随机因素影响较大，每一次“黑天鹅”与“灰犀牛”事件的出现，都会在一定程度上刺激金价的上扬。黄金的避险功能在此完全被体现出来。

(2)中国社会与黄金

黄金在中国历史久远。相传伏羲、黄帝、炎帝都曾用黄金做原料炼金丹以求长生不老。中国黄金生产始于商，殷商时期黄金被发现并用来做装饰品。早期的黄金货币也开始出现，但由于黄金开采困难、较稀有，难以大批量、大范围使用。

春秋战国时期，一些小国开始使用黄金作为货币。根据黄金作为货币使用的记录，位于今天湖北地区的楚国，有印有“郢爰”“陈爰”等印记的金

---

〔1〕 黄金价格，2021年7月26日，载世界黄金协会官网，https://www.gold.org/cn/goldhub/data/gold-prices，最后访问日期：2021年12月17日。

版。金版类似金锭形式，需要切割，其上刻有文字、产地、重量等信息。货币发展到贝币形态，战国时期已有金贝币，用黄金制造的贝状货币、马蹄金、麟趾金等。到公元前221年秦始皇统一六国，进行了一场全国范围内的货币改革。收缴熔炼各国货币，发行秦朝统一货币——秦币。规定在诸货币中，黄金为上币，银为中币，铜钱质如周钱，为下币……黄金作为上等货币，是贵族阶级、新兴地主阶级使用的货币，流转范围广泛。秦朝确立了黄金作为货币在国家货币体系中至高无上的地位。

西汉时期是中国黄金的鼎盛时期。据史学家与货币学家考证，在西汉皇室与统治阶级存有大量储金，黄金赏赐、纳贡、献金、助祭、赎罪、买官卖官亦数量惊人。这一时期黄金主要用作贮藏功能，以麟趾金、马蹄金为主要形态，流通中的黄金则以金版、金饼为主。粗略估计，西汉时期整个国家的黄金储量大约500吨，在当时世界黄金总量中占有较大比重。

西汉之后，大量黄金不知所踪，后代黄金储量很少，且大多被笼络到国库，皇室赏金也很少。秦汉以后，中国长期以铜币、银币为主体，黄金长期处于辅币地位，魏晋南北朝时期由于政局动荡，黄金贮藏功能凸显。在唐、宋两朝，由于经济的繁荣与国际都市的形成，国内、中外商品贸易往来频繁，经济活跃贸易量巨大，黄金货币再次出现了短暂繁荣。之后的元明清，黄金使用量不大，逐渐退出了货币体系。

黄金在东方发展的路径与西方截然不同，始终没有在历史舞台上展现出耀眼的光芒。一方面，中国古时候黄金产量小，属贫金之国；另一方面，中国一开始就走上了银本位的道路，黄金始终没有占据主导地位，黄金作为一种货币之货币属性表现也没有西方社会那么强烈，在秦汉时期昙花一现，之后便慢慢沉寂。黄金的货币价值与投资价值在中国一直没有得到重视，近代以来反而被埋没。[1]

---

〔1〕 参见黄震等：《黄金崛起——数字经济时代黄金价值再发现》，电子工业出版社2019年版，第4~7页。

3. 代用货币和信用货币

纸质货币包括代用货币和信用货币。代用货币的出现是商品交换日益扩大的结果，其最早以保管存条、商业票据和银行券的形式出现在中世纪的欧洲。[1] 相较金属货币，代用货币能克服金属货币在流通中所产生的问题，即我们常说的“劣币驱逐良币”现象。代用货币再演化的结果就是信用货币。[2] 信用货币是以信用作为保证，通过信用程序发行和创造的货币。信用货币的主要形式有纸币、辅币和银行存款货币，从历史的观点看，信用货币是金属货币制崩溃的直接后果。[3]

延伸思考：美元何以成为全球信用货币

美元的演变过程与其他纸币大同小异。早在独立战争之前，美国的货币还并不统一，各州有自己的货币，独立战争之后，美国统一了货币，美元诞生。

美元崛起于美国实行金本位制之后，但受限于黄金数量，在经济扩张背景下，以金本位为前提的货币发行无法满足统治者对于财政扩张及经济刺激的需求。在此背景下，第一次世界大战开始时，为维持战争所需资金，金本位制度在欧洲被正式终止。而在美国，为了刺激 1929 年“股灾”后的经济，美国国会于 1934 年通过了《黄金储备法》，对美元发行采取了 40% 的黄金储备比例（后来进一步降到 25%）。1944 年，基于第二次世界大战后重建需要，西方主要国家之间建立了固定汇率制度，各国同意使其各自汇率盯住美元（“以美元为锚”的联系汇率制度），而美元则以每盎司 35 美元的固定价格盯住黄金，至此布雷顿森林体系得以建立，各国货币变为遵循通过美元挂钩黄金的间接金本位制，美元开始成为“世界货币”。[4]

---

[1] 参见李小丽、丛禹月主编：《金融学》，天津大学出版社 2014 年版，第 7 页。

[2] 参见吕晓永主编：《互联网金融》，中国铁道出版社 2018 年版，第 37 页。

[3] 参见郑彧：《论数字货币的信用传承与形态变革》，载《财经法学》2020 年第 5 期。

[4] 参见郑彧：《论数字货币的信用传承与形态变革》，载《财经法学》2020 年第 5 期。

20世纪70年代,布雷顿森林体系由于存在严重的缺陷最终崩溃,1976年,IMF通过《牙买加协定》,规定黄金与各国货币彻底脱钩,美元的价值自此不再具有黄金备兑的担保,而是完全成为美国政府的主权信用问题。在此背景下,以国家信用为基础的纸币真正诞生。这种不可兑换的纸币也被称为菲亚特货币,奈尔指出,菲亚特货币是一种不可兑换和无内在价值的货币。[1] 美元作为全球信用货币,本身也不再含有任何价值,其所代表的价值来自国家政权强制力和对国家政权的信任。[2]

(二)虚拟货币

1. 电子货币

目前,电子货币的概念非常广泛,根据BCBS的定义,电子货币,是指通过销售终端、设备直接转账或电脑网络来完成支付的储存价值或预先支付机制。BIS早在1996年就开展了一系列研究,并认为电子货币可能会影响中央银行的货币政策(如影响央行控制的利率和主要市场利率的联系)。从形式上讲,只要是以电子信息为载体的货币都可认为是电子货币,包括银行卡、预付卡、网络虚拟货币等。[3] 唐应茂在研究国际监管部门对电子货币的法律定性后认为,电子货币通常包含两种形态,即以IC卡为媒质的智能卡,以及以计算机为基础的电子货币。电子货币不是纸质的,也不像电子资金划拨一样涉及较大数额资金的转移。它主要是用于日常生活中小额的支付,比如,在超级市场购买日用品,或在书店买书,或用于加油站、收费站等场所,同时通过互联网进行远程的支付。因此,虽然互联网的发展为国际贸易提供了很大空间,为资金的跨国流转提供了更方便的渠道,但无论是智能卡,还是通过互联网支付的电子货币,都不可能取代银行间的资金划拨,成

---

〔1〕 See Neil Wallace & J. H. Karaken, *The Overlapping Generations Model of Fiat Money*, Models of Monetary Economies, 1989, p. 75 – 97.

〔2〕 参见鲁世巍:《美元霸权与国际货币格局》,中国经济出版社2006年版,第14页。

〔3〕 参见杨青、霍炜:《电子货币——互联网金融下的货币变革》,中国金融出版社2015年版,第7页。

为资金大额流转的工具。所以，电子货币从总体来讲，是面向消费者的，用于小额的日常交易。人们通常把支付工具分为大额支付工具（whole-sale payment system）和小额支付工具（retail-sale payment system）两种，电子货币属于后者。[1]

朱夫昌认为，电子货币的本质就是电子信用货币。电子货币随着计算机的普及发展而来，其不是法定货币，但法定货币是它计价的依据和基础。其中原因在于：其一，电子货币在流通过程中始终表现为观念上的货币。电子货币的载体能充当支付工具。在金融事业发达的国家，"手持一卡，行遍天下"的原因在于有可靠的信用作为保证。电子货币的存款、使用和结算都不能离开信用，因此，信用是电子货币的基础。其二，电子货币用电子脉冲传输和显示的资金，是国民经济中物质产品的货币表现。电子货币作为一般等价物，体现商品生产者之间相互交换劳动的关系。电子货币作为一种购买力，在不同的社会形态里，是不同的生产关系的反映，所以电子货币的本质仍然是货币。其三，电子货币是在商品经济条件下直接从货币的支付手段职能中产生的，因而具有双重性质，即它既是体现债权债务关系的信用证明，又是建立在信用机制上的货币符号。作为信用证明，电子货币形式是银行卡片，作为货币符号，电子货币的依据是法定货币。电子货币本身没有价值，之所以能代替纸币进行流通，原因在于它以信用为基础，并能随时兑换成现实货币。[2]

2. 数字货币

从货币演化进程来看，不同货币具体形态的出现既受到当时货币材料、制造加工等技术条件的限制，更取决于社会经济发展的现实需求。就数字货币而言，计算机、互联网、大数据、区块链、云计算等科技因素非常重要，它们构成了数字货币能够诞生的必要条件。

从大的社会经济形态上看，人类已经或正在经历以实物货币、金属货币

[1] 参见唐应茂：《电子货币与法律》，法律出版社2002年版，第4～12页。

[2] 参见朱夫昌：《电子货币概论》，中国金融出版社1993年版，第4～6页。

和纸币为货币主要形态的农业经济及工业经济时代。20 世纪 90 年代，信息和通信技术飞速发展，OECD 首先提出了数字经济的概念。[1] 自此，数字经济开始进入人们的视野，在日益成为全球经济社会发展重要推动力的同时，为数字货币的产生提供了充分条件，特别是 2008 年国际金融危机爆发后，全球通货膨胀加速了纸币贬值，中央银行声誉及整个金融系统的信用中介功能受到广泛质疑，寻找更高信用的货币、建立效率更高和更加安全的支付体系成为数字货币诞生的一个重要动机。

在经济学领域，早于 1776 年，亚当·斯密有言，“我相信，世界各国的君主，都是贪婪不公的。他们欺骗臣民，把货币最初所含金属的真实分量，次第削减”。[2] 著名经济学家哈耶克亦提出，将货币的发行权放入市场的观点，其主张废除中央银行制度，允许私人发行货币竞争。2008 年国际金融危机后，奥地利学派思潮回归，[3]“货币非国家化”的支持者不断增多。在此背景下，2009 年以比特币为代表的不以主权国家信用为价值支撑的去中心化可编程货币“横空出世”，2013 年 10 月以后，因比特币价格的暴涨引起了全世界对数字货币的广泛关注。

时至今日，数字货币的发展如火如荼，在虚拟货币发展愈盛之际，越来越多的主权国家开始布局数字法币的发展路径，如何正确看待和解读这场新型货币革命，值得更多人反思。一方面，数字货币的诞生必然在整体上提高支付效率，但良莠不齐的数字货币市场也带来了很多社会风险。另一方

---

〔1〕 参见逄健、朱欣民：《国外数字经济发展趋势与数字经济国家发展战略》，载《科技进步与对策》2013 年第 8 期。

〔2〕 Adam Smith, *The Wealth of Nations (1776)*, I., Glasgow edn., Oxford, 1976, p. 43.

〔3〕 姚前认为，比特币的分布式记账、共同验证等去中心化设计理念与奥地利学派的开山鼻祖卡尔·门格尔的货币自发秩序理论高度一致。卡尔·门格尔认为，货币本身是人类社会自然演化发展出的“每个人的意念的社会秩序”，就如同道德标准、风俗、爱好、语言一样，是一种社会习惯，一种社会共识。而比特币则利用加密技术、点对点通信技术和共识算法来达成这一社会共识，从而建立卡尔·门格尔所谓的货币自发秩序。参见姚前：《数字货币初探》，中国金融出版社 2018 年版，第 7 页。

面，当我们再次回看 Libra 白皮书所言的 Libra 使命时，[1] 基于当前政治和法律框架的考量，其宏大愿景未必能实现，但其带来的技术和模式方面的创新为我们提供了新的参考和选项，这同样有益于社会进步，而就数字法币而言，"去现金化"支付工具和"去中心化"数字货币的兴起，也唤醒了我国中国人民银行对央行货币和数字技术融合创新的尝试。

小　结

如果我们研究历史就会发现，在中国历代封建王朝史上，每个政权在新建之初的共通之处就是发行自己的货币。放眼国外，同样如此，无论是古希腊或古罗马，抑或是其他国外政权的更迭，发行新币都是改朝换代的象征之一，这也难怪日本作家宫崎正胜所言，世界史就是一部货币史。[2]

货币作为现代经济学的重点研究对象，其自身及相关问题早已被古今中外数不胜数的经济学家深入研究。以比特币为代表的数字货币的诞生，不仅对现行体系下货币的发行、流通与监管造成冲击，也促使人们重新思考、定义和理解货币的本质及其发行权归属等相关问题。"货币非国家论"认为，货币本身是人类社会自然演化发展出的"每个人的意念的社会秩序"，如同道德标准、风俗、爱好、语言一样，是一种社会习惯，一种社会共识。[3] "货币法定论"则认为，货币秩序是按照社会性的生产方式构建的，而不是市场自发产生的。[4] 货币是国家的特殊产物，国家理论与货币理论不可分割。[5]

货币形态的演变经历了从实物货币、金属货币到信用货币的过程，随着

---

〔1〕 Libra 白皮书指出，"Libra 的使命是建立一套简单的、无国界的货币和为数十亿人服务的金融基础设施"。See *Welcome to the official White Paper*, diem (June 21, 2021), https://www.diem.com/en-us/white-paper/.

〔2〕 参见[日]宫崎正胜：《世界史就是一部货币史》，朱悦玮译，浙江人民出版社 2020 年版，第 8 页。

〔3〕 See C. Menger, *On the Origin of Money*, Economic Journal, Vol. 2, p. 239 – 255 (1892).

〔4〕 See Goodhart C. A. E., *The Two Concepts of Money: Implications for the Analysis of Optimal Currency Areas*, European Journal of Political Economy, Vol. 14:3, p. 407 – 432 (1998).

〔5〕 See Knapp G. F., *The State Theory of Money*, Macmillan Anc Co., 1924, p. 2 – 6.

互联网技术的发展，信息技术在不断重塑我们的社会和日常生活的同时，也极大地改变了我们的支付、清算方式。近年来，区块链技术、大数据、云计算等科技与金融的深度融合和发展，又催生了“加密货币”“ICO”“虚拟货币”等炙手可热的新名词。无论是“货币非国家论”还是“货币法定论”，其实际探讨的对象都是基于信用支撑的货币，不同的仅是这种信用的来源。

本章从经济学乃至人类学的角度重提货币起源及其本质学说，试图“以史为鉴”，在下面章节在对数字货币的概念界定、类型划分的基础上重观不同类型数字货币的金融属性和法律属性。

第二章　数字货币的概念界定与种类划分

一、数字货币、虚拟货币或者加密货币

(一)数字货币的多元化定义

随着实践发展和技术创新,数字货币的内涵与外延不断扩展。从早期的电子货币,到后来的虚拟货币,再到现在的数字货币,货币形态和应用场景越发丰富。最早的数字货币理论是名为"E-Cash"的电子货币系统,基于传统的"银行—个人—商家"三方模式,具备匿名性、不可追踪性。现代英文"digital currency"是数字货币的来源,数字货币所依据的就是区块链技术,区块链作为金融科技的重要领域之一,引领货币发展从个人信任、制度信任进入到去中心化时代。[1] ECB 以是否受监管为标准,提出虚拟货币是不受央行监管的数字货币,其不同于受监管的电子货币和商业存款。基于此,BoE 以分布式账本技术为标准,进一步提出建立于分布式账本技术上的数字货币,随着研究深入,针对加密数字货币与数字法币的研究开始增多。

对于数字货币的具体界定,无论是国际上或者学术界都尚未达成一致定性。早在 20 世纪 90 年代,就有学者指出,网络空间中的经济往来需要不同于纸质票据的新型支付手段,进而将数字货币定义为用电子手段保存于带有芯片的卡片或电子终端中,能不依赖银行而独立完成支付的数字单

---

〔1〕 参见周晓垣:《区块链时代——数字货币意味着什么》,天津人民出版社 2018 年版,第 8 页。

元。[1] IMF 报告指出,数字货币以数字化形式实现价格尺度、价值存贮和支付交易等货币职能。BIS 将数字货币定义为价值的数字表现形式,强调通过各方数据交换实现各项货币职能。[2] EBA 将数字货币定义为价值的数字化表现,这种虚拟货币既不由货币当局发行,也不与法币挂钩,但可以作为支付手段进行电子化形式的存储、转移和交易。ECB 则将数字货币区分为 3 类:一是以虚拟货币为代表的不受监管的数字货币;二是以电子货币为代表的受监管的数字货币;三是加密数字货币。[3] BoE 明确表示以分布式记账技术作为数字货币的分类标准,运用分布式账本技术的数字货币是加密数字货币。随着国际组织和世界主要国家对数字货币的研究逐渐深入,我国学者也对数字货币的内涵进行了探索性归纳和界定。李建军认为,数字货币的概念有广义和狭义之分。[4] 广义数字货币既包括现有的电子货币,也包括虚拟货币和加密数字货币;狭义数字货币专指加密数字货币,包括主权数字货币和非数字法币。刘向民则认为,狭义的数字货币主要是指纯数字化、不需要物理载体的货币;而广义的数字货币等同于电子货币,泛指一切以电子形式存在的货币。[5] 钟伟等将数字货币定义为比特币等私人发行的数字货币和央行发行的国家信用保障的数字货币。[6]

(二)数字货币、虚拟货币和加密货币的概念比较

从概念上说,数字货币(digital currency)、虚拟货币(virtual currency)和加密货币存在一定的区别。

关于数字货币概念的定义,其是一个伴随发展逐步形成意识的过程。在数字货币出现之前,电子货币和虚拟货币较为人熟知。在英文语境中,数

---

〔1〕 参见宋清华、杨芪芪、李艳云:《数字货币发展方略》(上),载《财政监督》2021 年第 7 期。

〔2〕 See Bank for International Settlements, *Central Bank Digital Currencies*, BIS(Jan. 17, 2019), https://www.bis.org/cpmi/publ/d174.pdf.

〔3〕 参见李建军、朱烨辰:《数字货币理论与实践研究进展》,载《经济学动态》2017 年第 10 期。

〔4〕 参见李建军、朱烨辰:《数字货币理论与实践研究进展》,载《经济学动态》2017 年第 10 期。

〔5〕 参见刘向民:《央行发行数字货币的法律问题》,载《中国金融》2016 年第 17 期。

〔6〕 参见钟伟、魏伟等:《数字货币:金融科技与货币重构》,中信出版集团 2018 年版,第 74 ~ 105 页。

字货币与电子货币同义，是指一种不具备实体形式的，仅以数字形式存在的货币，此时的数字货币工具是指利用数字技术的交易。而在中文语境下，我们通常会认为，电子货币是指电子化的法定货币，即“电子化的人民币”，数字货币则是在数字概念的基础上，衍生工具数字货币（加密货币），成为当前数字货币的概念。

从世界主要央行对数字货币的研究来看，ECB 最早定义了虚拟货币，其定义虚拟货币为不受监管的数字货币；同时，定义电子货币和商业银行存款为受监管的数字货币，等同于法定货币。加密数字货币则是除受监管的数字货币和不受监管的数字货币外的第三类数字货币。[1] BoE 2014 年第三季度的报告明确，以分布式记账技术作为数字货币的分类标准。一类是加密数字货币，即运用分布式记账技术生成的数字货币，并指出比特币是史上第一个加密数字货币；另一类是非加密数字货币，典型代表有瑞波币。[2] FATF 定义虚拟货币为以数据形式表现的交换媒介、记账单位、价值储存等，但它不是法定货币，没有任何货币当局为其提供担保。[3] 电子货币则与之不同，是法定货币的电子形式。数字货币则代表了虚拟货币（非法定货币）和电子货币（法定货币）的总和。英国学者在 BoE 的工作论文中，将中央银行数字货币定义为通过分布式分类账实施的普遍认可且有息的中央银行负债，与同为交换媒介的银行存款相竞争。[4]

关于数字货币的内涵，目前学界明确定义的不多，大多数学者直接沿用了各国政府发布的定义，一部分学者对数字货币的内涵进行了讨论和拓展。瓦格纳将数字货币和电子货币涵盖为数字货币，认为它是以电子形式储存

---

〔1〕 See European Central Bank, *Virtual Currency Schemes*, ECB (Sept. 30, 2012), http://www ecb. europa. eu.

〔2〕 See Ali R. et al., *Innovations in Payment Technologies and the Emergence of Digital Currencies*, Bank of England Quarterly Bulletin, Vol. 24:3, p. 262 – 275 (2014).

〔3〕 See The Financial Action Task Force, *Virtual Currencies: Key Definitions and Potential AML/CFT Risks*, FATF (Sept. 6, 2014), http://www. fatf-gafi. org.

〔4〕 See J. Barrdear & M. Kumhof, *The Macroeconomics of Central Bank Issued Digital Currencies*, Bank of England Staff Working Paper, No. 605 (2016).

和转移的货币。[1] 德维尔认为,就功能视角而言,数字货币最关键的问题是防止双重支付问题,比特币的点对点支付系统在一定程度上可以解决该问题。[2] 比赛萨尔借鉴 BoE 的定义,明确提出数字货币是去中心化的运用分布式记账系统的货币,如比特币、莱特币、狗狗币等。这一定义将没有采用分布式记账系统的诸如瑞波币等产品排除在外。[3] 克劳斯认为,数字货币包括虚拟货币和加密数字货币,而虚拟货币和加密数字货币的区别是,虚拟货币仅在特定的虚拟空间内流通,加密数字货币则打通了虚拟和现实的界限,可以在现实中购买商品或服务,可以与现实中的货币相互兑换。加密数字货币的另一个重要特征是采用分布式记账,实现了去中心化,没有管理者管理其发行和运营。[4]

我国对于数字货币、虚拟货币和加密货币的概念与国际上存在一些差异,其中,在较早时期,虚拟货币专指运行在网络上的货币,彼时知名的虚拟货币如腾讯公司的 Q 币。虚拟货币通常用于用户购买网络上的虚拟服务或用于用户缴费,如我国原文化部等于 2009 年将其定义为,由网络游戏运营企业发行,游戏用户使用法定货币按一定比例直接或间接购买,存在于游戏程式之外,以电磁记录方式存储于网络游戏运营企业所提供的服务器内,并以特定数位单位表现的一种虚拟兑换工具。对于加密货币,我国现行相关政策将其认定为,数字经济时代以比特币为首的虚拟货币,而数字货币则专指中国人民银行发布的法定数字人民币。

笔者认为,从概念本身和技术角度考虑,数字货币应该涵盖更广泛的定义。如我国学者李建军等认为,数字货币可以区分为宽口径数字货币和窄

---

〔1〕 See A. Wagner, *Digital vs. Virtual Currencies*, Bitcoin Magazine (Dec. 8, 2014), https://bitcoinmagazine. com.

〔2〕 See G. P. Dwyer, *The Economics of Bitcoin and Similar Private Digital Currencies*, Journal of Financial Stabilily, Vol. 17:3, p. 81 – 91 (2015).

〔3〕 See S. Bissessar, *Opportunities and Risks Associated with the Advent of Digital Currency in the Caribbean*, Studies and Perspectives—ECLAC Subregional Headquarters for the Caribbean, No. 46 (2016).

〔4〕 See P. Kraus, *Digital Currency: Risks, Rewards and Investigative Techniques*, *Doctoral Dissertation*, Utica College, 2017, p. 34.

口径数字货币。宽口径数字货币包括属主权法定货币数字化的电子货币，由私人发行在特定网络范围内充当支付手段的虚拟货币，以及基于密码学的、不具备物理形式的加密数字货币。而加密数字货币作为数字货币的表现形式之一，应包括央行发行的主权数字货币与私人发行的去中心化数字货币。窄口径数字货币专指加密数字货币，中央银行发行的主权数字货币是真正意义上的货币，有主权信用担保；私人发行的加密数字货币，由于缺乏信用，容易被操控，投机性强、竞争无序，无法成为价值稳定的数字货币，难以归入真正意义上的流通计价和储值货币。[1]

二、数字货币的种类划分

自2009年比特币的创世区块诞生起，各种数字货币如雨后春笋般涌现。尽管数字货币呈现种类繁杂的样式，但以区块链类别为界限，去中心化程度为区分，可以将当前的数字货币划分为两类：一是国家发行的数字货币，也称为主权数字货币，或者数字法币。它是以区块链技术设计的不具有完全去中心化的一种数字货币，以央行信用为背书。二是民间发行的数字货币，也称为虚拟货币，就大众认可度而言，虚拟货币可分为主流币和非主流币。[2] 就性质而言，虚拟货币可分为以下3种：一是以公有链为基础，完全去中心化的非主权数字货币，如比特币等。二是以美元等法币进行锚定，币值具有稳定性特征的数字货币，如USDT等。三是通过ICO等方式融资发行的代币，具有一定的证券属性。[3] 这3种数字货币，虽然都以区块链为底层技术，以哈希函数为算法依托，都具备数字货币的直接形式，但是本质属

---

〔1〕 参见李建军、朱烨辰：《数字货币理论与实践研究进展》，载《经济学动态》2017年第10期。

〔2〕 主流币，通常是指在数字货币交易所市值排名靠前的币种，如比特币、以太坊等；非主流币，是指主流币以外的以区块链技术为底层支撑的币种，如引入DeFi（去中心化金融）概念的Link，公链概念的NEO，匿名币概念的XMR，物联网概念的IOTA以及平台币等。

〔3〕 国内也有学者认为，数字货币应当仅指数字法币，虚拟货币应当被称为数字代币，而对于数字代币的类型划分，应当分为3类：一是支付型代币，如BTC、USDT、DOGE、LIBRA、RIPPLE等；二是实用型代币，如ETH、GNT、SAFT、TRX、SOL等；三是证券型代币，如SCI、BCAP、PCX、RAP等。参见苏宇：《数字代币监管的模式、架构与机制》，载《东方法学》2021年第3期。

性却迥然不同。

(一)主权数字货币

所谓主权货币,是指某一国家发行的本国货币,如美国的主权货币就是美元,英国的主权货币就是英镑,中国的主权货币就是人民币。主权数字货币,又可以称为数字法币。它是国家中央银行发行的具有货币属性的数字货币,以国家信用作为背书,具有货币职能,能够作为法币在市场上进行交易和流通,具有法偿性,受到银行法等法律规范调整的一种特殊动产。

主权数字货币作为一种新生事物,刚一诞生,便受到世界各国的广泛关注。BIS、IMF 等国际经济组织对此表示高度重视,各国政府亦纷纷对其展开研究和实践探索,BoE 推出 Rscoin(英国中央银行数字货币),MAS 推出 Ubin(新加坡中央银行数字货币),DNB 推出 DNB Coin(荷兰央行数字货币),ECB 初步计划发行批发型数字货币,并和日本央行联合开展了 Stella。研发和试验主权数字货币已成为多国政府及中央银行的一项重要且紧迫的工作。数字货币的产生、发展与历史上任何一种货币的出现一样,正经历漫长的演变过程,从最初 Digicash 的两种货币系统 E-Cash 和 Cyberbucks,到后来著名的比特币、以太坊、USDT 等,数字货币在数字技术的推动下不断衍生、演变,主权数字货币的出现正是数字货币蓬勃发展的产物。作为一种法定货币,主权数字货币的出现无疑开辟了法定货币的新种类,增加了数字货币的新维度,深刻影响世界货币与金融体系,成为世界各国普遍关注的焦点。那么,究竟什么是主权数字货币?其产生的原因是什么?产生的背景和动机是什么?主权数字货币有什么基本特征?

针对上述问题,本节首先对主权数字货币的概念进行解析,阐述主权数字货币的内涵和本质特征,分析不同类型主权数字货币的特征。

1. 主权数字货币的概念

主权数字货币(CBDC)也被称作数字法币。目前,世界各国关于主权数字货币的概念、内涵尚未形成统一明确的定义。2015 年,BoE 推出数字英镑计划,主权数字货币开始登上历史舞台。同年,BIS 对潜在的主权数字货币进行了 4 个关键属性的货币分类：发行人（中央银行或非中央银行）、货币形态（数字或实物）、可获取性（广泛或受限制）、实现技术（基于账户或基于代币）。按此分类，形成的货币分类状似“货币花”。主权数字货币，是指由中央银行发行的，能够用于广泛支付的，基于账户或代币的加密数字货币。IBM 认为，主权数字货币可以定义为中央银行发行的用于支付和结算的数字化工具，也可简单地描述为一种现金形式的电子扩展。

现有研究中对主权数字货币的定义大多参考了相关国家中央银行提出的定义，并在此基础上进行了一定的拓展。国外学者对主权数字货币的研究除对其概念进行界定外，主要还包括主权数字货币发行的影响。[1] 国内有关主权数字货币的研究也较丰富。2014 年，中国人民银行正式启动对数字法币的探索。此后，相关专家、学者对主权数字货币的原型构想、框架设计，以及政策效果等方面展开了积极讨论。从 2016 年起，盛松成、蒋一乐提出，只有一国央行发行的数字货币是真正的数字货币，认为数字货币的发行将有利于货币政策的有效疏通和传导。[2] 周小川提出，主权数字货币可分为账户松耦合和账户紧耦合这两类。范一飞梳理了央行数字货币的基本理论和路径选择问题，指出我国 M1 和 M2 基于商业银行账户，实现电子化，没有再次数字化的必要；同时，支付清算体系运转高效，因而我国主权数字货币主要属于现金（M0）范畴，目前暂不考虑智能合约。[3] 而刘向民认为，主权数字货币，是指由中央银行发行的、具有内在价值的数字货币，是能够用

---

〔1〕 如布罗德本（Broadbent，2016 年）首次提出主权数字货币的概念，主权数字货币能取代证券、支付体系的中间商，降低交易成本、提高交易效率、保证交易安全，有效应对虚拟货币的挑战。但主权数字货币的发行会使存款从商业银行转移到央行，造成“狭义银行”的出现。巴朗库夫（Baarrear Kumhof，2016 年）认为，数字法币是一种通过分布式分类账的实施与银行存款进行竞争的带息中央银行负债。冯（Fung，2016 年）和加拉布尔达（Galaburda，2016 年）认为，数字法币发行能够有效提高零售支付系统的效率。认为主权数字货币可作为不需要成本的支付媒介、安全性高的价值储存手段和价格稳定的记账单位。

〔2〕 参见盛松成、蒋一乐：《货币当局为何要发行央行数字货币》，载《清华金融评论》2016 年第 12 期。

〔3〕 参见范一飞：《关于数字人民币 M0 定位的政策含义分析》，载《金融时报》2020 年 9 月 15 日，第 1 版。

于交易和储存的数字化信息。[1] 以姚前为代表，从 2016 年至今，针对主权数字货币的概念、原型设想、框架设计等方面进行了系统研究。他提出，我国主权数字货币是由央行主导、以加密算法为基础的数字货币，并设计了一个基于银行账户和数字货币钱包分层并用的架构，主权数字货币的发行和回笼基于“中央银行—商业银行”的双层运营体系，避免了“狭义银行”的出现，减少了主权数字货币对金融体系的冲击。并且，他从 4 个维度建立了数字法币的框架，在价值维度上是信用货币，从实现方式来看则是算法货币，从技术维度上是加密货币，从应用场景来看是智能货币。[2]

方显仓和黄思宇认为，主权数字货币又称数字法币，是央行设计的，建立在区块链技术、分布式记账技术和加密技术等技术上的数字货币。央行数字货币实质上与现金没有本质区别，区别仅在于有无物理实体。[3] 综上所述，目前全球对于主权数字货币尚未形成统一定义，但是基于以下典型特征，主权数字货币的安全性高于其他数字货币：

第一，主权数字货币是国家信用背书的数字货币，是基于共识条件下的信用货币，其既具备法定货币的属性，又具备数字货币的基本特征。第二，主权数字货币使用区块链、加密技术等金融创新手段设计、发行。数字货币整体架构为数字账本技术（协议、数据格式、数字签名机制、数字钱包），为主权数字货币的安全运行提供了强大的技术支持。第三，主权数字货币的发行会对货币政策、金融体系等方面带来不同程度的影响。众多学者基于货币政策传导机制，分析主权数字货币可能带来的影响，无论是长期还是短期、积极还是消极，都必然带来巨大变革。

基于以上分析，本文将主权数字货币定义为，央行基于区块链、云计算、人工智能等数字技术发行的，运用分布式账本技术、加密技术于其中的，具有现代货币本质属性的数字货币。主权数字货币以国家信用为背书，具有

---

〔1〕 参见刘向民：《央行发行数字货币的法律问题》，载《中国金融》2016 年第 17 期。

〔2〕 参见姚前：《理解央行数字货币：一个系统性框架》，载《中国科学：信息科学》2017 年第 11 期。

〔3〕 参见方显仓、黄思宇：《数字货币与中国货币政策转型》，载《学术论坛》2020 年第 2 期。

极强的信用基础,能够实现价格稳定。作为央行发行的货币,能够与一国金融基础设施广泛结合,同时具有账户松耦合性质,得以实现泛在性;主权数字货币具有的可追溯性质,可有效治理资本外逃、贪污腐败等各种犯罪行为;通过数字化和可编程性质可以实现准确地货币投放、前瞻性指引和逆周期调控,有助于克服传统货币的单向选择性、追踪难度和操作的即时性。

2. 主权数字货币的本质特征

从形态上看,主权数字货币是加密的数字串,但从本质上看,主权数字货币依然是国家信用下的主权货币。因此,其作为一个国家主权货币的基本属性没有改变。

第一,主权数字货币作为法币的本质没有改变,以主权信用维持其价值稳定,具有无限法偿能力。因为主权数字货币是一国央行依法(法律需要作适度修订)发行的货币,是对原有货币形态的替代和补充,虽然它的发行运用了区块链、分布式账本、人工智能等技术,但它依然是法币,其法律地位和法律效力与原有形态的货币相同,具有无限法偿能力。

第二,主权数字货币依然是中心化的发行机制,货币发行的根本性制度没有变。虽然主权数字货币发行技术架构和流程发生了改变,但无论是我国的"一币、两库、三中心",还是"中央银行—商业银行"的两层架构,这些并不会改变一个国家以央行为中心的主权货币发行的主体架构,本质上依然是中央银行集中发行模式,这与比特币等去中心化的虚拟货币存在根本性差异。

第三,主权数字货币发挥货币五大职能的基本条件没有变。在手机、各种移动电子设备普及的时代,主权数字货币借助这些终端,大大提高了货币使用的便利性、安全性及普惠性等。

第四,主权数字货币具有"点对点 + 电子支付 + 央行信用"的新综合特征。"点对点",是指主权数字货币在交易过程中,支付方与对手方无须通过支付中介,便能直接实现资金交易。"电子支付",是指将交易双方交易信息电子化,通过网络传送银行和相应的结算处理机构,来实现货币交易流转的支付方式。“央行信用”,是指货币以国家信用作为价值支撑。主权数字货币无须绑定银行账户就能实现价值转移,这与我们通常所使用的必须要绑定银行账户才能进行转账付款的微信、支付宝等第三方支付有本质区别。

(二)非主权数字货币

相较主权数字货币,非主权数字货币又可以称为虚拟货币,它是以区块链为底层技术,具有完全去中心化特性,以分布式记账和工作量证明为信用基础,形成的能够在市场上流通、交易的一种民间货币。非主权数字货币,因表现形式和技术手段差异,具有不同的分类标准和分类模型,本节先通过梳理主流学者对于虚拟货币的分类,其后再凝练相关的学说观点,并提出笔者自己的分类模型。

1. 非主权数字货币类型化的学说观点

国内学者齐爱民对虚拟货币的法律属性作出了如下类型化划分:[1]

第一,按照数字货币的接受方的范围为标准,可以将数字货币分为通用币和承用币。所谓通用币,是指在市场上流通并不受发行人使用限制的数字货币,如比特币、以太坊以及大多数的空气币等。所谓承用币,是指虽然在市场上可以流通,但仅为发行人承诺使用的数字货币,这种代币的最大特点是只被代币发行机构所接受。承用币在欧盟加密资产监管框架建议中被称为实用代币或者实用币,如某些机构发行的仅供购买发行机构商品或服务的数字货币等。

第二,按照数字货币的价格是否受市场因素影响而剧烈变化为标准,可以将数字货币分为升值币和稳定币。升值币,又称波动币或增值币,是指在短期内受市场因素影响价格浮动较大的数字货币,比特币、以太坊以及大多数的空气币就是典型的升值币。NBER 的大卫·耶马克的研究表明,在价值

〔1〕 参见齐爱民、张哲:《论数字货币的概念与法律性质》,载《法律科学(西北政法大学学报)》2021 年第 2 期。

存储上,比特币的价格波动远高于欧元、日元、英镑等主要币种,高于黄金,甚至比高风险的股票波动幅度还大。所谓稳定币,是指在短期内价格不易受到市场因素影响而相对稳定的数字货币。最知名的稳定币就是USDT,它是泰达公司推出并锚定美元的代币,1USDT = 1 美元,用户可以随时使用USDT与美元进行1∶1兑换。此外,对于备受关注的天秤座计划——Libra,现在已经更名为Diem,脸书(Facebook)在该项目的白皮书中也明确表示,“除了锚定多种资产的稳定币外,我们还会提供锚定单一货币的稳定币”。因此,倘若顺利发行,Diem应属于稳定币。价值由一种法定货币支持的“稳定币”与欧盟《电子现金指令》第2条中电子现金的定义很接近。区分升值币和稳定币的意义在于,升值币作为投资手段应适用投资类法律,而稳定币则通常作为支付和价值储存手段,因此适用于相关支付的法律。

第三,资产代币和现金代币。以稳定币锚定的价值来源为标准,可以将稳定币分为资产代币和现金代币。“资产代币”,是指一种旨在通过锚定多种法定货币,以一种或多种商品以及加密资产及其组合来维护其价值的数字货币。“现金代币”,是指以用作支付方式为目的和主要用途,通过锚定一种法定货币的价值而发行的数字货币。现金代币和数字法币不同,现金代币不是法定货币,而是锚定一种特定法币而发行的代币,与法币本身是相区别和分离的,如锚定美元的现金代币USDT。数字法币,其性质为法定货币,只是采取的技术载体和手段与传统法币不同而已,如数字人民币。

第四,证券代币、支付代币和实用代币。以数字货币的使用方式为标准,可以将数字货币分为证券代币、支付代币和实用代币。所谓证券代币,是指发行人发行的数字货币符合证券法关于证券或者证券衍生品的实质要件的代币。MAS发布的《关于支付代币衍生品合约的拟议监管方法咨询文件》明确规定,符合新加坡证券和期货法的数字货币属于金融工具,必须符合该法的证券监管条件和接受有权机关的监管。[1] 所谓支付代币，又称数字支付代币，是指不以任何货币计价，也不与任何货币挂钩，能够以电子记录方式转移、储存或交易，并以成为公众或部分公众接受的支付工具或者媒介为目的发行的数字货币。最典型的支付代币是比特币、以太坊、USDT 等。支付代币不属于证券及其衍生品，但是其在属性上构成金融工具，适用金融法。实用代币，是指一种旨在向基于分布式账本技术之上的商品或服务提供数字化访问的数字货币。如前所述，实用代币又称承用币，也可称为消费者效用代币，不同于证券代币和支付代币，其只用于访问代币发行者提供的商品或服务，因此不构成资本市场背景下的金融工具，不适用金融法的规定。

与齐爱民教授对虚拟货币 4 种类型化的划分不同，柯达对数字货币的种类进行了不同视野下的分类，主要有以下 3 种（见表 2－1）：[2]

表 2－1 支付型代币、ICO 代币、稳定币比较

数字货币类型	发行阶段主体	转让阶段主体	开发阶段异同	发行阶段异同	转让阶段异同	托管阶段异同
支付型代币	矿工作为区块链上的节点，可对区块链上的信息进行验证、传递与储存	二级市场投资者不享有内部关系中的任何权益，仅能通过二级市场的再次转售获取收益，或将支付型代币作为商品服务的支付工具使用	发起人开发完毕后退出后续的运营	矿工通过自我努力（投入电力、计算机设备）创造代币，视为发行	矿工与二级市场投资者、二级市场投资者之间进行转让交易	矿工或二级市场投资者将数字货币存储于托管人

[1] See U. S. Securities and Exchange Commission, *Framework for "Investment Contract" and Lysis of Digital Assets*, SEC (Nov. 20, 2020), https://www.sec.gov/corpfin/framework-investment-contract-analysis-digital-assets.

[2] 参见柯达：《论区块链数字货币的非法集资刑法规制》，载《东北大学学报（社会科学版）》2020 年第 6 期。

续表

数字货币类型	发行阶段主体	转让阶段主体	开发阶段异同	发行阶段异同	转让阶段异同	托管阶段异同
ICO代币	发起人对ICO代币或相关产品服务的运行拥有不同程度的控制权	投资者可能对该商品或服务的开发、运营享有不同程度的参与权甚至管理权	发起人开发完毕后主导运营	发起人向认购投资者出售数字货币，视为发行	认购投资者与二级市场投资者、二级市场投资者之间进行转让交易	认购投资者或二级市场投资者将数字货币存储于托管人
稳定币	发起人通过投资法定货币或其他数字货币，或通过运营关联人根据预设算法的调控维护稳定币的币值稳定	投资者主要将稳定币作为其他商品或服务的支付工具，无参与权或管理权				

第一，支付型代币。支付型代币，是指不由任何单一主体发行或控制、不代表任何债权的交换媒介，如比特币、以太坊、瑞波币等，其为最早出现的数字货币类型。支付型代币在法定货币体制出现危机时应运而生，大量商业银行在2008年全球金融危机期间发生兑付风险乃至破产，在一定程度上动摇了民众对该体制的信心。在此背景下，随着2009年比特币的发行流通，大量私人主体开始通过区块链技术，发行具有交换媒介功能、可跨境自由流通的支付型代币，以减少法定货币体制出现的各种弊端。

第二，ICO代币。ICO代币，是指基于以太坊区块链系统创设，通过“初始代币发行”这一融资方式发行的数字货币，具体又可分为证券型代币与效用型代币。其中，证券型代币，是指与债券、基金、股票等法定证券具有相似属性的数字货币；效用型代币，是指可购买指定商品或服务的数字货币。具体而言，如投资者认为发起人宣传的项目产品具有投资前景，并计划购买由其发行的ICO代币，其需要先将法定货币通过数字货币交易所或私人兑换为以太坊，并向发起人提供的账户地址转入以太坊，之后就能获得相应数量的ICO代币。

第三，稳定币。稳定币是通过与法定货币等财产挂钩，或通过第三方主体调控货币供应量的方式，保障币价相对平稳的数字货币，其基于支付型代币的价值波动等问题而产生。支付型代币虽然在降低跨境支付成本、保护个人隐私等方面具有相对优势，但由于流通范围狭窄、缺乏内在价值等问题，其仍然无法实现币值的稳定。在此背景下，市场需要价格相对稳定的数字货币有效履行货币职能，并降低支付型代币与法定货币兑换带来的风险。此外，许多金融机构或商事企业利用区块链系统发行与主流法币挂钩的稳定币（如摩根币），以提升其内部业务之间的支付结算效率。

2. 非主权数字货币类型化区分

比较以上学者的观点，可以看出，基于数字货币诞生的不同技术、逻辑和价值（见表2－2），数字货币可以进行多功能分类，但是以上学者的分类标准仍然停留在较直观的层面，以经济学视野为导向，并没有就法律层面作出进一步的细化和考量。笔者结合以上学说，总结凝练出其中具有法律层面思考价值的观点，提出了以下3种类型化的分类：

表2－2 典型数字货币的用途、技术及相关机制的差异

项目	Iibra	比特币	USDT	央行数字货币
底层技术	区块链（联盟链）	区块链（公有链）	区块链（公有链）	多基于区块链，但也可能使用其他技术方案
治理结构	Iibra协会成员集体治理［目前包括脸书(Facebook)共28个成员，未来拟增至100个，他们也同时是技术意义上的治理“节点”］	整个系统自行完成治理（每个比特币持有者都是技术意义上的治理“节点”）	泰达公司是发行过程的绝对中心，也负责储备资产的管理。但在流通过程中类似比特币	中心化的结构，由央行负责管理
资产支持	1∶1锚定“一篮子”货币	无	1∶1锚定美元	本身即是法币

续表

项目	Iibra	比特币	USDT	央行数字货币
投放机制	1. 双层； 2. Iibra 协会发行，经销商从协会买入、卖出，Iibra 协会根据经销商需求造币、销币	1. 单层； 2. 开发者“挖矿”	1. 单层； 2. 泰达公司发行，客户直接从泰达公司付钱购币，泰达公司根据客户需求 1∶1 等值造币、销币	既可单层，也可双层
流通机制	经销商向用户出售、赎回	持有者间交易	持有者间交易，或通过交易所用其他数字货币换取 USDT	与传统法币类似
主要途径	1. 支付、跨境支付； 2. 或将有资产保值功能	1. 投机； 2. 非法用途(如在线博彩、暗网黑市、隐匿资产)； 3. 支付、跨境支付(场景极少)	1. 数字货币变现(如比特币持有者可在交易所换取 USDT 并向泰达公司赎回法币)； 2. 支付、跨境支付； 3. 在数字货币市场波动时作为规避风险手段	与传统法币类似

(1)比特币

比特币是数字货币的先驱，也是民间数字货币的典型代表。作为初代非主权数字货币，比特币具有与后发数字货币截然不同的特性。例如，比特币相较其他类型的非主权数字货币，呈现总量固定、4 年一次减产、价格波动较大、不具有稳定性等特征，但也同样基于这些特点，比特币成为非主权数字货币投机的重要币种。它的交易价格犹如过山车般跌宕起伏，单价曾经从 1 美分一个涨到 6 万美元一个，虽然后期有所回落，但是这样的增长幅度显然违背了货币的基本属性，也给比特币货币论带来极大挑战，使社会对比特币的属性认定产生了较大争议。因此，在进行非主权数字货币类型化划分时，有必要对比特币进行单独归类。

从特征上来说，首先，比特币是一个开放性的技术系统。目前，大多数研究比特币的学者基本上都把精力集中在货币、支付手段、商品或投资工具等方面。笔者认为，这是对比特币较初级和浅显的认识。之所以大多数人的目光主要集中在比特币的上述几种表现形式，一方面是因为被比特币的名称所误导，主观上认为比特币就是某种货币或者货币的替代物；另一方面是因为现有的众多比特币应用平台局限于做交易投资等形式的业务，使关注者狭隘地认为比特币的功能仅限于此。事实上，比特币是一种开源性软件，包含众多互联网协议，从其能衍生出众多的其他数字货币就可以看到这一点。任何人可以利用比特币作为一种技术基础去尝试演变新的事物。这不仅是互联网技术的发展，这种原理还可以延伸到生活中的各个方面。有少数的研究者能够另辟蹊径，看到比特币的内涵价值。例如，利用比特币的原理创建一种高度透明化的慈善架构，促进慈善事业的极大改变。还有学者认为，可以将比特币的机理延伸到知识产权的领域，以超越登记制度所建立起的知识产权确立框架。

其次，比特币是人类历史上民主自由思想、私有财产不可侵犯思想的最佳体现。比特币最为人知的价值理念就是“去中心化”，匿名性使交易双方可以随意生成自己的私钥，将与其对应的公钥告知付款人即可收到款项。这种隐匿交易者身份信息的交易方式很好地保护了私人财产的隐秘性，但同时也带来诸如非法交易、“洗钱”等法律风险，本书将在后续部分详细介绍。

最后，比特币拥有强大的全球流通性和便捷性。在全球范围内，只要有可以连接互联网的计算机就可以使用，并且由于不需要第三方机构的介入，比特币的交易、兑换、转账的手续费都比较低。正是由于比特币在某些方面具有突破空间限制、地域限制的特点，也引起了某些学者对于比特币能否成为世界货币的讨论。甚至有学者认为，比特币会威胁国际货币市场的稳定性以及国际贸易的安全。

(2)稳定币

稳定币是一种与法币兑换价格相对稳定的数字货币,它锚定某一国家的法币或其他资产,每发行一个单位量,便会在公开账户储备等价的法币。货币资产通过这种模型设计保证价格在其所锚定的法币价格上下小幅波动,从而在价格剧烈波动的数字货币市场中发挥资金避险、交易中介、支付结算等功能。2014 年美国泰达公司发行了第一个稳定币——USDT,也是目前规模最大的稳定币。USDT 发行之后,以数字资产为抵押的稳定币和基于算法的稳定币陆续发行。目前,市场上已有超过 20 种稳定币,且准备发行的稳定币也不在少数。这些稳定币由不同公司发行,发行机制、抵押物品、流通过程都不相同,但在设计时,都希望能保持币值相对稳定,在法币和其他数字货币之间搭建桥梁。

根据锚定机制的差异,稳定币可以大致分为 3 类:法币抵押发行的稳定币、数字资产抵押发行的稳定币,以及算法规则发行的稳定币。

法币抵押发行的稳定币,是指发行方以自身持有的资产作为基础,按照某一固定汇率发行的数字货币。USDT 是这一模式的典型代表,也是目前市值最高、接受度最广泛的稳定币。

数字资产抵押发行的稳定币,是以数字资产为抵押且是超额抵押,同时它是去中心化发行的,用户或投资者将去中心化的数字资产存入智能合约中获取稳定币,智能合约根据一定规则对抵押物进行处置,以保证稳定币与锚定法币的汇率稳定,这种模式可以简单类比为"股票质押"。它的优点包括:第一,抵押物本身是去中心化的,而且可以通过智能合约保证执行,因此消除了中心化的信任风险。第二,通过智能合约进行稳定币的自动发行和回收可以降低交易成本,平滑市场摩擦,提高"价格发现"效率。然而,这种模式也存在一些明显风险:第一,抵押数字资产发生"黑天鹅"事件将产生致命的风险;第二,黑客可能发现智能合约的漏洞,在漏洞修复前进行破坏或者盗窃抵押资产、稳定币;第三,开发团队在早期都扮演或多或少的中心化规则制定者角色,倘若因为团队能力不足、法律原因而失败,稳定币系统将面临没有后备力议案的风险。

算法规则发行的稳定币采用的是以算法规则来模拟货币发行规则，从而实现数字货币的自稳定，其核心思想是通过算法自动调节市场上稳定币的供求关系，进而将其价格稳定在与法币或价格指数兑换的锚定比例上。这一模式的优点是算法规则公开透明，通过规则自动调节市场预期和需求，无须抵押，也无中心化信用风险。它们具有很好的经济学模型支撑，理论也很漂亮，但通过抽象的规则模拟复杂的现实经济运行，可能会陷入乌托邦式的陷阱。比如，当稳定币的需求陷入持续下降的趋势时，投资者预期价格将进一步下降，则会要求新发行债券具有更高的折价率，这就变相增加了未来稳定币供给的数量，从而进一步引发市场预期稳定币的价格下降，陷入死循环，并最终导致系统崩溃。

(3)ICO代币

ICO是公司为区块链创业项目筹集资金，与项目投资人置换主流数字货币（如比特币、以太坊等），通过网络交易平台交换公司直接发行初始数字代币的融资过程。[1]

从实质意义上看，ICO中涉及的加密代币符合证券的法律特征。[2] 通过购买或转让加密代币，投资者将所换得的数字货币作为资本来看待。而且，证券的本质属性是证券权利，其核心含义并不在于载体及证券所有权，证券权利的具体内容取决于证券上所承载的权利内容。加密代币是法定之外的非标准化证券权利，其所承载的权利内容是投资者享有的以项目资产价值为基础的债权请求权，与以预期收益为限的利润分配请求权。故而，代币虽无法定名称，但符合证券权利的内涵。

---

〔1〕 通常在此模式中，公司向外界披露投资项目信息和虚拟代币数额、价格、支付方式，投资者在线下或网络平台用主流数字货币购买代币，若该项目受到广泛欢迎，投资者会增多，代币的需求量也会逐步增加，代币的价格也会上涨，投资者凭借代币的升值谋利，最后投资者持有的代币可以通过网络交易平台予以变现。

〔2〕 证券权利具有投资性，投资者可以通过投资行为获利。ICO投资者的证券权利是通过加密代币这一媒介记载的。

尽管发行代币与发行股票有相似之处,但二者仍存在本质区别。事实上,ICO 发行代币的内容和承载的商业模式多种多样,类股票的代币只是其中一种。在规范 ICO 专门的法律出台前,确定代币的内容和其承载的商业模式是适用相应的法律对其进行规范监管的前提条件。相应地,在现阶段要想合法地发行代币,在设计代币时就要明确代币的内容和承载的商业模式,有学者按照代币的内容将代币分为功用代币、类股票代币、数字加密货币和资产支持代币。[1]

第一,功用代币是最常见的代币种类,此处的功用一般是使用权,即代币持有者有权使用基于区块链的网络或平台的全部或部分功能,在使用这些功能时,代币持有者使用、消耗这些代币。对于开发平台类的项目,此类代币往往是平台提供产品或服务不可或缺的一部分,即只有使用代币才能获得平台提供的产品或服务,这也为代币创造了附加价值,让投资者有机会在二级市场获利。

第二,类股票代币具有一定的有价证券特性,通常会被认定为金融工具。代币持有者有权参与企业利润的分配、发表意见、表决提案等。这类代币作为金融工具受到现行法律的严格规范。

第三,数字加密货币也是一种典型代币,它是一种只以数字形式存在的价值保存工具。数字加密货币是由非中央银行或者非政府机构创造的价值的数字化表现,数字加密货币不一定与法定支付工具相挂钩。

第四,资产支持代币,也称资产担保代币,是以一定的资产作为保障以吸引投资者购买的代币。在有资产担保的前提下,如果项目顺利完成,则代币持有者有权要求发起人兑现承诺;如果项目未能完成,则投资者有权要求发起人以约定的担保资产进行偿付。这里的资产可以是贵金属、原材料、不动产、机器设备等。

上述代币的划分并非按照统一的标准进行,各类代币存在交叉情况。

---

〔1〕 参见李海、胡麓珂:《首次代币发行(ICO)监管再思考——以德国现行法为视角》,载《财经法学》2019 年第 2 期。

在实际的代币发行中,代币有可能被设计为包含多种典型代币内容的复合型代币。从监管角度以及发行人合法发行代币的角度来看,更重要的是代币的内容。在ICO个案中,要具体分析代币持有者享有的权利和承担的义务,以及代币承载的商业模式,以确定代币发行项目应受到哪些法律的规范调整。如果经分析确定代币的内容和商业模式符合多部法律的监管条件,则该代币发行项目必须同时受到这些法律的监管。

(4)其他种类数字货币

除以上介绍的3类数字货币外,还存在一些其他种类的数字货币,虽然叫作数字货币,但是因为没有技术支撑,也被称为“山寨币”“空气币”,这些所谓“山寨币”或者“空气币”,通俗地讲,就是以比特币代码为模板,对其底层技术区块链进行了一些修改的区块链资产。因为比特币代码开源,导致比特币的抄袭成本很低,甚至只需复制比特币的代码,修改一些参数,便可以生成一条全新的区块链。笔者认为,判断某币种是否为“山寨币”,可以从下面几点出发:第一,是否在全球唯一的开源代码机构上有开源。第二,是否有自己的主链。如果一个项目没有自己的主链,依托其他平台智能合约来运行,则可以判定为“山寨币”。第三,是否去中心化,依赖单一的平台来运营。如果一个币种只在一两个交易平台运营,中心化程度非常高,存在极高的风险。第四,是否是发行总量恒定的 ,是否有应用场景。这里的实际落地的运用场景,是指非交易的运用场景(金融支付币除外)。因“山寨币”与主流数字货币存在的诸多差异,使“山寨币”的出现导致非主权数字货币市场变得鱼龙混杂,成为非法集资、网络诈骗等犯罪的高发领域。

小　结

如果说,因价值内涵发生的货币替代是“古典货币战争”,那么因技术先进而引起的货币替代则可称为“新型货币战争”。[1] 在货币形态的演变史上,从贝壳到纸币,我们对货币材质的技术特征关注度不断减弱。随着现代

---

〔1〕 [德]诺伯特·海林:《新货币战争》,寇瑛译,中信出版社2020年版,第6~10页。

信息技术革命的兴起，技术对货币的影响已达到历史上从未出现的状态，并将继续演绎、拓展和深化。货币的数字化、电子化是新一轮货币革命的必然趋势。

从过去的种种我们可以确定，一场“新型货币革命战”已经打响。从野蛮生长到监管叫停，可以确定的是，数字法币的发展是时势使然，而我们更关心的是以比特币为代表的虚拟货币的未来。比特币究竟是货币、商品、证券、保值资产，还是一场巨大的金融泡沫？在过去10年里，比特币价格的暴涨是否符合马克思主义的市场价值理论？就人类学角度而言，马克思主义的市场价值理论是否会随着客观环境的变化而变化？

这些问题我们无法给出所谓的正确答案，我们仅仅能够描述的事实是，我国资本市场发展至今，依然存在很多风险和违法活动，但风险的出现不会阻止金融创新的动力，而以比特币为代表的虚拟货币与其本质的区别在于，比特币对实体经济的贡献几乎为零。尽管有学者认为，比特币是移动互联网的“催产素”，在浪费巨大能源的同时，也倒逼了更快速的芯片、更简洁的软件和更低能耗的设备全面运用，[1]但正如环保主义者所宣称，至少比特币从当下看来，带来的更多是对有限资源的巨大浪费，倒逼作用是否会在未来有所实现，我们不得而知。

一方面，就经济学角度而言，任何无法促进实体经济发展的技术创新，都理应被历史淘汰。然而在过去的10多年里，比特币借互联网之东风和雷曼危机之变局，已建立起广泛的社会信用基础。正如黄金的崛起，自身特性和历史机遇缺一不可，基于比特币的稀缺性、可分割性等特点，抑或说在特定的时代背景之下，比特币成为保值资产具有了一定的可能性，至于未来时局如何影响比特币之终点，我们且拭目以待。

另一方面，货币的发展是其法律性质不断适配各类货币铸造、货币防伪技术的过程，人们无法创设最理想的货币，而只能在技术允许的范围内不断逼近极限。在这一过程中，技术的变革起着引领作用，而法律对货币性质的

〔1〕 参见周洛华：《货币起源》，上海财经大学出版社2019年版。

调整是后随的，即为了保证货币恰当地履行职能，而在法律上赋予了货币特定的私法性质以满足需求。〔1〕 传统的货币囿于自身作为交易媒介、支付工具等特殊性质，致使货币在私法上仅能成立所有权，而无法在保有所有权的前提下为他人所占有，这种异于其他动产所有权的方式，也被称为货币的"占有即所有"规则。〔2〕 进入数字货币时代，基于技术优势，数字法币得以突破传统货币形态的桎梏，在提高支付效率与安全性的基础上，动摇了传统货币法律实践中所订立的规则。例如，货币国家理论基于自身对货币法偿性的严格限制，致使其难以将数字法币这一新样态涵盖其中，而反致这一理论自身需要结合数字法币的特点予以调整。〔3〕 故而下一章节我们主要就数字货币的属性进行讨论。

---

〔1〕 参见杨东：《量子技术是金融科技的终极形态吗?》，载《人民论坛 · 学术前沿》2021 年第 7 期。

〔2〕 参见张庆麟：《论货币的法律概念及其法律属性》，载《经济法论丛》2003 年第 2 期。

〔3〕 参见杨东、陈哲立：《法定数字货币的定位与性质研究》，载《中国人民大学学报》2020 年第 3 期。

第三章　数字货币的属性探析

一、数字货币的经济属性

货币诞生的目的是建立及维护社会信用关系，以跨越商品交换过程中时间和空间的障碍。在过去几个世纪中，随着主权国家的建立，各国法定货币发行权渐归于政府。[1] 在大多数经济学家已默认货币秩序是按照社会性的生产方式构建的，而不是市场自发产生的，[2]货币发行权应由政府垄断之时，奥地利经济学派提出了"货币非国家论"，其认为货币本身是人类社会自然演化发展出的"每个人的意念的社会秩序"，就如同道德标准、风俗、爱好、语言一样，是一种社会习惯或社会共识。[3] 只有废除政府对于货币发行权的垄断，用市场中的竞争性货币取代法定货币，才能实现价格水平的稳定。[4]

在过去10多年里，以比特币为代表的虚拟货币的发展将这一问题重新推到大众面前。未来数字经济的货币角色由谁来承担，虚拟货币抑或是数字法币？对货币发行权归属认定的不同，事实上也直接影响了数字货币的金融属性问题。目前，数字货币的金融属性争论主要集中在数字货币究竟

---

〔1〕 如我国《中国人民银行法》明确规定，我国的法定货币为人民币，人民币由中国人民银行统一印制、发行，任何单位和个人不得印制、发售代币票券，以代替人民币在市场上流通。

〔2〕 See Goodhart C. A. E. , *The Two Concepts of Money: Implications for the Analysis of Optimal Currency Areas*, European Journal of Political Economy, Vol. 14:3, p. 407 – 432(1998).

〔3〕 See C. Menger, *On the Origin of Money*, Economic Journal, Vol. 1:2, p. 239 – 255(1892).

〔4〕 参见[英]哈耶克：《货币的非国家化》，姚中秋译，新星出版社2007年版，第2~16页。

是商品、货币还是证券上？不同的属性认定都有一些理论及司法实践的支持，而数字货币的金融属性认定也反过来会影响司法实践及监管政策。[1]只有清晰地对不同数字货币的金融属性作出认定，才能在此基础上讨论其相关监管问题。

（一）数字货币的货币属性

货币一直都是伴随技术进步、经济活动发展而演化的，数字货币是适应人类商业社会发展的自然选择。[2]不同类型的数字货币在是否具备支付型货币属性方面存在一定的差异。

从物理特点来说，一样物品要成为货币需要具备一定的物理性条件：第一，货币需要良好的抗磨损性和抗腐蚀性。数字货币是互联网中的数字代码，不存在受损的问题。第二，货币需要数目稳定。数字法币的数目由中央银行发行，而虚拟货币的数目各不相同。以比特币为例，比特币的生产速度处于递减状态，每4年减少一半，最终将达到2100万个。这一总量限定的特征，使它具备了通缩货币的特点。第三，货币需要能够标准化，容易切分和携带。数字货币的最小单位由数据结构决定，故而可不断满足分割要求。第四，数字货币具有匿名化特点。如比特币的加密属性，使账号和所有者直接关联，不同账号之间没有任何关系，交易信息不会被第三人知晓。匿名性并非货币天然的属性，却能为交易提供诸多便利。故而，从物理特点来看，数字货币具备可优化为支付型货币的潜能。

从货币职能来看，马克思认为，货币的职能是能够充当一切商品和劳务价值的价值尺度、流通手段、货币贮藏、支付手段和世界货币，其中，价值尺

---

〔1〕 如在“美国 HashFast 管理人诉 MarcLowe 案”中，案件的关键点就是比特币究竟是货币还是财产，其法律定性直接影响案件的审判结果。如果把比特币界定为商品，则在原物不存在时，其返还应以返还时的价格为准；如果把比特币界定为货币，则货币作为种类物，其返还应以支付时的价格为准。由于比特币市场价格波动较大，所以不同的价格认定会导致案件判决的实质差异很大。See HashFast's $1 Million Question, *Is Bitcoin a Currency or Commodity*?, Coindesk (May 4, 2021), https://www.coindesk.com/1-million-bitcoin-urrencey-commodity.

〔2〕 参见曾婕：《数字货币的本质及其司法保护路径》，载《人民法院报》2021年2月5日，第7版。

度与流通手段是最基本的职能。在价值尺度方面,目前数字货币特别是虚拟货币的价值尺度还存在诸多不完善的地方。一方面,虚拟货币的价值衡量需要换算成主权国家货币才能被更多人接受;另一方面,目前市面上多数私人货币的价格波动太大,即便是稳定币,其价格也存在“不稳定”风险,因而无法稳定地为其他商品提供价值参考标准。在流通手段方面,货币发挥媒介作用,数字法币和虚拟货币都具有履行流通手段职能的作用,但虚拟货币的履行范围远远小于数字法币。在货币贮藏方面,以比特币为例的虚拟货币具有一定的货币贮藏职能,由于总量的有限性,使其价值一直处于上升状态,人们会更加倾向将其保存以保值避险,但比特币价值的不稳定使它不能很好地履行这一职能。在支付手段方面,虚拟货币的支付手段职能远低于数字法币,但整体上作为数字货币底层技术的区块链,能够在一定程度上解决支付的信用问题,以此提高支付的效率和安全性。在世界货币方面,数字货币基于互联网而存在,交易去中介、效率高、成本低的特点使其有望成为良好的国际结算工具。

从信用基础来看,金融是一种信用中介,货币以信用为基础发行,数字货币之所以可以交易流通,是因为它在广泛的经济主体之间取得了对其价值的共识,这种共识沉淀累积,便成为它的信用基础。数字法币和虚拟货币信用基础存在显著差异。数字法币由中央银行控制其产生和数量,背后的信用基础来自国家强制力,是自上而下的“信用说服”;而虚拟货币的信用基础来自民间,如比特币从本质上来看,是特定算法下的数字序列,它的数量和生产速度特定,信用来源是用户在参与比特币“挖矿”和交易中产生的大量计算,以及因此产生的时间成本、电力成本等消耗。当人们越愿意为此提供劳动,比特币被社会认可乃至接纳的程度就会越高。从某种程度上来说,虚拟货币的信用来源恰与数字法币相反,是一种自下至上的“信用倒逼机制”。笔者认为,在遥远的未来,比特币这类虚拟货币,当其价格越发趋向稳定,民间信用达到足够多之时,是否会倒逼社会治理的上层接受其作为世界货币的属性,尚不可知,但至少从目前来看,鉴于虚拟货币的环境和透明度方面的缺陷,其支付型货币属性并不被大多数国家所认可,[1]而这也直接决定了其无法具备支付型货币的属性。

(二)虚拟货币的商品属性

如果要将虚拟货币认定为商品,那么我们首先需要回答什么是商品。从政治经济学角度来说,通常认为,“商品是使用价值和价值的统一体。使用价值是商品的自然属性,是商品价值的物质承担者;价值是商品的社会属性,是体现在商品中的社会劳动”。[2] 商品的理论基础主要来自商品的三要件论。以比特币为例,支持虚拟货币是商品的观点认为,比特币之所以能被认定为商品,是因为它满足了商品的三要件:第一,比特币能够在跨境支付中发挥一定的优势,具有效用性;第二,比特币总量有限,具有稀缺性;第三,目前大多数国家都没有明确认定比特币本身是违法物,因而它具有合法性。综上,比特币属于商品或者财产,应受法律保护。

目前,部分国家及司法实践将比特币确认为商品或者财产。在加拿大,数字货币被确认为一种商品,使用加密货币购买商品或者服务被视为“易货交易”,因此应在交易中支付增值税,数字货币受到该国所得税法的约束。澳大利亚认定数字货币是一种商品,不属于货币或证券。ATO在2014年12月18日的《澳大利亚加密货币的税务处理——特别是比特币》(TD2014/26)中指出,比特币交易类似易货协议,具有类似的税收后果。ATO还指出,比特币既不是货币也不是外币,出于税收目的,出售比特币不被视为金融服务。[3] 2018年,“CFTC诉麦克唐纳(McDonnell)等人案”中,法官杰克·韦恩斯坦在审视了之前“SEC诉特伦德(Trendon T. Shavers)案”和“美国诉乌尔布里奇(Ulbricht)案”(将数字货币视为证券和货币)的基础上,认定比特币符合“经济功能和法规语言”对商品的定义。此外,还有一些国家的司法

---

〔1〕 尽管萨尔瓦多已出台比特币法案,将其列为国家法定货币,欲在本国实行比特币与美元并行的双法币举措,但因比特币现存缺陷,世界银行已拒绝对其相关法案提供技术援助。

〔2〕 霍力攻:《商品论——两种商品观研究》,陕西旅游出版社1995年版,第81页。

〔3〕 See HashFast's $1Million Question, *Is Bitcoin a Currency or Commodity*?, Coindesk(May 4, 2021), https://www.coindesk.com/1-million-bitcoin-currency-commodity.

实践认定比特币为商品或财产。[1]

从我国目前已发布的监管政策和指导意见来看,我国对加密货币的金融属性定性也是商品论。2013 年中国人民银行、中国证券监督管理委员会等联合发布的《关于防范比特币风险的通知》明确指出,虽然比特币被称为“货币”,但由于其“不是由货币当局发行,不具有法偿性与强制性等货币属性,并不是真正意义的货币。从性质上看,比特币是一种特定的虚拟商品,不具有与货币等同的法律地位,不能且不应作为货币在市场上流通使用”。但目前对于这一虚拟商品究竟是定性为金融资产还是应税商品,我国法律尚未明确规定。笔者认为,尽管我国没有资产利得税(房地产税的征收是最接近资产利得税的税目),但是伴随加密货币的投资热潮,对其征税是加密货币监管的应有之义,这既符合国际趋势,也是加密货币更规范发展的必行之路。

(三)虚拟货币的证券属性

国内学者将区块链数字资产划分为支付领域的数字货币和融资领域中的数字代币。[2] 目前,将支付领域的数字货币认定为证券的还较少,大多数国家都明确表示,类似比特币的数字货币并不属于证券,而融资领域的数字代币则大多数被认定为证券属性。

2014 年美国得克萨斯州的“SEC 诉特伦德案”是法官将数字货币投资合同中的比特币认定为证券属性的第一案。

在该案中,被告特伦德在得克萨斯州创立并经营了一项比特币储蓄和信托项目(Bitcoin Savings and Trust,BTCST)。BTCST 是一种非法人在线投资计划,在该计划中,特伦德以比特币为征收对象并接受所有投资,并声称

---

〔1〕 阿姆斯特丹法院将比特币视为个人财产并指出,“在法院看来,比特币体现了财产权的特征”。韩国最高法院在 2018 年裁定,比特币可以被指定为具有价值的无形财产,因此可以根据刑事程序扣押隐藏资产。印度尼西亚刑事案件中,法院认可“比特币是一种独立于进行商业交易的互联网服务器的独立商品形式”(103/PID/2016/PT. DKI)。参见王谨:《数字货币的商法性研究》,载《法学杂志》2020 年第 12 期。

〔2〕 参见李敏:《融资领域区块链数字资产属性争议及监管:美国经验与启示》,载《现代法学》2020 年第 2 期。

将支付回报,但特伦德对 BTCST 的要约和销售未在 SEC 登记。

正如他所承认的那样,在 2011 年 2 月至 2012 年 8 月,特伦德在比特币专用在线聊天室和一个专门用于比特币的公开网站上征集 BTCST 投资者,其中也发布了许多以比特币计价的投资机会。其间,特伦德向 BTCST 投资者承诺,最初每 3 天支付高达 1% 的利息,或每周支付 7% 的利息,据称是基于特伦德对比特币兑美元的交易。

法官裁定认为,特伦德故意将 BTCST 运营为庞氏骗局,反复向 BTCST 投资者和潜在投资者就其比特币的投资进行虚假陈述,以及如何产生承诺的回报和投资的安全性。BTCST 符合 1993 年《证券法》和 1934 年《证券交易法》对证券的定义,属于其中的投资合同。在该案中,法官采用了 1934 年《证券交易法》界定投资合同标准的豪威测试(howey test),即"在一个共同的企业中进行的金钱投资,并期望从发起人或第三方的努力中获得利润"。首先,法院认定 BTCST 事实上完成了第一个标准,因为比特币可以用来购买商品或服务,从而进行货币投资;其次,法院发现,特伦德和他的客户之间存在共同的企业,因为他们依靠自己的知识和专长从比特币中获利;最后,特伦德承诺,如果允许他把钱投资到 BTCST 上,他们将获得固定回报,因此人们对利润抱有期望。由于符合这 3 个标准,BTCST 被视为一种投资合同,因此,这里的比特币是一种证券。

此外,截至 2021 年 5 月,SEC 官网已公布 ICO 及数字代币执法活动 200 余件,[1] 具体包括:针对欺诈案件提起诉讼,在违法主体遵守停止相关活动禁令后与其达成和解,同时根据需要配合使用紧急资产冻结手段以免损害的扩大。典型案例还包括 2017 年 7 月 SEC 针对 DAO 组织的调查报告,及同年 12 月针对梦奇(Munchee)公司的和解性禁令。两者都是通过豪威测试判断数字代币属性的核心要件——投资者合理期待依赖他人的努力而获利;但侧重不同,"DAO 案"的重心在于"依赖他人的努力"要件的判断,而

---

〔1〕 See U. S. Securities and Exchange Commission, *Litigation*, SEC (May 26, 2021), https://secsearch.sec.gov/search/docs? affiliate = secsearch&dc = 654&query = ICO.

“梦奇案”侧重“投资者合理期待利润”这一要件。[1]

从理论上讲，数字代币的确具备一定的证券属性，但由于其存在较高的非法集资、虚假陈述和欺诈发行等风险，我国早在2017年中国人民银行、工业和信息化部等联合发布《关于防范代币发行融资风险的公告》中，及时叫停了ICO代币发行融资活动，避免了相关风险进一步传导至金融市场。

二、数字货币的法律属性

（一）数字法币的法律属性

1. 货币的公法属性

在国际视野下，货币的公权属性体现在以下几个方面：第一，法定货币发行权由国家垄断，这是各国法律所确立的普遍原则。[2] 第二，法定货币在主权范围内强制流通，很多国家规定对拒绝接收法定货币的人处以惩罚。[3]

---

〔1〕 参见李敏：《融资领域区块链数字资产属性争议及监管：美国经验与启示》，载《现代法学》2020年第2期。

〔2〕 如德国联邦宪法法院在一判例中指出：“为了达到货币改革的目的，联邦政府有权规定货币和货币体系的组成部分。”美国宪法授权国会拥有铸造货币、调整币值、调整与外国货币的比价的权利。美国《统一商法典》第201条规定货币是指由本国或外国政府授权或采纳的交易媒介，以及由政府间组织或者两个及两个以上国家间以协议的方式建立的货币记账单位。1983年英国货币法规定，在英格兰和威尔士，英格兰银行拥有发行纸币的独占权利，英格兰银行代表英国政府发行货币。参见张庆麟：《论货币的法律概念及其法律属性》，载《经济法论丛》2003年第2期；张西峰：《主权货币国际流通法论》，中国政法大学出版社2015年版，第28页。

〔3〕 如“罗马帝国时期对拒绝接受法币的人处以罚金，中国古代对拒收法币的人最重可以处以死刑，英国亨利八世时对拒收者处以罚金或者监禁。美国大革命时期，对拒收者可以处以没收财产、带器具游行示众、割去耳朵等酷刑”。1948年，国民政府对拒绝将金银、外汇换成金圆券的人处以没收财产、收押监狱等惩罚。现代国家虽然没有直接明文规定拒收法定货币的惩罚措施，但各国基本沿用了罗马法中的“迟延债权人制度”，如中国民法规定因债权人原因无法清偿债务时，债务人可以将货物提存，货物不便提存时可以将货物出售换成现金，将现金提存，由此产生的费用和风险由债权人承担，债务人自此债务清偿完毕。因诉讼而判决债务人的支付遭到债权人的拒收，各国大多规定债务人可将该笔金额支付给法院而解除其债务，相关费用由胜诉方承担。美国在普通法中规定，如果债务人用美元清偿债务时被拒收，该债务不再计算利息，其他额外费用也由拒收者承担。参见张庆麟：《论货币的法律概念及其法律属性》，载《经济法论丛》2003年第2期。

第三，法定货币在主权范围内具有排他性。[1] 主权货币的排他性是货币主权的应有内容。

在我国，货币的公权属性包括法定性、[2]国家信用性[3]以及高度流通性。[4] 正如德国著名古典社会学家西美尔在其《货币哲学》中对此提出的深刻认识："再没有比货币更明确的象征世界绝对的动态特征的记号了。货币的意义就在于被花掉：当货币静止不动时，根据其特有的价值与意义，就不再称其为货币了。货币可以说是纯粹的行动，它的存在就是不断使自我摆脱任一既定的地点，因此货币构成了所有独立存在的对等物，以及对其的直接否定。"

在公法属性上面，货币本身就是一种法权关系的体现。法定货币依靠发行国法律所创立，是法律的创造物，其灵魂不是制造货币的币材，而是调整货币的法律。[5] 从货币的发行、持有、（跨国）使用等环节来看，货币的生命周期中无处不体现出各种权利关系的博弈和影响。只有当货币切实控制在其持有人手中，为其所能完全处分时，货币才体现出一种私权关系，但在更多的情况下，货币背后所蕴含的公权关系始终与货币如影随形。

2. 货币的私法属性

货币为一种现实财富，具有一般物和财产的两种属性。首先，作为一般意义上的特殊的种类物，货币赋予其持有人现实购买力，虽然货币本身不是请求权，但是货币可以赋予持有人以货币的名义来主张类似请求权的权利。

---

〔1〕《中国人民银行法》第16条规定："中华人民共和国的法定货币是人民币。以人民币支付中华人民共和国境内的一切公共的和私人的债务，任何单位和个人不得拒收。"《外汇管理条例》第8条规定："中华人民共和国境内禁止外币流通，并不得以外币计价结算，但国家另有规定的除外。"以上法条的含义是，除国家另有规定外，我国境内的货币债务必须以人民币支付，债权人不得拒收人民币，人民币是中国境内唯一法定流通货币，其他一切货币均不得流通。

〔2〕《中国人民银行法》第16条规定："中华人民共和国的法定货币是人民币。"

〔3〕《中国人民银行法》第18条第1款规定："人民币由中国人民银行统一印制、发行。"也有部分国家和地区授权商业银行发行或直接由政府发行，较独特的是我国香港特别行政区，纸币由渣打银行、汇丰银行和中国银行3家银行发行，而硬币由香港特别行政区政府发行。

〔4〕《中国人民银行法》第16条规定："以人民币支付中华人民共和国境内的一切公共的和私人的债务，任何单位和个人不得拒收。"这是对货币高度流通性的法律规定。

〔5〕参见张西峰：《主权货币国际流通法论》，中国政法大学出版社2015年版，第37页。

正如英国学者戴所言,“货币的真正意义是其持有人可用以购买任何事物的要求权,这种权力功能在现代社会更为重要,它是社会产权制度赖以发展的细胞和基础”。[1] 其次,随着社会经济生活的发展,现代货币属性发生了一些显著变化,在保留价值尺度、支付工具、流通手段、储藏手段以及世界货币等传统职能的同时,货币的投融资功能变得日渐突出,其职能的重心也发生了变化,“现代货币的主要职能不是交换与储藏,主要充当增值的手段”。最后,货币也使其持有人获得了某种人格上的自信:“货币的力量多大,我的力量就多大。货币的特性就是我的——货币占有者的——特性和本质力量。”[2]

在私法属性方面,主权货币包含两种典型学说,一种是“物权说”;另一种是“财权说”。我国民法理论界对货币物权属性的认识主要有:“货币是国家法律规定或承认的能直接用以偿还债务的物,是物权标的。”[3] “货币是特殊的种类物,在商品交易中作为支付手段时可以相互替代。”[4] “货币是法律创制的支付手段,是一般等价物。”[5] 金融法学界也有人认为,货币是物的一种,是一种原生性财产权利。[6] 货币财产权理论则认为,当代主权货币理所当然属于财产的范畴,但不等同于“物”等客观财产,而是由法律直接拟制并以国家信用作为价值基础的独立财产形式。[7] 货币财产是主观财产的典型代表,物权财产是客观财产的典型代表。“现在每一种货币都是不兑现

[1] 张谦等主编:《转轨时期的金融发展与风险管理》,首都经济贸易大学出版社 1999 年版,第 63 页。

[2] 韦建桦主编、中共中央马克思恩格斯列宁斯大林著作编译局编译:《马克思恩格斯文集》(第 1 卷),人民出版社 2009 年版,第 244 页。

[3] 刘颖:《货币发展形态的法律分析——兼论电子货币对法律制度的影响》,载《中国法学》2002 年第 1 期。

[4] 王利明、郭明瑞、吴汉东:《民法新论》,中国政法大学出版社 1988 年版,第 10 页。

[5] 杨立新、王竹:《论货币的权利客体属性及其法律规制——以“一般等价物”理论为核心》,载《中州学刊》2008 年第 4 期。

[6] 参见强力主编:《金融法通论》,高等教育出版社 2010 年版,第 2 页。

[7] 参见刘少军、王一轲:《货币财产(权)论》,中国政法大学出版社 2009 年版,第 76~77 页。

的货币，其所依赖的只是政府的权威或认可。”[1]当代主权货币的财产属性取决于一国的法律规定，主权货币既是财产、交易媒介，又是货币发行国宏观调控的基本工具，其数量取决于一国的货币政策，而并不需要以任何其他财产为依据。[2]

（二）虚拟货币的法律属性

1. 虚拟货币法律属性之学界观点

对于虚拟货币的法律属性，目前学界主要分为以下 4 种观点：

第一，“知识产权说”。持这一观点的学者认为，虚拟货币是一种智力成果，对于这一智力成果归属于谁，学者的观点并不统一。有的认为，应该归属于虚拟财产所据以依存的软件开发商，如比特币应归属于其发明人/团体——中本聪。有的则认为，虚拟财产是用户创造产生的智力成果，所以作为知识产权应归属于用户。在虚拟货币情形下，由于虚拟货币的产生依赖“挖矿”，故其赖以产生的“挖矿”过程，是一个通过创造产生智力成果——虚拟货币的过程。按照第一种观点，虚拟货币的主创人员对于虚拟货币享有知识产权中的著作权，而虚拟货币用户取得的则是著作权的使用权，在用户通过“挖矿”或购买得到虚拟货币的过程中，取得的不是代表虚拟货币的数据所有权，而是使用权。按照第二种观点，虚拟货币“矿工”在“挖矿”的过程中，投入大量资源对虚拟货币的交易数据进行加密并生成新的区块，是被称为工作量证明的一种互联网技术，通过完成上述加密等工作，虚拟货币矿工投入了智力劳动，故而虚拟货币是智力劳动产出的成果，因而应被作为知识产权来认定。

对于以上观点，首先，虚拟货币所赖以依存的程序是一款计算机程序，依据 1994 年《与贸易有关的知识产权协定》（Agreement on Trade-Related Aspects of Intellectual Property Rights, TRIPs）等文件，其应是著作权法保护

---

〔1〕［美］米尔顿·弗里德曼：《货币的祸害——货币史片段》，安佳译，商务印书馆 2006 年版，第 16 页。

〔2〕参见刘少军：《法边际均衡论——经济法哲学》，中国政法大学出版社 2007 年版，第 182 ~ 183 页。

的客体。对于计算机程序可享有的著作权,通常可以明确为复制权、网络传播权等有限的几种权利,而用户对虚拟货币的使用权不在上述权利之列。其次,虚拟货币的实质是利用虚拟货币程序的相关机制生成的数据,如果说,虚拟货币程序作为计算机程序是代码化的指令序列,是文字作品,那么虚拟货币充其量是根据程序算法而生成的数据库中可供调阅的数据,其难以作为独立的智力成果而取得与虚拟货币程序同等的地位。在运行程序的前提下,"矿工挖矿"得到的虚拟货币是虚拟货币网络提供加密运算而得到的回报。因为任何人都可以通过此种方式获得虚拟货币,故而其不符合著作权要求的独创性。最后,虚拟货币的使用依赖互联网。事实上没有对虚拟货币进行运营的机构,这导致虚拟货币难以受到一般知识产权要求的地域性和时间性的限制,在任意国家,只要有用户存在,理论上用户对于虚拟货币的权利就能够存续,且没有特定的有效期、有效范围。

第二,"债权说"。这一观点认为,虚拟财产是持有者与特定网络服务提供者之间的一种服务合同关系,虚拟财产的所有权属于网络服务提供者。就虚拟货币而言,其所有权属于虚拟货币的运营者,通过与用户之间的服务合同(一般来说是用户在安装或注册账户时同意的使用协议),网络服务提供者向用户让渡了虚拟财产中的部分权能。对于用户来说,虚拟财产法律属性的实质是建立在服务合同基础上的债权。

显然,这一学说的立足之本是网络服务存在一名特定的提供者。该学说提出的背景是网络游戏下虚拟物品的属性问题,由于网络游戏一般都是由相应的网络游戏服务商进行游戏运营的,故而该学说在此背景下不失为一种能够自圆其说的解释。然而,其一,虚拟货币的合同存在于网络用户之间,其技术上根植于 TCP/TCP6 协议,[1]这一网络协议是一种诞生于互联网

[1] 传输控制协议(Transmission Control Protocol,TCP)是一种面向连接的、可靠的、基于字节流的传输层通信协议。TCP 旨在适应支持多网络应用的分层协议层次结构。在连接不同但互连的计算机通信网络的主计算机中的成对进程之间,依靠 TCP 提供可靠的通信服务。TCP6:IPv6 具有更大的地址空间。IPv4 中规定 IP 地址长度为 32,最大地址个数为 2^32;而 IPv6 中 IP 地址的长度为 128,即最大地址个数为 2^128。与 32 位地址空间相比,其地址空间增加了 2^128 ~ 2^32 个。

时代的，表示全体接入这一网络的用户确认网络信息的合同，发生于用户与用户之间，而非用户与单一的运营机构之间。其二，虚拟货币大多是一种去中心化的虚拟货币，并没有单一的服务提供者对它的系统全盘运行负责。尽管有志愿者对虚拟货币软件进行维护更新，但其维护的范围仅限于软件自身而非虚拟货币系统全盘，且参与维护的志愿者成员全非固定，上述志愿者与虚拟货币持有者之间并不存在服务合同。如前所述，虚拟货币具有数据依赖性，其数据的整理形成都是由系统中用户以自发的“挖矿”形式完成的，形成的数据也发送到系统中每一台电脑，可以说，参与“挖矿”的用户也参加到了虚拟货币的运营中。其三，虚拟货币系统的构成，也就是说“点对点”的建构模式决定了，难以有一个单一的网络服务提供者有能力实际占有并控制整个虚拟货币系统内全盘的数据。事实上，即便具有高于虚拟货币全网总计算能力51%的计算设备，即对虚拟货币威胁最大的“51%攻击”，仍然只能在新生成的区块内造假，无法对区块链进行修改。上述几点决定了，由于运营义务的分摊，虚拟货币在事实上并没有特定网络服务的提供者。对用户来说，持有虚拟货币并不意味着可以凭借虚拟货币向一个特定的网络服务提供者主张债权，所以，若将虚拟货币作为虚拟财产展开讨论，“债权说”无法自圆其说。

第三，“物权说”。我国现行监管政策将比特币定义为虚拟商品，但是未明确其是否属于物权法上物的范畴。我国《民法典》第127条规定：“法律对数据、网络虚拟财产的保护有规定的，依照其规定。”但《民法典》对虚拟财产的外延和内涵没有作出具体规定。虚拟货币“物权说”的观点认为，虚拟财产是具有特定性、独立性的抽象物，在虚拟财产之上具有物权。这一物权归属于谁，目前存在两种认识：一种认为应归属于网络运营商。根据杨立新教授的观点，另一种认为《民法典》第127条规定的网络虚拟财产是物权的客体，其法律属性属于虚拟物；自然人拥有的网络虚拟财产作为物权客体，可以成为合法财产，成为继承权的客体即遗产，故而用户可以通过买卖、受赠、互易等方式继受取得虚拟货币。显然，由这一观点进行推论，虚拟货币应是一种特殊的物,和大陆法系的德国、日本民法不同,我国《民法典》等相关法律也没有明文规定物必须具备有体性。

关于有体性是否应为物权客体必须具有的特征,大陆法系国家存在两种不同的立法例。一是以法国民法为代表,认为物可分为有体物、无体物;二是以德国、日本法为代表,将物的概念限定为有体物,"有体"须为有形、可被触觉且可被有效置于支配之下。针对这两种不同的立法例,梁慧星教授认为,应狭义理解物权概念,要求物具备有体性。法国民法的立法例将会把所有权利都吸收到所有权概念之内。杨立新教授则认为,在社会发展、科技进步的大背景下,物的"绝对有体说"将被逐步否定,自然力、空间、虚拟财产等将被作为有体物以外的例外,被接纳为物。可见,虚拟财产的"物权说"系立足于第二种观点。

对于以上观点的分歧,笔者认为,无论是从立法角度《民法典》对虚拟财产的保护来看,还是就实践角度而言,社会变迁、技术发展,物必须具有"有体性"的观念正在逐渐受到新生事物的挑战,随着人对物的认识逐步扩张,这一观念可能将滞后于法律上需要得到认可的物之概念。相比不断创设新概念来将新生事物吸收进入法律调整的范围,放宽或取消物必有体的观念,而强调从某一事物能否独立存在、能否有效置于人力支配之下等其他方面评判是否符合物的概念,如果符合则以物权法加以调整,在实践上不失为更有效率的一种模式。

第四,"新型权利说"。持该说的学者认为,虚拟财产作为一种新兴事物,具有有别于以往法律研究对象的独特性,不宜简单定性为物或债,[1]对此,法律有必要在虚拟财产上创设一种新的权利,以便对其进行调整。认为虚拟财产应该作为操作权限等新的权利来认定的观点,或者不宜用以往的权利范式来规定,而应该采用以关系范式来规定的观点,在一定程度上反映

---

〔1〕 许多奇等认为,将虚拟货币定义为物将会赋予虚拟货币持有者过强的救济权利,在虚拟货币监管框架尚未建立之前,探讨其具体的规则适用可能不具备较大的现实意义。参见许多奇、蔡奇翰:《我国加密货币财产属性的司法认定——以金融法与民商法的二维区分为视角》,载《上海政法学院学报(法治论丛)》2021 年第 6 期。

出虚拟财产具有突破传统民法物债二分体系的特殊性，并认为应该以不同于传统的权利对其进行规定，同样在广义上都可以被接纳，作为“新型权利说”的一种。以往反对这一观点的学者提出，将虚拟财产等对象确认为新型权利，意味着在学理上和立法上都需要重新建立与之配套的体系，其中可能涉及大量的工作。即便如此，如果当某一事物确实具有足够的独特性和新颖性，仍然用已有的法律加以调整，很有可能出现法律规定上鞭长莫及的现象。与其如此，不如先对虚拟货币的“新型权利说”是否合宜进行研究，因为虚拟货币在原有的互联网技术上又产生了一些创新，但是这些创新是否可以有效纳入已有的法律调整范围内，有必要加以考证。

结合虚拟货币的特征，相比以往的对象，虚拟货币的独特之处反映在：其一，区块链的去中心化既要求技术上解决虚拟货币架构的复杂问题，又要求实践中保障分散于世界各国的虚拟货币用户，分别保存的虚拟货币数据库能够得到保护，对于一国的法律来说，实在超出了能力范围。这可谓虚拟货币对现有法律体系提出的挑战之一。其二，分叉产生新币的可能性。目前这一现象最好的例子是比特币现金，这也是一部分来自我国的虚拟货币“矿工”故意创造的“山寨币”，和市场预期的只能维持短暂寿命不同，这一“山寨币”出现后尽管有过价格下跌，但总体上交易价格逐渐走高，并达到了比特币的1/10左右，而比特币自身的价格也不降反升。这对围绕虚拟货币法律关系建立法律保护提出了新挑战。法律上如何看待虚拟货币分叉这一现象？虚拟货币分叉是否使虚拟货币作为权利客体的稳定性存在疑问？可以与此进行比较的一个例子是，证券市场出现的股票拆股现象，即公司可以出于加强股票市场流通性、增加交易量的需要，将每一股份分拆为数个股份，但是此时产生的数个股份价值与原有的每一股份的价值无异，实质上与虚拟货币的分叉不同。另一个可以比较的例子是，复制网络游戏运营商数据后架设私服的行为，如此，原先服务器的装备等也将得到原样的复制。但是由于架设私服一般涉及侵权、违法，并无法达到原先网络游戏的影响力，复制后虚拟装备的价值难以达到原先网络游戏的水平。故不至于引发讨论。总之,虚拟货币分叉是对虚拟货币作为法律上权利客体稳定性的第二重挑战。其三,监管的复杂性。虚拟货币的匿名化和跨国性使立法对虚拟货币领域非法行为加以监管和打击创造了第三重挑战。尽管相比以往虚拟财产,虚拟货币具有较明显的创新,但正是因为这些创新使法律对虚拟货币的保护面临困境,传统的权利保护模式应对难免力有不逮,可以考虑将虚拟货币作为一种新型权利加以保护。

2. 虚拟货币更符合网络虚拟财产的特征

综合上述4种观点,仅从现有法律角度,虚拟财产的“物权说”似乎贴合了我国相关实践操作的背景,这使虚拟财产可以被作为物权有体性范围之外的一个特殊对象进行认识。但是,将虚拟货币纳入物的范畴是否合适,可以从以下方面加以考察:

(1)虚拟货币具有物的特征

首先,虚拟货币可以特定并独立表现且具有价值。尽管在整个虚拟货币网络中并没有单独对每个虚拟货币账户上的余额进行记录,但借由虚拟货币钱包等第三方软件即可较容易地得出虚拟货币账户的余额,甚至能对其他虚拟货币账户的流转、特定虚拟货币的流转等信息进行查询。这与电能、无线电频谱资源等不具形体的特殊对象类似,上述事物在客观上同样不具有直观的表现形式,但是借助如电表、无线电等工具即可查知并加以特定,因而有无直观表现形式并不影响对其物之地位的认定。由此,在虚拟货币交易记录正常运作的情况下,应也能认定虚拟货币是可以借助虚拟货币钱包等工具有效特定并独立表现的。此外,即便当前对比特币等虚拟货币价值几何依然存在争论,但其确具有因“挖矿”消耗的计算处理能量产生的内在价值。

其次,虚拟货币之上可以形成有效支配的状态。物权法意义上的支配一般表现为权利人得单方面行使属于其的法律权利,而无须他人积极协助。虚拟货币用户是通过持有虚拟货币公钥、地址和私钥的形式持有虚拟货币的,对于其他用户来说,公钥、地址是可以被知晓的,私钥则并不公开。因此,用户通过私钥的设置可以对特定的虚拟货币账户保持排他性的支配管理,对于账户中的虚拟货币可以按照自己的意志进行占有处分,而无须他人协助。

再次,私钥的丢失会导致区块链交易平台、虚拟货币所有人或其他任何第三方都无法找回虚拟货币,其效果类似"物的灭失",从这点来看,虚拟货币的物权属性又明显区别于债权的行使。[1] 因此,虚拟货币具有可作为"物"的可行性。而物权作为对世权、绝对权,物权人可以依照其意愿自由处分物,他人负有不得干涉的义务,对虚拟货币给予物权上的保护,能最大限度地促进虚拟货币的发展。

最后,民事主体对虚拟货币的占有是否是绝对的、排他的,可能还尚存疑问。由于虚拟货币账户的余额是依赖虚拟货币交易记录的区块链的存在而计算得出的,其并非保存在单独一台电脑或服务器上,而是分散保存在所有接入虚拟货币网络的设备上,这会对用户对虚拟货币的占有状态产生何种影响?显然,虚拟货币区块链分散保存的形式,意味着特定的网络运营商或用户不可能有效占有这一数据库,甚至即便是对数据库中的部分内容进行修改也基本不可行——除非接入区块链的全部用户接受这一修改。此外,虚拟货币的全体用户对区块链按份共有同样并不可行,虚拟货币依赖数据库而存在,而目前存在交易价值的只有虚拟货币。即便不持有虚拟货币,用户同样可以通过下载虚拟货币软件接入该网络的形式在自己的电脑设备上留存虚拟货币的数据库,无论这么做的理由是出于研究、兴趣还是任意原因,虚拟货币软件的下载安装并不附带条件,其用户范围并不确定。可能只有其中一部分账户上有虚拟货币,而按份共有虚拟货币的数据库,无论是对全体用户还是持有虚拟货币的用户,由于实际用户范围的不确定,也难以有效达到占有状态。由上述可得,并没有一方主体能够对虚拟货币的数据库进行有效占有,故在用户之外,理论上并不存在一方主体得以对虚拟货币赖以存在的数据库进行有效占有。

---

〔1〕 参见王谨:《数字货币的商法性研究》,载《法学杂志》2020 年第 12 期。

用户对处分虚拟货币的账户可以进行有效支配,但并不能支配虚拟货币赖以存在的区块链,这一状态能否理解为物权上的支配?对此,林旭霞教授在虚拟财产领域引入了“权利联系”的概念,其认为权利联系是支配物的一种新模式,权利人对权利客体的支配可以不必限于实际占有的状态,而是借由两者权利义务上的联系得以拓展。[1] 换言之,权利人对于某物支配的关键在于享有作用于该物行为的独立决定权,通过此类权利的行使,权利人得以影响物的命运,在此种情况下,即便权利人并非直接占有、控制该物,权利人仍然对该物具有支配力(或称支配作用)。由于对象不同,支配力也有不同的表现形式。由这一观点出发,尽管用户并未直接控制虚拟货币存在的基础——虚拟货币交易的数据库,但是用户对虚拟货币账户的操作,一般而言是唯一作用于虚拟货币的,并影响账户上虚拟货币去向的因素,因而可以认为用户对虚拟货币形成了一种有效支配的状态。

(2)将虚拟货币定义为物的法律障碍

首先,从其功能分析,尽管虚拟货币在一定程度上能够满足所有者对其的控制和支配,但如将虚拟货币定义为物,可能会对未来数字经济时代虚拟世界的众多虚拟物属性产生重要影响,这也可能意味着《民法典》中物的概念范畴将被扩大,故而将具备财产属性的虚拟物都纳入物权范畴显然是值得怀疑的结论。

其次,当前虚拟货币市场还存在众多乱象,过早将其纳入物权范畴,可能会加剧行业的乱象,对持有者和交易者的强保护状态,最终引发的很可能是过度投机行为的发生,显然此举非我国政府所希望的。从中国人民银行等部门2013年发布的《关于防范比特币风险的通知》到2021年发布的《关于进一步防范和处置虚拟货币交易炒作风险的通知》,我国中央政府加强了对虚拟货币市场引发的违法犯罪行为的整治,故而在短期内将其纳入物权范畴显然暂不具备现实可行性。

最后,正如许多奇教授所言,虚拟货币具有财产属性系不可否认的事

---

〔1〕 参见林旭霞:《虚拟财产权性质论》,载《中国法学》2009年第1期。

实,但对于虚拟货币是否会在将来被认定为一种"物",对是否适用破产法中的取回权或物权请求权具有重要意义,相关观点还需要进一步讨论。[1]

尽管当前我国政府对虚拟货币市场已经采取强监管态度,但国际金融市场却在大肆探索、创新虚拟货币市场"新花样"。笔者认为,"一刀切"的监管政策并不能长久适用于虚拟货币市场,如果虚拟货币能够在政府认可的交易场所内得到间接监管,则其定价、反"洗钱"等问题也可能在一定程度上得以解决。

3. 比特币、稳定币、ICO代币法律属性之比较

对于不同类型的虚拟货币,反映在法律之中也会呈现不同的法律属性。下面,笔者就上文中所提出的3种类型的虚拟货币——比特币、稳定币、ICO代币的法律属性进行比较(见表3-1):

表3-1 比特币、稳定币与ICO代币之比较

币种	形态	原始取得	价格	法律属性	主要用途
比特币	数字	"挖矿"	不稳定	物权	储值
稳定币	数字	价格锚定	稳定	债权	变现
ICO代币	数字	募集	不稳定	证券	融资

其一,比特币的概念我们在前文中也有分析,它没有具体的实体,仅存在于计算机互联网中,存在于虚拟的数字世界中,其本质就是网络系统中的一长串代码。显然,比特币不属于传统意义上的"物",不符合"有体"这个特征,而更接近于无形、无体。但正如天然气、电力一样,也有自身的效用与价值。且在我国立法上,和大陆法系的德国、日本民法不同,我国并未明文规定物必须具备有体性。从《民法典》的规定来看,其将一般意义上的有体物划分成两种类别——动产与不动产,但同时也对权利能够作为物权的客体进行了一定的认可。所以比特币的法律属性可能更倾向无体物,属于物权

[1] 参见许多奇、蔡奇翰:《我国加密货币财产属性的司法认定——以金融法与民商法的二维区分为视角》,载《上海政法学院学报(法治论丛)》2021年第6期。

的法律范畴，并受到它的调整。

其二，稳定币的设计原理是通过某种锚定机制，将虚拟货币对特定资产或价值的比价固定在某一比例。根据锚定物的不同，又可细分为以美元、日元等不同法币作为锚定，即将一定数量的法币抵押到存管机构中，然后在链上发出数量相同的虚拟货币，虽然稳定币只是法币在区块链上的符号，发行者并不真正拥有铸币权，但是实际上稳定币的增发现象却司空见惯，成为较普遍的行业现象。那么，稳定币具备什么样的法律属性？从前文表述来看，稳定币并不需要像比特币那样通过“挖矿”产生，而是因为它的锚定机制，天生带有相应的价值。这就好比用100元人民币充了100元的购物卡，然后在能使用的购物平台消费，这实质上就是一种代金券，只是这种代金券运用了区块链的技术原理，形成了无体的虚拟产品，但是并不能就此否定它本身所蕴含的价值。所以，从这个角度来看，稳定币应当属于债权凭证，每拥有一个稳定币，就说明其发行机构对拥有者存在一个相应法币的债务，拥有者可以凭借该虚拟货币找到发行机构进行兑付。这也是稳定币区分于其他虚拟货币的最大特征，即价值因为债权而稳定。

其三，ICO发行标的（代币）较复杂，学界目前没有给出明确的ICO定义，笔者按照上文的描述，仍然将其认为是随着区块链技术以及区块链技术的应用之一——数字加密货币——的发展而出现的一种创新型融资模式。具体来说，一些初创公司想将比特币式的去中心化模式运用到互联网平台的运行与商业模式上。传统的互联网平台运营商如谷歌、亚马逊等利用一套网络协议集中管理平台使用者，在这种管理模式下，平台运营商提供平台所需要的软、硬件基础。在区块链技术的加持下，互联网平台使用者自备并投入使用平台所需的计算能力与存储空间，作为参与的回报，投入计算能力与存储空间者获得数字加密货币，不少数字加密货币源于此，一些ICO项目发行的代币便是这类数字加密货币。而开发这样一种基于区块链技术的网络协议，以及在此基础上开发相应软件、平台等应用产品所需资金，可以通过预售代币给投资者、待开发产品的潜在使用者予以获得。ICO代币和比特币、稳定币相比,缺少了相应的价值支撑,更像是一种代金券,类似证券的属性。它的价值仍然是背后技术的支撑,如 FIL 币是通过 ICO 发行,但是发行之后,FIL 币价格飞涨,这体现出 ICO 代币的价格并不是固定的,而是受到市场的影响,类似股票发行之后,因为对该发行公司的信任,股票价格可以一直上涨,但是后来由于信心不足,价格又会急剧下跌。所以,ICO 代币就具备相应的特征。笔者认为,它应当属于证券法律监管的范畴。

延伸思考:比特币成为电子黄金的可能性? 比特币将去往何方?

关于货币史上著名的石币岛故事,讲述了在几个世纪前,位于西太平洋的雅浦岛的土著居民,在土地和房屋的买卖交易中用石材当作货币。当一宗交易结束,受石币重量所限,这些石币并不用搬离前所有者的家,而是在石币上作标记表示所有权已经转移。只要大家认可石币的所有权属于谁,便承认了财富的转移。岛上有一户大财主,所有人都承认他们家是首富,但没有人见过他们家里的石币。他们家的财产是一块巨大的石币,具体大小只有祖辈知道,因为这块石币一直沉睡在海底。因为同去的大伙都见证了这块巨大石币的价值和去处,所以大伙都为他作证。虽然那块石币不在岛上,依然不影响石币的价值。[1]

对于雅浦岛居民来说,货币只是一种记账方式,只要在大伙的脑海里有关于某一块石币的共同记忆,那大伙就都承认这笔财富的存在。经济学家米尔顿·费里德曼说,货币的本质并不是信用,而是共识。货币甚至可以没有实体存在,只要达成了共识,就算是看不见摸不着沉在深海里的石币,也可以继续流通使用。尤瓦尔·赫拉利认为,货币是人们集体想象中的虚构事物。正如周洛华在《货币起源》中所认为的,大概率上雅浦岛财主的那块沉睡在海底的巨额石币是人们的集体想象,现今的“比特币”与雅浦岛的“石

---

〔1〕 参见[美]米尔顿·弗里德曼:《货币的祸害》,张建敏译,中信出版社 2016 年版,第 3 ~ 6 页。

币”存在很大相似之处,两者都不依赖集中在中央银行的发行簿记制度,而是依赖一个现在被称为“区块链”的分布式记账系统,这种分布式簿记系统是由一代又一代人口口相传的记忆来实现的。[1]

自2009年比特币首次被提出,经过多年发展,比特币早已不再是一小部分程序员之间的“小游戏”,以比特币为代表的“虚拟货币”已经形成了庞大的产业。

随着比特币价格上涨,到2021年年初,其市场价值已达到全球黄金总市值的1/10,人们甚至更进一步地认为比特币是“数字黄金”。对此,我们试图将比特币与黄金进行对比后分析其成为黄金的可能性及障碍所在。

(一)比特币与黄金

1.信用基础

比特币和黄金的信用基础既相似,又有差异。从相同之处来看,比特币与黄金都没有依赖国家政府的信用背书。从差异性来看,黄金的信用来源是它本身的使用价值和稀缺性。即使不作为货币,黄金在科技、工业、珠宝等领域也有广泛用途。比特币系统是一种互联网环境下的全新信用系统,它既不需要任何历史信用记录,也不需要任何机构或个人提供信用担保。换言之,比特币主要依靠理论和技术的双重保障来保证其信用。[2]

2.货币职能

货币学理论的传统定义认为,货币被普遍认为是固定充当一般等价物的特殊商品,并体现一定的社会生产关系。[3] 在价值层面,无论是历史上的黄金还是现今的虚拟货币,都被质疑是否具有价值,认为虚拟货币没有价值的理由在于,加密资产既不构成可供消费的商品,也不构成可被接受的服务,其价值是虚拟的,本质是“虚无”,是“空气”,故而,毫无价值可言。在货

[1] 参见周洛华:《货币起源》,上海财经大学出版社2019年版,第7页。

[2] 参见杨晓晨、张明:《比特币:运行原理、典型特征与前景展望》,载《金融评论》2014年第1期。

[3] 参见胡庆康主编:《现代货币银行学教程》(第4版),复旦大学出版社2010年版,第26~43页。

币历史上,反对贵金属作为货币的意见与其相似,正所谓“黄金寒不可衣,饥不可食”。[1] 也有观点认为,黄金和比特币的价值都体现在“挖矿”上。黄金由天然矿物到货币,需要经过挖掘采集和冶炼加工,这一过程凝结了无差别的人类劳动,形成了价值。比特币是由互联网的“矿工”通过消耗计算机算力和资源的“挖矿”方式获取的,“矿工”同样付出了人类劳动,因此,比特币也在一定程度上具备了价值的内在形式。在使用价值层面,尽管黄金和比特币都可以被用于换取其他商品,但交换价值并不等于使用价值。黄金即使不被作为交换媒介,也可以用于工业生产等,但比特币如果在交易中不再被人信任,无法被交换,那它就仅仅是一串没有意义的密码数字,没有其他实际用途。因此,比特币的使用价值远弱于黄金。

3. 去中心化思想

现有货币的发行方大多是中央银行,政府利用其财政实力作为担保,从而形成了典型的中心化货币。这种货币发行与管理方式存在如下缺陷:第一,多种国家货币的存在使外汇兑换大大提高了国际商贸投资的成本。第二,央行货币以政府信用为前提,因此国家政权的更迭,以及其他意外事件的发生,将会使货币的信用一落千丈。

不同于现有的国家信用货币,黄金和比特币都是去中心化的货币。黄金的发行不受中央政府控制,其价值也不需要中央政府来背书。比特币依附区块链的P2P网络,具有天然的去中心化属性。中本聪在其比特币论文中一针见血地指出了中心化货币的弊端:“央行有责任使别人相信它不会促使货币贬值,但事实上类似的历史不断重演。一旦发生金融危机,通货膨胀的压力增大,货币的购买力就会下降,这样的货币很难再让人信赖;比特币的不同之处在于它是去中心化的,它的发行并不依赖央行的信誉,它是公正、客观、平等的,可以成为全球化的货币体系。”中本聪的理想是建立一套“以密码学原理为基础而非信用,使得任何达成一致的双方能直接支付、不

---

〔1〕 周子衡:《加密货币是否具备“货币”的“价值”属性?》,载《第一财经日报》2021年4月12日,第12版。

需第三方中介参与”的电子支付系统。

这种理念在一定程度上与已故诺贝尔经济学奖获得者弗里德曼提出的“货币数量化理论”吻合。弗里德曼曾设想用一个自动化系统取代中央银行,废除美联储,以稳定的速度增加货币供应量而消除通货膨胀。比特币的算法设定了2100万单位的固定数量上限,同样不需要任何政府、企业或银行发行,没有央行货币调控规则的约束,同时可以真实地交换使用。[1]

(二)比特币能否成为数字黄金

比特币与黄金的相似性,使许多人对比特币寄予厚望,被誉为“数字黄金”。然而,正如姚前所言,目前来看,比特币成为替代黄金的一般等价物还不容乐观。[2] 比特币如果真想取得黄金曾在世界金融体系中拥有的地位,那么还有多重障碍:

1.币值不稳定

比特币若要建立广泛的价值基础,就需要越来越多的人愿意使用比特币进行商品交易,人们的交易意愿以比特币币值的相对稳定为保障。然而,现实中的比特币价格浮动巨大。比特币的暴涨、暴跌实际上削弱了它的货币属性,根据格雷欣法则,当货币价格不断上涨时,人们更倾向收藏储存货币而非使用,只有价格稳定或者下跌时,人们才有把货币花出去的冲动。比特币价格的暴涨将导致人们囤积居奇,反而不利于比特币发展为真正的货币。

2.天然通缩的两面性

比特币具有天然的通缩属性,它具有最高的数量上限,甚至连达到这个上限的时间也被程序设定。到2140年,比特币的数量将达到上限2100万。通缩属性将带来什么?比特币的支持者和反对者持完全相反的意见。支持者认为,比特币可以抵制通货膨胀的影响,形成更严格的“金本位”体系,防止中央银行滥发货币以剥削持币者。反对者认为,“金本位”体系的崩溃正

---

〔1〕 参见姜立文、胡玥:《比特币对传统货币理念的挑战》,载《南方金融》2013年第10期。

〔2〕 姚前等基于货币属性——铸币税、避险功能和投资工具三重视角分析比特币取代黄金的可能性后,认为目前的比特币还不具备成为黄金等避险资产的条件。参见姚前、陈华:《数字货币经济分析》,中国金融出版社2018年版,第101~109页。

是由于黄金的通缩性,导致货币供应量无法与经济发展保持同步。黄金价格上涨,从而形成了负反馈系统,投资者怠于消费以待商品升值,货币流动性不足,最终导致经济衰退。

3. 缺少货币锚的支撑

比特币没有国家信用作为支撑,没有中央银行为其兑现价值,它仅凭参与主体的信任而被交易,一旦失去信任基础就可能毫无价值,所以比特币又被称作"无根货币"。比特币的炒作投机风险很大,市场大量炒作,其本身技术原理复杂,导致一般投资者与幕后操盘手之间存在巨大的信息不对等。不少批评者认为,比特币实际上是一场"庞氏骗局",一旦出现大量用户寻求变现比特币但网络流动性不足的情形,比特币系统或许会完全坍塌。

4. 与现行金融体系的兼容

比特币的去中心化特征决定了它很难成为中心化的银行的资金,它与现行的中心化金融体系很难兼容。比特币的融资方式常常容易走入法律的禁区。2017 年《关于防范代币发行融资风险的公告》将 ICO 定性为非法募集资金,比特币等虚拟货币失去了二级流通市场。如何在中心化货币和去中心化货币之间建立合理的价值转换机制,对比特币来说是一场考验。

5. 缺乏可靠的法律监督体系

比特币的去中心化特征背后是自由主义的政治理念,即将货币与政府松绑,赋予个人原本由政府掌握的权力,强调平等开放和民主自由。比特币是科技自由主义者发起的对现有权威的挑战。在比特币去中心化理念中,政府的货币政策难以操作,基准利率、准备金率和公开市场操作等传统的货币调控措施全部无效,政府对经济进行宏观调控的能力被大大削弱。然而,比特币的自由主义理念的极端发展,将会导致全球走私、经济体制混乱等后果。因此,在中心化的国家,如何构造一个符合去中心化理念的法律监督体系,已不仅仅是一个金融科技监管的问题了。

6. 技术安全性问题

比特币安全性以一个假设为前提:没有任何一个个人或组织能控制比

特币网络的大部分计算能力。这就是著名的“51%攻击”问题。如果比特币网络50%以上的算力被一股势力所掌控，那其就可以利用算力优势撤销自己已经发生的付款交易，忽略剩下的区块，从而实际控制整个比特币的网络。从目前来看，控制比特币网络51%的运算力，所需要的CPU（中央处理器）/GPU（图形处理器）数量将是一个天文数字，为此消耗的巨额成本将使比特币的收益不值一提。因此，比特币的安全得以保障。但是，也有人质疑“51%攻击”是否一定能保证系统的安全性。此外，即使系统安全，比特币仅依靠源代码进行存储，这样的匿名性虽然使比特币看起来安全，但也增加了失窃后重新追回的难度。比特币系统还有一些技术问题必须克服，如用户流通产生的巨大流量已经使比特币网络不堪重负、效率优势受损等。

7. 财富分配方式的不平等

即使是价格暴涨，比特币依旧是一种小众货币，比特币的持有和交易方式对大多数人来说有很大门槛。比特币创造的最大利益掌握在最先开采的“矿工”以及早期的投机者手中，这种财富分配方式是一种极不公平的规则，比特币如果要成为真正的货币，必须适应更合理的财富分配逻辑。比特币的总量早已被限定，最早加入的人将毫无疑问地获得巨大财富，这让提现冲动不断在比特币的提议中弥漫，加重了人们的冲动，最终形成一场庞氏骗局。或许代价只能由击鼓传花中最后进入投资的人承担。

8. 易复制性与竞争威胁

比特币的算法并不具有不可替代性，模仿者众多，“山寨币”盛行。这一情境与哈耶克在《货币的非国家化》一书中提出的竞争性货币十分相似。哈耶克认为，基于政府信用的法定货币体系十分脆弱，若将货币发行权独立于主权国家，不同的发行主体相互竞争，那么最可靠的货币将通过优胜劣汰予以存活，对经济的稳定和发展大有裨益。这一论述也意味着，比特币并不是货币的终结者，而仅仅是一个开始。[1]

---

〔1〕 参见黄震等：《黄金崛起——数字经济时代黄金价值再发现》，电子工业出版社2019年版，第191～194页。

（三）比特币的未来思考

当我们回顾比特币的起源，再重新思考关于比特币的本质与未来时会发现，如果以过去十余年里比特币的市值及衍生品的出现为节点，那么处于每一节点的比特币属性可能都并不相同。

在比特币诞生之初，诚如中国人民银行所述，比特币是一种开源的、基于网络的、点对点的匿名电子货币，是世界上第一个分布式的匿名虚拟货币。比特币的发行和支付没有中央控制中心，货币转账是由网络节点进行集体管理，交易各方可以隐藏自己的真实身份。比特币是由普通人而不是由中央银行或政府创造的货币，比特币系统不是单纯的支付系统，而是真正的货币系统。它是由人创造出来的，而非用普通的货币兑换而来。这个表述不仅明确认定了比特币就是一种货币，还几乎完整清楚地表明了它的特点，其描述还有对匿名性、去中心化特点的侧重，除其没有强调基于密码学技术特征外，这一概念表述至少在当时来说是比较科学的。[1]

此外，也有众多学者认为，前期的比特币是一种商品，通过"挖矿"获取比特币的过程中消耗的劳动以及其他资源使比特币具有价值。[2] 部分国家及司法实践也支持比特币是一种受法律保护的商品的观点。

在比特币发展的中期，当证券市场中出现了比特币期货、比特币期权等产品，特别是当ICO成为融资手段和各类山寨币出现后，其证券属性越来越明显，金融资产的性质充分显现。有部分国内外学界基于豪威测试对比特币等虚拟货币是否具有证券属性进行了认定。我国部分学者根据豪威测试探讨了虚拟货币的证券属性问题，并认为我国目前的《证券法》对证券的定义过于狭窄，加之中国人民银行等5部委发布的《关于防范比特币风险的通知》将比特币定义为一种商品，导致民间对其性质认知也倾向商品。在法律和监管政策不明朗的情况下，即使虚拟货币实质上属于证券，也缺乏足够的

---

〔1〕 参见张炳辉主编：《互联网金融安全》，中国金融出版社2018年版，第68页。

〔2〕 参见贾丽平：《比特币的理论、实践与影响》，载《国际金融研究》2013年第12期；孙启明、王浩宇、潘智涓：《比特币的世界货币特征探索》，载《北京邮电大学学报（社会科学版）》2014年第1期；王燕、周光友：《比特币的货币属性分析》，载《金融教育研究》2014年第3期。

法律规则支持执法行动。[1]

对于比特币的未来可谓见仁见智。比特币反对者认为，比特币的故事将会像维基百科中的“郁金香泡沫”一样结束。但相比“郁金香泡沫”，比特币已经远远走过10多年并形成了广泛的社会共识。对此，经济学家保罗·克鲁格曼认为，比特币是一场庞氏骗局，是永不消亡的“邪教”。高度看空比特币的人士认为，比特币暴涨没有实际场景支持，更多是为了逃避监管、犯罪交易和“洗钱”的“灰色”或“黑色”需求，这是一种泡沫，其中不乏斯蒂格利茨、席勒等诺贝尔经济学奖获得者，甚至包括一些市场人士。[2] 比特币支持者则认为，比特币有望成为数字黄金，即成为应对通货膨胀时最有力的保值资产。在数字化时代，比特币有其自身优势，2021年2月，比特币的市值首次超过1万亿美元（彼时黄金总市值约10万亿美元）。随着比特币逐渐被大众认可为可获得的最佳价值存储，未来比特币的市值也越来越有可能接近黄金。

至于更遥远的未来，如果比特币超过了黄金的市值，那么比特币将有望成为全球储备资产，甚至有更多的可能。当前作为世界储备货币的美元霸权已严重损害了世界诸多国家的利益，货币给了美国极大的特权，并且，现阶段的全球货币与金融体系基本都掌握在美国手中，其他国家正努力为未来发展电子货币也并非偶然。倘若虚拟货币战必将打响，那么比特币已具有显著优势，作为非政治性和中性的“硬钱”，比特币将允许所有国家在全球体系中平等竞争。对此，有人认为，未来也许会进入比特币标准时代，大规模使用比特币进行世界各地的日常支付将成为可能。[3] 当然，未来存在太多变数，国际政治、经济格局变动等都必然影响比特币的未来，挑战国家政

---

〔1〕 参见张超：《证券型通证发行的法律性质与监管范式转变——以美国数字资产投资合同分析框架为视角》，载《财经法学》2020年第1期。

〔2〕 参见黄震等：《黄金崛起——数字经济时代黄金价值再发现》，电子工业出版社2019年版，第109页。

〔3〕 参见 Sylvain Saurel：《观点：未来比特币价格的4种可能》，载微信公众号“Xmining”2021年5月7日，https://mp.weixin.qq.com/s/JncFLGQkbCvZ3Pmk-WmdUA。

府货币发行权的比特币成为全球储备资产还存在太多障碍，但可能性依然存在。

小　结

虚拟货币的法律属性认定，直接关系它受到何种法律的保护和调整。但因为虚拟货币诞生较晚，并且形式特殊，当前尚无位阶较高的法律对其进行明确规定。而随着虚拟货币民商事纠纷和刑事案件数量的日益增长，这就倒逼司法审判者需要对虚拟货币的属性认定形成较统一的认知。故在此章，我们就虚拟货币的属性作了重点分析，在上一章对它的类别进行了普适性的分类后，在类型化的基础之上，进一步从私法领域探究虚拟货币应当具有何种法律属性，抑或是可能具有何种法律属性。在对虚拟货币"物权说""债权说""知识产权说""新型权利说"等学说观点进行梳理后，我们最后比较分析，确定了本书的立场，即认为虚拟货币应属网络虚拟财产的范畴，如将其定位物权或债权恐尚存许多问题。在对虚拟货币进行总体分类之后，我们还需要考虑各种形态不一的虚拟货币是否仍然具备这样的普适性的法律属性？这里，我们就之前划分的 3 种虚拟货币的类型进行了比较分析，对其各种形态所能契合的法律属性进行了说理，最后明确了我们自己的观点。正如霍姆斯所说，"法律的生命不在于逻辑而在于经验"，如果单纯依赖逻辑来对新兴事物进行概念界定，往往会陷入绝对理性的误区，从而忽视它本身的内涵和价值，这就正如虚拟货币的法律属性之界定，如果缺乏实务经验的积累，而单纯地在学说理论之中寻求它的本质内涵，显然就违背了事物发展的规律。

第四章　私人数字货币的应用场景

一、私人数字货币 1.0 时代——点对点交易的出现

(一)区块链"挖矿":私人数字货币的原始取得

1. 区块链系统的共识机制

区块链技术和密码法构造了一个新的激励机制,在这个激励机制中,大家形成了一套共识,按照共识的内容生产、交易和运行区块链上的活动。目前,区块链技术系统出现了多种共识机制,其中主流的共识机制有两种:一种是工作量证明机制(Proof of Work,POW);另一种是权益证明机制(Proof of Stake,POS)。以及在这两种共识机制上发展演化出的其他共识。图灵奖得主莱斯利·兰伯特(Leslie Lamport)称,所有的分布式系统的问题归根结底都是共识问题,共识是区块链系统的内生驱动力。[1] 区块链任何分布式共识机制的产生,都源自古老的拜占庭将军问题,拜占庭将军问题讲的是在信息不对称情况下,信息在各主体之间的传递和不同主体之间的决策问题。在存在叛徒的情况下,叛徒可能故意给 4 名投进攻的将领送信表示投票进攻,而给 4 名投撤离的将领送信表示投票撤离。这样一来,在 4 名投进攻的将领看来,投票结果是 5 名投进攻,从而发起进攻;而在 4 名投撤离的将军看来则是 5 人投撤离,这样各支军队的一致协同就遭到了破坏。具体来说,这些将军没有达成共识。如果一个协议可以在混进叛徒的情况下,依然保证

---

〔1〕 See Zain Admani, *The Origin of Blockchains*, Medium(Nov. 1, 2018), https://medium.com/blockchains-an-informal-deep-dive/thc-origin-of-blockchains-da6c0c5f52.

将军们作出一致的决定，那么这个协议在计算机领域就被称为拜占庭容错。[1] 比特币等区块链的共识机制也是这样的协议，协议设置系统中的每个节点都有共同的目标，遵循共同的行为规则，使分布式系统中即使有目标不一致的第三人或破坏者出现，只要系统中大部分节点都按照协议的规则运行，就不会对系统整体造成根本性影响。

以比特币为例，在比特币这个 P2P 网络里，假设每个节点本地都有一个大家已经达成共识的基准区块链和一堆待处理的交易，比特币系统的共识，是指通过某种方式，大家就区块链里的下一个区块达成一致。这种协议的运行机制是，首先，提议的交易信息被广播到比特币网络的每个节点；其次，每个节点把自己收到的交易信息写入一个新区块，写入新区块的交易信息如果成功加入区块链中，就被成功执行了；再次，每一轮开始时，整个比特币网络里面某个节点被系统随机选择，被选择的节点把自己的新区块广播给其他节点；最后，每个收到新区块的节点会对新区块里记录的交易进行验证，验证无误后将新区块记录到各自节点的本地账本中。

2. 区块链系统的生产者——“矿工”

这些节点所对应的人或组织，在区块链系统中就被称为“矿工”。根据比特币区块链的共识协议规则，“矿工”在区块链系统里承担的职责为：一是充当区块链上交易的验证者和支持者，是区块链交易流程的参与者和交易支持者；二是参与新区块创建的竞争，每个成功创建新区块的“矿工”都会获得一笔额外的比特币奖励，比特币奖励的数目随着时间的增加而递减，每 4 年减少一半。每笔交易都可能包含一笔交易费，交易费是每笔交易记录的输入和输出的差额。在“挖矿”过程中成功“挖出”新区块的矿工可以得到该区块中包含的所有交易“小费”。随着“挖矿”奖励的递减，以及每个区块中包含的交易数量的增加，交易费在“矿工”收益中所占比重将会逐渐增加。从 2009 年开始的 4 年的区块奖励是每个区块 50 个比特币，到目前每个区块

〔1〕 参见[美]阿尔文德·纳拉亚南、约什·贝努等：《区块链：技术驱动金融》，林华等译，中信出版集团 2016 年版，第 167 页。

奖励 12.5 个比特币,2022 年即将进入每个区块奖励 6.25 个比特币的阶段。比特币新区块产出的速度越来越慢、难度越来越高。“矿工”参与竞争产出新区块的过程就是投资者常说的“挖矿”,每当产出一个新区块,挖出这个区块的“矿工”也获得了在该区块上记账的权力。“矿工”就像区块链网络中的“高速路收费站点”,负责区块链网络的运营和维护。

3. 私人数字货币“挖矿”活动

“挖矿”,类似现实世界的采掘金矿、铜矿、铁矿等贵金属资源和钻石等资源,但和现实世界的“挖矿”有本质区别。“挖矿”是数字货币原始取得的方式,法律上的原始取得包括生产、添附、天然孳息、法定孳息、抛弃物、拾得物、遗失物等。通过“挖矿”执行比特币的工作量证明,即解决数学问题。比特币协议中的数学问题设定非常复杂,没有固定的计算公式,需要消耗一定的时间去求解,但是验证过程可以瞬时完成。哈希算法就是让计算机实现工作量证明而提供的一种工作量算法,这种算法具有一个鲜明的特征就是不可逆推和回溯。比特币网络整个交易验证机制、共识机制和 P2P 通信机制,决定了比特币网络区块产出的速度相对较慢,大概 10 分钟产出一个区块,每小时产出 6 个区块。对于比特币这类运用 POW 共识机制的公链来说,每秒产出区块的速度 BPS(Blocks/Sec)是通过变更“挖矿”的难度系数来实现动态调节的。

“矿工”通过“挖矿”原始取得比特币,获得了比特币的所有权,可以对数字货币进行交易流转。在交易流转过程中,矿工还负责交易的执行并将这笔交易记录在比特币区块中,收取一定的手续费。由于比特币等运用 POW 共识机制的区块链网络是通过解决数学问题进行“挖矿”生产的,那些计算能力强,且能在更短时间内挖到区块或在相同时间内产出更多的“矿工”,掌握区块链网络更强的记账权和投票权,由此部分厂商开始通过硬件设备的革新来提高区块链“挖矿”的算力,或通过把单个机器的算力集成为“算力池”来增强算力。由此,“矿工”可视为区块链网络中的重要参与者和维护者,是区块链网络治理中的重要主体,甚至可影响区块链共识协议的修改、智能合约的制定,并制订区块链网络的运行规则。

“挖矿”还实现了区块链网络交易结算一体化的过程。通过将结算去中心化,每个节点的“矿工”对处理的交易进行验证和结算。通过未经使用的交易输出(UTXO)作为账户的余额,实现区块链网络的记账。UTXO 的最小单位是“聪”,并且不能继续切割,UTXO 并不集中在某一特定交易者的账户中,而是分散在全球数百个交易和数百个区块中。事实上,并不存在一个储存比特币的地址或账户余额的地方,投资者账户中的资产在区块链中即表示为所有者被锁住的、分散的 UTXO。区块链这种“交易即结算”的设计不包含传统第三方清算结算中介机构的参与,减少了交易的流程,能够以更高的效率和更低的成本实现数字货币在全球范围内“无界化”流通,相比传统跨境支付、转账更具优势。

4.“挖矿”的影响

区块链“挖矿”是比特币、以太坊产出的主要方式,后来的一些数字货币也效仿主流币采取 POW 共识机制。这一共识机制简单便捷、易于执行,逐渐成为风靡全球的数字货币生产方式。近年来,一些机构也加入“挖矿”大军,大量购买矿机设备、自建能源和库房进行挖矿,除通过显卡“挖矿”外,还衍生出 CPU“挖矿”、硬盘“挖矿”等业务活动。随着“挖矿”活动的普及和产业化,这一行业逐渐带来积极或消极的影响,随着时间线的拉长,人们发现“挖矿”对经济社会的负效应逐渐凸显,国际社会、主权国家和机构组织开始审视数字货币“挖矿”的合法性。

数字货币传统的依靠硬件设备和电力“挖矿”的方式,涉及庞大的电脑运算和认证交易,需要耗费大量的能源,对全球能源使用和环境带来明显的影响,尤其是对那些能源短缺的国家和地区来说,数字货币的“挖矿”活动无疑是雪上加霜的。英国剑桥大学的分析显示,加密货币比特币一年耗费的电力超过了阿根廷、荷兰和阿拉伯联合酋长国,而且快要逼近挪威的年耗电量。其中比特币一年耗电量大约是 121.36 太瓦时(TWh),随着比特币价格越长越高,能源消耗也就更高,这是由比特币设计机制所决定的。[1] 这么大量的电力能源消耗，目前却基本看不到数字货币“挖矿”对实体社会和生产力的明显推动作用，也不能帮助国家经济增长、增加社会总体福利。“挖矿”的背后将是巨大的石油、煤炭等传统资源的消耗，加剧全球能源紧张的同时，大量温室气体排放，与全球各国碳中和的目标和进程相悖。

出于减少碳排放和碳中和的考量，许多国家开始出台政策抵制数字货币“挖矿”，清退司法管辖范围内的“挖矿”产业，督促数字货币“挖矿”的能源向清洁能源转化。如我国政府部门和监管机构连续两三年出台政策，国家发展和改革委员会牵头，将数字货币“挖矿”活动列入国家淘汰类产业。2021 年 9 月 24 日，国家发展和改革委员会等部委印发《关于整治虚拟货币“挖矿”活动的通知》（发改运行〔2021〕1283 号），严格限制虚拟货币“挖矿”企业用电报装和用能。基于此，停止对“挖矿”项目的一切财税和金融支持。瑞士也出台政策限制“挖矿”活动促使其转向利用清洁能源；哈萨克斯坦总统呼吁对数字货币进行紧急立法监管以应对电力短缺。在 DeFi 生态中，出现了一些不依靠能源和矿机、显卡硬件设备的新型“挖矿”，如流动性“挖矿”（又称质押“挖矿”，staking），投资者只需要抵押/质押部分数字货币提供流动性，将资产添加到流动性池中，成为流动性提供者，就能从操作流动性池的 DeFi 平台产生的费用中获得回报。[2] 在这种模式的“挖矿”中，流动性提供者充当“矿工”，通过存入数字货币获取相当于传统金融系统中的“存款利息”或“贷款收益”，投资者“挖矿”获得的收益同样属于原始取得，与物理挖矿有所区别的是，流动性“挖矿”产出的数字货币一般以稳定币的形式发放（如 DAI、USDT），部分流通性池也发放主流数字货币，如以太坊等。

---

〔1〕 参见《比特币消耗庞大能源“超过阿根廷全国用电量”》，载 BBC 新闻网 2021 年 2 月 12 日，https://www.bbc.com/zhongwen/simp/world-56032496。

〔2〕 See B. Dale, *What is Yield Farming? The Rocket Fuel of DeFi*, Explained, Coindesk (July 7, 2020), https://www.coindesk.com/learn/what-is-yield-farming-the-rocket-fuel-of-defi-explained/.

(二)点对点交易:私人数字货币作为商品流通

1. 区块链交易流程

分布式、P2P(peer to peer)的信息传输模式和交易模式是互联网鲜明的特征,同样也构成以互联网为底层和传输层的区块链网络中的鲜明特征,甚至一笔交易需要传递至比特币网络,才能被传播,也才能加入区块链中。一笔比特币交易只是300~400字节的数据,一旦交易被发送到任意一个连接至比特币网络的节点,这笔交易将会被该节点验证。如果交易被验证有效,该节点将会将这笔交易传播到这个节点所连接的其他节点。无论交易是否被节点验证有效,交易发起者都会收到一条回执消息,包含了此笔交易是否被接受的返回信息。在几秒钟之内,一笔有效的交易就会呈指数级扩散的效率在网络中传播,直到所有连接到网络的节点都接收到它。[1]

但区块链网络和私人数字货币交易是否是严格意义上的"点对点"交易模式?其实不然。实际上,任何区块链系统都需要共识节点,或者称为"记账者"或"矿工",来打包和确认交易。"矿工"表面上是呈现"去中心化"的全球分布,但矿工的"实力"并不相同,随着区块链网络节点的发展壮大,不同去中心化节点之间的权力分布趋向不均衡。以比特币、以太坊区块链为例,公链上的"矿工"已经出现了明显的集中趋势,比特币算力全部集中在全球3个主要矿池中,以太坊算力主要集中在全球4个矿池中,类似"21个长老"这种被去中心化信徒诟病的卡特尔组织已经萌芽,[2]其内部的交易决策,在某种程度上取决于社区或部分"矿工"的共识,而非整体共识。

2. 作为商品的私人数字货币

商品是人类经济社会发展到一定阶段的产物。马克思主义政治经济学将商品界定为"用于交换的劳动产品",随着经济活动的类型逐渐丰富和趋于复杂,商品的内涵和外延逐步延伸,发展为"商品是用于交换的使用价

[1] 参见《深入浅出:从一笔比特币交易的生命周期看懂区块链技术》,载人人都是产品经理平台2018年3月23日,http://www.woshipm.com/blockchain/962922.html。

[2] 参见张开翔:《区块链上的交易真的是"点对点"吗?》,载FISCO BCOS开源社区2019年11月18日,https://www.infoq.cn/article/ksembzdkv1l7tmx3pap8。

值”。但商品的基本特征没有改变，即交换性是商品的首要特征，必须用于交换的目的或通过交换的过程，代表了商品的使用价值；次要属性是商品的价值属性，即凝结在商品中无差别的人类劳动。商品是经济活动中不可缺少的载体，也在货币史上留下了浓墨重彩的一笔。商品的范围十分广泛，根据不同生产主体可分为私营部门商品、公共部门商品；根据不同形态可分为实体商品、虚拟商品；根据不同用途可分为工业类商品、经济类商品、金融类商品等。从货币诞生和演化的历程来看，货币由商品发展而来，先是牛、羊等可交换的非同质化商品，到同质化的一般等价商品，又发展到以贵金属为价值载体的金属货币，再到用纸质来代表政府或国家信用的信用货币。随着互联网技术的发展，货币形态和载体发生了变化，电子货币、数字货币崭露头角，并在短期内获得了全球的广泛流通使用。私人数字货币为什么能成为商品，从私人数字货币的内在本质来看，其满足了商品的首要特征和次要属性，即可以通过区块链网络进行随时随地的交换，无论是用私人数字货币兑换普通商品，还是交换其他数字货币抑或是交换法币均在此范围内。2010 年美国佛罗里达州一位名为拉斯洛 · 汉耶兹（Laszlo Hanyecz）的程序员，用 10,000 枚比特币买了两个“约翰爸爸”（Papa John）的披萨优惠券，[1] 是比特币获得商品属性的重要标志，这是包括比特币在内的私人数字货币的经济本质。

在具有经济本质商品的基础上，私人数字货币能否发展成为货币？在现行经济、政治、法律和社会制度体系下，私人数字货币不太可能发展成为货币。主要有几方面的原因：一是私人数字货币价格波动起伏太大，2010 年的 10,000 枚比特币现在已达到 1 亿多美元，价值尺度的不统一和大幅波动使私人数字货币这种商品在交换中面临许多不确定性。二是私人数字货币未能得到国家或政府的信用背书，以及社会民众的价值认同，缺乏“货币认

〔1〕 参见《BTC 披萨节 11 周年：BTC 在现实世界的使用已有 11 年》，载金色财经 2021 年 5 月 20 日，https://www.jinse.com/blockchain/1096711.html。

同”，[1]这是私人数字货币不能沿着传统货币演化路线发展为信用货币，乃至更高阶的货币形态的主要原因(主权国家法定数字货币除外)。三是如果私人数字货币被国家承认为货币并进入流通领域，不可避免地将与现行全球货币金融体系产生剧烈冲突，尤其会冲击部分弱势主权货币的货币地位，甚至有体现现行法币的风险，会对单一国家经济系统和全球金融经济体系造成负面影响，甚至是颠覆性冲击。因此，目前私人数字货币不能而且不应作为货币进入货币流通体系，将其界定为商品是当前世界政治体系、经济体系、金融体系、社会制度下较稳妥和合理的选择，也符合当前货币进化和新兴货币发展的一般趋势。

我国法律上也倾向将比特币等私人数字货币定性为商品。无论是2013年的《关于防范比特币风险的通知》，还是2021年中国互联网金融协会、中国银行业协会、中国支付清算协会发布的《关于防范虚拟货币交易炒作风险的公告》等文件，都持“虚拟货币是一种特定的虚拟商品”的观点，否定其货币属性和作为货币流通的活动。私人数字货币不允许有金融和交易属性，更不能容忍其挑战法币的地位。那么，界定虚拟商品是否合法，关键在其如何使用。未来国家将鼓励有实际应用功能、能为实体赋能、解决实际生活“痛点”的区块链项目，和数字电影、数字音乐、数字版权等一样，如2021年较流行的非同质化代币(Non-Fungible Token，NFT)，去除金融和交易功能，作为一种数字商品而存在，可以为数字经济发挥一定的价值。[2]

二、私人数字货币2.0时代——可编程金融崛起

(一)从ICO到IEO：多元化的融资方式

比特币和以太坊的成功开启了数字货币点对点交易的模式，通过分布在全球各地的去中心化节点进行价值转移并在不同的账本上记录。在点对

[1] 参见赵磊：《论比特币的法律属性——从HashFast管理人诉Marc Lowe案谈起》，载《法学》2018年第4期。

[2] 参见玄子：《虚拟货币只能作为“商品”不能成为“货币”》，载羊城晚报网2021年6月2日，http://views.ce.cn/view/ent/202106/02/t20210602_36611499.shtml。

点交易基础上,部分节点开始发展起来,发展出资金融通的需求,逐渐从投资者(资金提供方)转变成为融资者(资金需求方)。同时,区块链技术、以太坊和基于以太坊公链上的项目的发展,需要大量资金提供初始支持、提供风险投资。由此,区块链金融的生态模仿传统金融市场和资本市场中的融资方式,衍生出了以区块链为基础架构、代币为激励机制、白皮书为宣传手段及信息披露方式为代表的多元化融资模式。其中包括两大类:一类是传统的私募融资,又称内部融资,包括各种类型的天使投资、风险投资等;另一类是向市场中不特定对象公开融资,最开始诞生的公开融资方式为 ICO,随后 IMO(以“矿机”为核心发行数字货币)、IEO、IDO(首次通过去中心化交易所发行代币或首次通过 DeFi 发行的代币)、STO 等融资方式迅速创新,形成了丰富的多元化数字货币融资市场。

1. 私募融资/风险投资

区块链金融和私人数字货币领域一直是资本青睐的对象,不少优质项目正是得到了资本的早期支持得以发展壮大的。2018 年是区块链和私人数字货币历史上的关键一年,许多金融行业传统机构投资者开始进入数字货币市场,初创公司和多个行业的顶级参与者定期宣布项目。风险投资的兴趣高涨,资本投资创下历史新高,其中出现了 Boost VC、Node Capital、Coinbase Venture 等定制区块链风投公司。从私人数字货币领域风险投资的规模来看,2019 年全球共有 117 笔数字货币投资,投资金额为 268.36 亿元人民币,2020 年全球共有 164 笔数字货币投资,投资金额为 265.06 亿元人民币,较 2019 年风险投资规模增加了 1/3。截至 2021 年 8 月,全球风险投资基金已经向在该领域运营的公司投入了 170 亿美元,超过了 2020 年全年的投资额。[1] 最大一笔投资是对 Block.one 软件公司的 10 亿美元的数字资

---

〔1〕 See Carlos Betancourt, *Continued Investor Demand: A Reflection on the Crypto Industry's Growth and Maturity*, Worth (Aug. 23, 2021), https://www.worth.com/continued-investor-demand-reflection-on-crypto-industry-growth-and-maturity/.

产和现金的投资,对数字货币领域长期看涨。[1] 还有一个标志性的历史事件是,数字货币交易所 Coinbase 在 2021 年 5 月上市,上市首日市值就达到了 850 亿美元。Coinbase 在交易所上市极大地提升了市场对加密货币的接受程度,开启了在传统资本市场投资数字货币的新方式。

2. 公开融资

(1) ICO。IEO,是指初创公司进行融资时,通常会发行一定数量的加密代币,接着向参与项目的人出售这些代币,代币可以在交易所被自由兑换成比特币、以太坊等。实际上是直接在虚拟资产交易所上市的 ICO,在某些情况下,虚拟资产交易所为受监管的保荐人平台。ICO 是 2014 年以太坊在全球发行后诞生的。ICO 流程包括:一是 ICO 项目发起人公布代币源代码并发布白皮书,吸引投资人和参与者;二是组建社区,进行"预挖矿"并保留 5% ~10% 的代币,或者发放权益共识下的代币份额;三是 ICO 项目发起人将代币上市交易,向虚拟币持有人募集比特币、以太坊、莱特币等虚拟币;四是 ICO 代币持有人可进入二级市场交易交换代币份额或退换成法币退出。虚拟币持有者转换为代币份额持有人,成为项目对应证券的投资人。

(2) STO。将区块链技术与受监管证券市场的要求相结合,以支持资产流动性及更广泛的融资渠道。STO 通常是在区块链环境下,以受监管证券的形式发行数字代币。区块链环境增强了证券监管的信息披露、公平性和市场完整性的目标,并通过自动化和智能合约支持创新和效率。从代币本身而言,实际上 STO 是用数字形式表示资产所有权(如黄金、房地产)或经济权利(如利润或收入份额)。对企业来说,尤其是初创企业,STO 提供了以发行股票和债券等传统募资渠道以外的方式募资的机会,投资者更加愿意投资具有潜在高流动性的在交易所交易的 STO。此外,STO 的发行成本往往较低,使 STO 成为较小型企业和新公司采用的更广泛可行的融资技术。

---

[1] See Brandon Kochkodin, *Venture Capital Makes a Record $17 Billion Bet on Crypto World*, Bloomberg, https://www.bloomberg.com/news/articles/2021-06-18/venture-capital-makes-a-record-17-billion-bet-on-crypto-world.

STO 一般发行流程包括：准备、设计发行方案、选择服务提供商、选择区块链平台、选择技术和金融中介机构、募集资金、交易所挂牌交易等。通常已发行代币会先出售给特殊目的载体（SPV），再在交易平台上重新发行，还可能引入做市商和营销手段来提高代币的流动性。[1]

（3）IEO。IEO 通过数字货币交易平台为新项目筹集资金，相比 ICO，发行人由项目方/初创团队变成了交易所，交易所以其口碑、实力和信用作为担保发行。由于通过平台筛选和推出，迎合了既有私人数字货币持有者的需求。参与其中的交易平台可以为筹集资金的项目带来一定的信誉度，潜在投资者可以在这些资产上市前先行买入，被称为"守门人"，发行虚拟货币数量有限且以固定价格出售，履行职能包括筛选投资者，即尽职调查或了解你的客户（know-your-customer，KYC），处理与私人数字货币相关的营销活动，以及跟进向投资者出售数字资产的过程。IEO 没有融资认购的过程，省掉了 ICO、空投推广等环节，投资者可提前对优质且前景好的项目进行投资，以期在代币上市后获得增值，并直接在加密货币交易所上市交易。同时，平台币的可操作性比较灵活，可以用来抵扣其他交易行为所产生的交易费，还可以用来投票上币等。尽管平台对所参与的每项 IEO 都进行严格审查，也依然无法消除投资风险。募集资金的项目很可能无法实现其愿景。

（4）IDO（Initial DeFi Offering）。DeFi 项目发行或增发治理代币，发行与流动性"挖矿"紧密相连，流动性"挖矿"是新的 Token 分发方式。流动性"挖矿"直接担任了代币分配、激励用户的功能，随后这些项目通过 DEX（去中心化交易所）进行上架。通过 DeFi 项目或去中心化交易所发行代币没有上币费，没有下架风险，也没有任何限制，还有种说法称为 IUO（Initial Uniswap Offering）。还有另一个含义的 IDO（Initial Digital Assects Offering），即首次区块链数字资产的发行，企业区块链项目首次以资产数字化产生出来的区块链

---

〔1〕 参见金杜律师事务所、香港数字资产交易所、香港大学亚洲国际金融法研究院：《证券型代币发行：金融市场演进的下一阶段》，载德勤中国 2021 年 4 月，https://www2.deloitte.com/content/dam/Deloitte/cn/Documents/audit/deloitte-cn-audit-security-token-offering-zh-sc-210412.pdf。

数字资产,以产品锚定,资产债券、众筹方式筹集的通用数字资产的行为。通常是项目方发起任务悬赏,投资者通过自己的时间、技能等资源完成悬赏任务以获得项目方的 Token 奖励。与 ICO 公开募集资金模式不同的是,IDO 本身不募集资金,而是通过发起任务悬赏的方式,把社区建设分发给用户,让看重社区价值和前景的用户一起建设。[1] 在 IDO 模式中,参与主体众多,包括项目方企业、其他企业、用户、投资人、社群等,数字资产依托多中心化企业主体的生产经营产出,主要依靠社区自律规范运作,有意绕开了金融监管和审批机制。

(5)IMO。通过"挖矿"来产生新的数字货币,发行一种专用矿机,每一个流通币都是由矿机产生的,只要购买矿机(就是一个插着网线和电源的小盒子),就可以共享网络资源(共享宽带和硬盘容量),如复投"挖矿"。迅雷玩客云——链克、暴风播酷云——BFC 积分,[2] 实质上就是一种融资行为,即变相 ICO。

(二)中心化交易所演化的超级金融机构

1. 中心化交易所的产生与运行

由于早期的场外交易不规范、缺乏信任,由此产生了需要各种形态的中心化交易所提供信任担保的需求。中心化交易所为数字货币交易提供了规范和集中的交易场所,允许用户基于已有资产的市价,将一种数字资产换成另一种数字资产,为用户提供私人数字货币的支付、投资等服务。2010 年 3 月 17 日,第一家交易所 Bitcoinmarket. com 上线,在面临众多技术问题和法律问题后,交易所昙花一现。2013 ~ 2015 年,比特币的市场涌出了很多的交易所,交易环境也愈加成熟。Coinbase 交易所、OKEx 交易所、火币交易所、聚币交易所都在此时崛起。2017 年,中国发布声明禁止国内虚拟币交易平

---

〔1〕 参见《区块链 IDO 是什么意思? IDO 与 IPO\ICO 的区别》,载脚本之家 2021 年 5 月 20 日,https://www. jb51. net/blockchain/776147. html。

〔2〕 该产品的闲置存储空间及带宽可以用于赚取 BFC 积分,可为暴风系列软件及第三方 CDN 业务提供超大文件的存储及带宽支持,同时支持部署第三方区块链网络甚至作为第三方区块链网络的全节点。

台的运作，国内的很多交易所开始把注册地转向海外，币安交易所（Binance）借此机会在海外迅速崛起并发展起来。2018 年以来，越来越多的数字货币中心化交易所在全球设立，推动私人数字货币交易量和交易频率不断创出新高。但是，随着部分国家对数字货币交易采取严厉的监管措施，目前数字货币中心化交易所呈现多头发展、去中心化全球化分布的格局，火币、币安、OKEx、Coinbase、Bitmex、Bitfinex 等大型中心化交易所占据了全球交易所市场的大部分份额，掌握私人数字货币/加密货币市场的大部分流动性。

中心化交易所大致由 4 部分组成：一是底层技术架构和协议。中心化交易所的底层架构往往是中心化的数据库、服务器，特定的互联网 IP 和传输层以及终端交互应用等，这些数据库、服务器、IP 地址、路由等网络服务提供商（Internet Service Provider，ISP）往往位于某个国家或地区的管辖范围内。二是用户和交易所的数字货币账户。交易所对每个注册的用户都分配账户，用于管理用户的数字资产，方便用户进行提取和转移，同时交易所负责对用户每笔交易进行结算清算，管理用户余额。三是数字货币信息经纪平台。交易所实时连通数字资产的价格数据，并在私人数字货币市场价格的基础上加上少量额外收费进行实时报价。[1] 受信息、市场供求、成本等因素的影响，不同区域的交易所的数字货币价格存在细微差异。四是数字货币钱包。有"热钱包"和"冷钱包"之分，"热钱包"是为了日常的使用和用户正常的提币而专门设立的钱包地址，总数通常不会超过 30 个，"热钱包"供数字货币用户日常数字资产的存入和提取；"冷钱包"是交易所用来存储部分沉淀的用户资金或者"热钱包"资金的链下钱包，并在物理上隔绝"冷钱包"与互联网的链接，如断网、关机等私钥物理保存方式。[2] 钱包系统是交易所体系架构的重要组成。总而言之，中心化交易所不使用区块链底层技术，交易速度没有限制，对于交易所上的数据拥有绝对权力，并且不公开。交易所覆盖了

〔1〕 参见《了解数字货币交易所》，载 Coingeek 网，https://coingeek.com/zh-hans/bitcoin-for-beginners/everything-you-need-to-know-about-cryptocurrency-exchanges/，最后访问日期：2021 年 7 月 16 日。

〔2〕 参见《主流交易所钱包系统的分析和思考》，载链闻网 2019 年 12 月 11 日，https://www.chainnews.com/articles/682892548263.htm。

包括点对点场外交易、平台设定价格的连续竞价交易以及杠杆期货交易等多种交易模式，开发了法币与私人数字货币、稳定币与其他私人数字货币的交易对，促进了私人数字货币的交易流通。

无疑，中心化交易所具有明显优势。一是具有传统成熟技术解决方案，交易并发量处理难度低，可以给用户提供很好的交易服务；二是庞大的用户量和交易量，也带来了足够的交易深度，提供了充分的流动性；三是可根据运营策略来制定变化的手续费规则；四是开发技术难度低、成本较小；五是交易所为用户提供资产托管服务，用户的数字资产存放于其在交易所的账户中并由交易所负责保管。但中心化交易所的缺点和风险也十分明显，中心化交易所不仅掌控用户所有的信息，还掌控用户的私钥，用户资产安全存在隐患，用户丢币、交易所监守自盗、交易所数据造假、伪造数据等情形都可能发生，而且交易所掌握较大的权力，不合规的成本很低，这就大大降低了用户区块链数字货币的安全，也缺乏充足且公开透明的审计机制。

2. 中心化交易所功能

中心化交易所模仿传统证券交易所，集合了私人数字货币交易的各种功能，在近几年逐渐发展成为全功能综合化的金融机构。在私人数字货币交易市场中，交易所尤其是中心化交易所成为重要且不可忽视的参与力量，交易所拥有巨大的资金和交易量，掌握全部用户数据，在特殊情况下，甚至可以影响全球数字货币市场的价格。如果以传统金融市场的视角来看，中心化交易所类似业务遍布全球的跨国金融控股公司，两者所不同的是，跨国金融控股公司在特定国家有集中的经营办公物理场所，而中心化交易所业务遍布全球区块链网络节点，甚至采取分布式办公，办公场所遍布全球各地，难以被一国法律所监管和打击，具有低成本、发展迅猛、弹性大和较强的抗监管韧性，这是传统的金融市场组织不具备的特征。具体而言，现代数字货币中心化交易所有如下职能/功能：

一是提供私人数字货币交易的场所和设施，制定交易所业务规则。中心化交易所为分散的场外交易提供了便捷和相对安全的交易场所，降低了场外交易成本和交易便捷性,取代了传统证券交易经纪人的角色,投资者直接在交易所买卖,提供证券交易撮合功能,类似传统证券交易所的职能。依据相关用户权利义务调控、交易时间、交易方式、资金兑换、交易对象、提取资产等规则,随着交易所规模的扩张和影响力的扩大,头部交易所制定的具有行业指导意义的相关业务规则,将逐渐发展成为私人数字货币市场的交易规则。

二是充当项目方发行代币。加密货币交易所进入数字货币市场,也可充当项目方,对加密资产进行尽职调查,启动 IEO 项目。平台币是交易所自身发行的价值代币,可视为功能型代币,例如,币安交易所发行的币安币(BNB)、火币交易所发行的 HT 代币。平台币的主要功能是促进扩展交易场景、促进资金流、提升交易活跃度,以及通过参与平台币内部的使用价值流转,为平台生态赋能。交易所直接负责平台币的市值管理,尤其是通过回购、销毁等方式,刺激需求、提升币价。由于平台币受交易所平台的操控,代币价格易受到投机活动的影响,且受益于平台的经营努力而推动币价升值,容易被认定为美国证券法上的“投资合同”,存在一定的法律和监管风险。

三是充当私人数字货币市场的监管者,兼有资本市场中交易所的一线监管功能和证券交易监管委员会的监管功能。前者体现为交易所有权对场内交易的任一币种实时监督,发现有价格操纵、虚假交易等违反交易规则行为时,交易所有权暂停相关代币的交易、下架代币及对代币项目方进行处罚。后者体现在,数字货币交易所对场内交易的代币、代币项目方和相关初创企业负有尽职审查义务,包括接受项目方的上币申请,审查代币的真实性等综合情况,并与相关项目方签订上币协议,类似证券监管机构的 IPO(首次公开发行股票)核准或注册流程。除核准上币外,交易所还可以履行类似证券监管机构对证券和上市公司的全部监管职责,甚至推出股权代币,如币安交易所 2021 年 4 月开通股权代币交易业务,特斯拉成为首只以私人数字货币的形式在币安交易所上市交易的股票。

四是资金传输。中心化交易所对私人数字货币、数字货币与法币之间的兑换提供了便捷的渠道，提供货币传输服务、资产和资金托管服务、钱包和账户服务等，类似传统银行的职能。与银行的获客识别、授信相似，交易所也需要履行严格的KYC义务，履行反“洗钱”监督职责，相较传统银行金融机构，交易所的反洗钱监管框架、制度和标准目前均处于发展初期，其不完备性和监管的漏洞有待完善。

总结而言，数字货币交易所综合了证券公司（承销发行、自营买卖或自营兼代理买卖数字货币）、交易所、监管者的诸多功能，既制定规则又执行规则，还可以在自身规则范围内开展营利性活动，这种既充当“裁判员”又充当“运动员”的模式赋予了交易所巨大的权力，掌握用户保管在交易所中资产的所有权和全部用户数据，部分大型交易所逐渐发展起来，成为私人数字货币市场的垄断主体。现实世界的证券交易所需要国家和监管者授权才能从事金融业务，取得金融牌照需要花费大量的财力、物力和人力成本，满足监管者和法律的合规要求。即使是中心化的数字货币交易所也难免受到主权国家的监管，部分国家甚至命令其关停和清退。但在区块链上搭建交易所却很容易，去中心化交易所是为了解决中心化交易所的问题而产生的，中心化交易所中用户不拥有自己的私钥，所以无法掌控自己的财产，由此诞生了Uniswap、Curve等去中心化的交易所等协议，这样就可以开银行，做去中心化借贷，游离在现有监管体系之外，数字货币交易所的演化逐渐偏离了开发者的初始意图和金融监管的法律制度。

3. OTC兑换商：特殊的场外中介组织

私人数字货币OTC（over-the-counter，场外交易市场）与全球任何资本市场的场外交易市场一样，私人数字货币交易市场也演化出了场外交易市场，而且由于区块链技术的去中心化、点对点的技术特征，私人数字货币场外交易市场的出现时间更早、发展更快，且出现了与传统证券交易、大宗商品、期货等场外市场不同的特征。一种是平台组织的场外交易模式，交易平台为双方提供撮合服务（customer to customer，C2C），买卖双方仍然通过交易平台进行交易，但平台不经手资金，买家通过线下转账的方式，直接转账给卖家,此种模式有第三方中介平台的参与。另一种是纯场外交易模式,没有第三方中介和平台参与,完全由买卖双方通过网络联系、熟人介绍等私下交易渠道进行交易。在数字货币交易的早期阶段,例如,比特币、以太坊等应用场景不广泛、交易量和交易频率较小,场外交易是私人数字货币交易的主要场所。随着私人数字货币凝聚的共识的增强,应用场景的扩展,特别是私人数字货币金融属性的增强,催生了专业化的投资和交易的需求,由此产生了上述中心化和去中心化交易所。但不同于传统场外交易市场,区块链数字货币场外交易市场更加去中心化和偏匿名化,不受法律和国家的监管,是相对缺乏规则和标准的一个交易市场。在私人数字货币场外交易市场的演化中,出现了传统场外交易市场未曾有过的特殊中介——OTC 兑换商,成为私人数字货币交易市场的一大特色。

虽然私人数字货币具有互换性的特征,但不少国家还是会利用公权力限制私人数字货币与法定货币的自由兑换。尤其是中国人民银行 2017 年 9 月 4 日发布的《关于防范代币发行融资风险的公告》,切断了运用法币人民币兑换比特币、以太币等数字货币的渠道,普通投资者进入数字货币交易市场的通道受阻,纷纷转向场外数字货币交易。部分投资者或机构看到了其中价格波动的“套利”机会,转变成为投资者兑换法币或私人数字货币提供服务的兑换商(OTC 兑换商),OTC 商家利用自有资金或借款为普通投资者提供兑换服务,他们通常只需经过简单的注册就能依托私人数字货币交易平台获得交易平台的信息撮合和交易安全保护服务。经过交易平台的筛选,投资者直接与兑换商交易而非与不特定的对象交易,大大降低了投资者线下买卖数字货币的不确定性,保障了交易安全和财产安全。同时,部分私人数字货币交易平台还提供类似电商平台的“担保交易”模式,交易资金和数字货币会转入由平台方控制的账户或钱包,由平台对交易进行实时监督。平台的介入在增强中心化的同时也提升了安全性和控制性。不同的 OTC 兑换商通常会选择单一数字货币开展经营兑换业务。其中,选择最多的币种即稳定币 USDT,作为一种锚定美元并声称与美元保持 1∶1 兑换比例的稳定币,USDT 价格能长期保持相对稳定,大部分兑换商会选择兑换 USDT 这类价格稳定的数字货币“现金”/筹码,或者在不同交易所以买卖 USDT 的“搬砖”方式“套利”。以避免比特币、以太币等传统私人数字货币、虚假“空气币”等存在较大的不确定性和巨幅的价格波动币种的市场风险。

OTC 兑换商是由市场投资主体自发形成的服务于细分领域的新型中介组织,在 2017 年后迅速发展起来。尤其得到了主流数字货币交易所如币安、火币、OKEx 等的支持,近年来,越来越多的交易所除在场内交易外,还引入了场外交易和 OTC 兑换商,在改善交易环境、提高交易便利、增加交易量、换手率、活跃交易市场等方面发挥不可或缺或场内交易市场无法比拟的作用。

同时,OTC 兑换商这一新型中介组织也有不少潜在的风险。在监管压力下,市场开始质疑 OTC 兑换商的合法性。一是 OTC 兑换商从事法币与私人数字货币兑换业务,仅通过了交易所的注册和审查流程,这一涉及公众性、经营性的货币兑换和传输业务并未取得政府和监管部门的正式金融许可。二是 OTC 兑换商缺乏充足的风控能力,信息不对称使兑换商对交易方资金的来源、合法性缺乏足够的审查,如果兑换商“明知”或“疏忽大意”收到违法资金,很容易卷入“洗钱”等刑事犯罪中。三是 OTC 兑换商与交易所之间并没有明确的被监督与监督的关系,也未被主要国家法律规制所覆盖,目前处于法律和监管的“灰色”地带。且兑换商较分散,不易管理,存在较大的合规风险。

(三) DeFi:去中心化金融的风暴

1. 什么是 DeFi

比特币在很多方面都是第一个 DeFi 应用程序。比特币让你真正拥有和控制价值,并将其发送到世界各地。它通过为大量互不信任的人提供一种无须可信中介就可以就账目达成一致的方式来实现这一点。比特币对任何人开放,没有人有权更改其规则。比特币的规则,如它的稀缺性和开放性,都被写入了技术中。这与传统金融不同,在传统金融中,政府大量超发货币将使储蓄贬值,而公司可以关闭市场。比特币代表的仅是单一的记账工具,而以太坊(Ethereum)提供了更多可能性,已经成为加密技术最重要的平台,构建了开放的公链支持不同系列的可编程智能合约,能够推动一个全新的金融系统和一个更开放、更具弹性的互联网平台,真正实现自己的资产自己掌控,完全绕开银行和银行账户在区块链系统内处理自己的资产。DeFi 是不透明、严格控制并由数十年历史的基础设施和流程结合在一起的系统替代方案。从比特币、ICO 到 DeFi,区块链金融越来越显示真实的价值——游戏、支付、借贷、融资、证券发行、数字资产确权与交易。据 Messari 年度报告所示,2020 年整年以太坊平台处理了超过 1 万亿美元的实际价值转移,这一数字已经超过了 PayPal 的资金转移总额。[1]

DeFi 产生的目标和功能,旨在解决中心化服务不能解决的两个主要问题,金融的不普惠和金融审查。前者在于,传统金融活动包括基础借贷、信贷活动有较高的门槛,许多不发达地区、信用"白户"难以甚至无法获得金融服务,常被称为"没有银行账号的人"(unbanked)。金融的"普惠"性覆盖不到这类群体,他们甚至被中心化的金融机构"排斥"。DeFi 应用旨在改善这个问题,确保人们可以无障碍地使用这些应用,人们只需要能够运用移动设备连接到互联网,就能进行交易转账、借款理财等金融活动。金融的内涵和外延大大延展。后者在于,传统金融市场、金融机构的活动属于民商事活动领域和私营部门主体自治的范畴,由于普遍的市场失灵和风险,需要政府或第三方机构的公权力介入,以"看不见的手"辅助市场进行资源配置和风险处理。常用手段包括关闭个人或公司的账户、限制交易、强制信息披露、行政罚款等。而 DeFi 本质上是去中心化的,不需要审查哪些人在使用它。例如,去中心化借贷协议 Dharma,个人不再依靠某个金融机构来获得贷款,而是将获得整个世界出借人的服务。

以太坊上有现实的资产(股票)相对应的代币,在交易所上市交易。无许可、无须信任、无第三方、低成本、高效率,人们能够在以太坊等公链上放

[1] 参见 Ryan Selkis:《Messari 年度报告:2021 加密货币投资十大趋势》,载链闻网 2020 年 12 月 11 日,https://www.chainnews.com/articles/718127491873.htm。

贷、借入、做多/做空、赚取利息。DeFi 创建了一个能够代替传统商业银行等金融中介的开放金融市场，任何人都可以无门槛/低门槛地参与其中，不需要获得银行账户就可以通过遍布全球的区块链网络获得或提供金融服务，进行价值交换。根据支持不同智能合约运行的区块链公链平台的类型，对 DeFi 进行分类，可分为单链生态和跨链生态，单链生态即依托某个区块链公链发展出的各种 DeFi 应用，这些应用主要集中在该条公链内进行价值转移，如以太坊生态、波场生态（Tron）、柚子（EOS）生态等。跨链生态，是指跨越不同区块链公链部署应用场景，进行价值交换，如波卡（Polkadot）生态、比特币跨链生态等。

2. DeFi 的特点

一是代码开源。大多数 DeFi 项目的代码都是开源的，具有较高的公开性和透明度，任何人都可以在网上审计项目的代码，了解具体项目的功能，参与项目的改进和优化，填补代码漏洞，参与共同治理。

二是无须许可。去中心化项目自设计和诞生时起，代码开发商和项目方就意图设计一套绕开传统银行金融体系的金融系统，有意规避主权国家的法律和监管，DeFi 项目无须监管者的授权即可快速创建发布和自治化运行。相比传统金融行业从业者、开发者需受到监管者的严格约束及限制，DeFi 具有更多的自由度、开放性和活跃度。

三是去中心化和去中介。DeFi 通过引入去中心化层来去中介化，消除“寻租”中间人。去中心化应用或者 DApp[1] 是运行在一个点对点对等网络上而不是单台计算机上的应用，这样做关键的好处在于，用户不再依赖中央计算机来发送和接收信息。

四是互操作性和可叠加性。DeFi 的不同业态基于相同的底层架构和代码协议，包括传输层、应用层的软件和硬件之间，都具有良好的兼容性，例如，公链、基于公链的去中心化交易所、基于公链的借贷和质押协议以及钱

〔1〕 DApp 就是“D + App”，D 是英文单词“decentralization”的首字母，即去中心化，DApp 为去中心化应用，也就是智能合约加 App 的结合。

包(通常是去中心化钱包),投资者注册和交易的数据信息在公链、交易所、钱包等各类应用中共享,可保证交易的及时性和连通性。同时,DeFi 还具有良好的延展性和叠加性,各类创新的应用相互之间可以轻松地融合和叠加,产生更复杂的功能,形成“乐高积木”式的各种奇妙的组合,进一步激发了 DeFi 领域的创新活力和生命力。

五是民主化。DeFi 发展去中心化,实现更大的经济包容性的金融生态系统。其产生和运作机制带有浓厚的金融民主化色彩,正如罗伯特·希勒所言,“金融民主化塑造更公平的世界”,DeFi 的出现,代表了金融人性化的需求和进程,DeFi 能加快金融社会化的程度,社会金融化程度越高,不平等程度越低,因为金融本身能起到管理风险的作用,促进财富分配的公平。[1]

3. DeFi 的主要应用场景和代表项目

(1)稳定币。稳定币是一种能保持价格稳定的数字资产,适用于诸如交易媒介、记账单位和价值存储的功能,具有货币的部分经济属性,被广泛地用于数字货币与法币、数字货币与数字货币之间的交换。近年来,稳定币的规模和用途经历了爆炸式增长,截至 2021 年 9 月,稳定币市场的总市值超过 1200 亿美元,锚定美元的美元抵押型稳定币 USDT 市值占一半以上,约 720 亿美元,[2]其次为 USDC(USD Coin,美元硬币)、DAI 等。以去中心化借贷平台 MakerDAO 发行稳定币 DAI 为例,与中心化的稳定币 USDT、USDC 不同,DAI 是基于以太坊区块链的去中心化的基础稳定货币,通过锚定数字资产(如比特币、以太坊)超额抵押担保发行,长期保持与美元 1∶1 的兑换比例。除价格保持相对稳定外,DAI 还有较大的透明度、公开明确的审查。花旗银行在一项报告中称,MakerDAO 为“去中心化银行”。[3] DAI 的发行系统 MakerDAO 还充当“最后贷款人”和全局清算(DAI 持有者可以兑回等值美元的资产)的机制,保护 DAI 的稳定。2018 年以来的几次市场大跌都对

---

〔1〕 参见[美]罗伯特·希勒:《金融与好的社会》,束宇译,中信出版社 2012 年版,第 36 页。

〔2〕 资料来源:载 https://coinmarketcap.com/,最后访问日期:2021 年 9 月 23 日。

〔3〕 See CITI GPS, *Future of Money: Crypto, CBDCs and 21st Century Cash*, Citifirst (April 2021), https://www.citifirst.com.hk/home/upload/citi_research/AZN20.pdf.

DAI的稳定性没有任何影响。同时,即将推出的多抵押担保(包括电子黄金)将在较大程度上多样化DAI背后的资产组合,从根本上分散DAI的风险。[1] 尤其是在DeFi领域,稳定币成为重要的基础设施,去中心化应用中MakerDAO将DAI设计成为没有价格波动,固定在1美元,用户持有而不用担心因币价的波动,造成损失。但目前国际社会对私人发行的稳定币,尤其是不受监管的稳定币和去中心化的稳定币越来越担忧,花旗银行宣称,商业银行系统和金融科技可能会陷入CBDC和私人发行的稳定币之间争夺货币霸权的"交火"中。这种来自两个全新领域的存款和支付服务竞争,可能会严重影响银行系统的金融稳定性和信贷创造过程。[2]

(2)借贷。大型加密资产所有者被DeFi吸引,因为它允许他们从其硬币(持有的加密货币)中获得收入。用户将他们的加密货币借给DeFi协议,为点对点借贷提供流动性池,作为回报,投资者会收到部分交易费用或代币奖励。类似原来的P2P网络借贷,只不过中心化的有组织以营利为目的的网络借贷平台中介变成了去中心化的、有智能合约建构的、不以营利为目的的去中心化借贷协议和资产流动性池。具体应用有:面向散户的中心化服务商,如BlockFi,面向机构借贷者的Genesis、BitGo、Galaxy,以及像Compound、Aave和Maker这样的DeFi借贷协议,借贷协议和信贷市场的发展,给高波动性的加密货币市场带来了更大的流动性和稳定性,大量资产被锁定在智能协议和加密市场中,有效地避开了国家的税务、银行、第三方审计等的监管。[3] 以借贷协议Compound为例,作为世界上最大的DeFi协议,有着超过5亿美元数字资产锁仓及9亿美元资产可供使用。Compound是一种算法货币市场协定,类似一个开放的货币市场,用户可充值加密货币

---

[1] 参见潘超:《深入浅出理解MakerDAO:不止于稳定币》,载知乎专栏2018年8月23日,https://zhuanlan.zhihu.com/p/41889079。

[2] See Ogwu Osaemezu Emmanuel, *Citibank Demystifies MakerDAO and DeFi for Fund Managers*, Btcmanager(April 16,2021),https://btcmanager.com/citibank-makerdao-defi-fund-managers/.

[3] 参见Maxwell:《什么是去中心化金融(DeFi)?一图看懂DeFi现状》,载金色财经2019年4月18日,https://m.jinse.com/news/blockchain/349720.html。

并赚取利息,或是向其借用其他加密资产。Compound 运用了智能合约,会自动储存并管理待新增至平台的资金。贷款者和借款者不必像在传统环境中一样,针对条款进行协商,供应及借款利率会通过演算法调整,这意味着 Compound 协定会根据供需情况自动调整利率。此外,COMP 代币持有者也能够调整利率。双方皆不持有资金,因为资产会保留在称为流动性资金池的智能合约中。Compound 在某种程度上成为一种储蓄账户,用户无须将资金委托给第三方即可赚取利息。具体借贷流程如下:首先,用户会充值资金(超额抵押品),以便支付他们的贷款。他们可获得"借款能力"作为回报,这是在 Compound 借款时的必要能力,可用于供应的每个资产皆会新增不同程度的借款能力。其次,用户可以根据自身拥有的借款能力来借款并在期限届满后归还。Compound 采取超额抵押的概念,这意味着比起实际借款的价值,借款者必须供应更多价值,以免发生强行清算平仓的情况。[1] 此外,Compound 还提供了杠杆交易的机会,投资者可通过协议抵押以太币或比特币、借出 USDT 以买入更多虚拟币,或通过抵押 USDT 借出更多虚拟币并卖出以做空获利。

COMP 代币是 Compound Finance 的治理代币,代币持有者得以通过改善提案和链上投票,对协定利率、手续费等治理权作出变更,未来 Compound 协议在治理方面将逐渐实现去中心化。但这一协议不可避免地存在缺陷,当比特币、以太币等数字货币价格大幅下跌时,投资者借入这类数字资产必须偿还含利息的借款金额,协议可能强行清算抵押品导致投资者财产受到损失。

(3)权益质押(staking)。权益质押模式主要是从 POS 共识机制发展而来的,Stake 持有人通过质押、投票、委托和锁定等行为获取收益,具有较高的年化收益率(如在 7% ~150%),还有类 POS 共识机制,如 Dpos、Bpos 等这一类共识机制下的抵押"挖矿",这是采用 POS 共识机制的区块链网络所独有的。权益质押的运营模式为通证持有人将通证委托于可信第三方(包括

---

〔1〕 参见 Binance Academy:《什么是 DeFi 中的 Compound Finance?》,载币安平台 2020 年 9 月 7 日,https://academy. binance. com/zt/articles/what-is-compound-finance-in-defi。

钱包、交易平台、专业服务提供商等),由第三方作为区块链项目节点或支持力量代为获得该项目通证的通胀/区块奖励,手续费为 5% ~25%,这类资产托管服务具有较大的市场空间。

(4)去中心化交易所 Uniswap。Uniswap 是建立在以太坊基础上的协议,旨在方便以太坊和 ERC20 代币交易。Uniswap 完全是链上交易,借助去中心化钱包(如 MetaMask)就可以参与交易。Uniswap 试图利用底层的去中心化架构来架空数字资产交换中的中间商。在协议架构设计上,Uniswap 利用流动性储备(liquidity reserves)促进数字资产的交换。交易合约里的储备由流动性提供商网络予以提供。Uniswap 没有传统交易所需要的交易深度,所有用户都是随买随卖、无须挂单。Uniswap 设置了一个很特别的函数给币种定价:X × Y = K。X 和 Y 分别对应两种资产的数量,K 是一个常数。这个定价机制决定了,买入哪一边的数量多,与之相应的币种的价格就会上升。

类似的去中心化交易所还有 dYdX,目标是建立一个允许数字资产衍生品交易的交易所。dYdX 包含一系列对不同类型金融产品进行特定操作和执行的协议。目前,正在实施的协议包括融资融券交易协议和期权协议,通过引入保证金交易,完善对虚拟货币进行做多和做空机制。

(5)预言机 Link。预言机就是一种实时为智能合约提供价格服务的工具,可以为智能合约提供外部数据源的系统。预言机是连接智能合约与区块链外部世界的中间件(middleware),作用是通过分布式 Oracle 数据网络为区块链上的智能合约提供与现实世界交互的数据信息,应用场景包括财务数据传输、金融协议、保险等。基于预言机,可以和链下 API、SDK 等软件和硬件系统等机器的链接,实现机器与机器的互联。预言机是区块链重要的基础设施。Chainlink 架构分为链上(on-chain)部分和链下(off-chain)部分,链上部分作为合约层完成 Chainlink 内所有信息的记录,而链下部分则负责代码和命令及输出数据的具体执行。[1] 预言机 Chainlink 也采取了代币的激

---

〔1〕 参见币小宝:《预言机是什么?读懂百倍币 chainlink》,载链得得网 2020 年 12 月 9 日,https://www.chaindd.com/3455637.html。

励机制,发行 Link 用以支付节点运营商的服务费用。Link 是预言机的重要代表,但预言机仍存在天然缺陷,即在链下、链上数据交互中仍无法避免垃圾数据的问题(数据来源的准确性、合法性)和黑客利用技术流动的窃取问题。

(6)合成资产 Synthetix。合成资产是通过锚定传统金融市场中的黄金、大宗商品、股票、债权等商品或交易工具,复制他们的价格(也可称为“镜像模拟”),从而创建一类新型虚拟资产,进行链上交易。这一思路是借鉴抵押法币或数字加密货币而发行稳定币而来的,合成资产也通过锚定股票、贵金属,或者加密货币如比特币、以太坊而铸造发行。根据白皮书的界定,Synthetix 是一个建立在以太坊上的去中心化合成资产发行协议。这些合成的资产(Synths)来自抵押 Synthetix Network Token(SNX),且可以直接用 Synthetix. Exchange 交易所上的 Synthetix 智能合约在彼此间进行铸造、交易和销毁管理。根据锚定物的不同,可将合成资产分为 4 种,即数字货币合成资产、法币合成资产、股权类合成资产、商品类合成资产。[1] 合成资产的交易主要分两步:一是通过 Mintr 平台,用户超额抵押 Synthetix 平台代币 SNX 作为担保物,能够铸造出 sUSD 稳定币;二是用铸造出来的 sUSD 稳定币,在 Synthetix 的交易平台(Synthetix. exchange)上交易合成资产,即销毁 sUSD 并创建对应的合成资产。Synthetix 协议可以让投资者获得 SNX 代币增发奖励和合成资产交易奖励,还可以用合成资产(如 sETH)加入 Uniswap 等流通池中获取流动性奖励。

但合成资产协议的缺点也很明显,例如,存在智能合约风险、过度依赖价格预言机、复杂的项目设计尤其是债务动态计算方式、使用自身平台代币 SNX 作为抵押品和高抵押率的设置,以及缺乏清算机制等潜在风险因素,可能给投资者和协议自身增加不确定性。

(7)衍生品市场。DeFi 领域衍生品协议市场主要包括期权、预测市场、永续合约、保险、利率衍生品等方向。这些协议,一是没有中心化交易所运

---

[1] See Synthetix, *Synthetix Litepaper*, Synthetix (Mar. 24, 2020), https://www. synthetix. io/uploads/synthetix_litepaper. pdf.

营商,从长远来看费用更低;二是具有较强的抗审查特性;三是用户自己持有资金和资产,没有交易对手风险;四是无交易规模和提款限制;五是无法单方面更改交易所规则;六是任何具有公开价格的资产都可以交易。[1]

期权是和传统金融市场类似的标准化期权,有 opyn、siren 等。简化版的期权交易,仅需选择方向、数量、行权价、持有时间即可创建一个期权,这类期权项目有 hegic、charm、FinNexus 等,使加密货币领域的用户可以更简便地使用期权工具。目前,中心化期权项目 Deribit 占加密期权 80% 以上的市场流动性,仍待寻找增强流动性的方案。

预测市场是根据未来时刻有确切结果的事件而创造的合约,可以理解为彩票市场和调查问卷的结合,目的是用来发现市场相信的结果。它允许任何人对未来事件下注,并且利用这些下注的概率,作为这些事件的预测概率的可信中立来源。同时,预测市场相当于广泛的问卷调查,通过收集人们对事件发生的态度,以此为依据改善治理或作出决策。PolyMarket、Augur 和 Omen 是目前以太坊区块链上用户群体较多的预测市场协议。

期货合约是双向加杠杆产品,可以从标的资产价格下跌中获利,且其杠杆属性放大了交易风险和利润,并且可以对现货持仓及未来即将收到的现货进行风险对冲。与中心化交易所存在清算机制不透明、极端行情之下经常无法交易、"插针"现象颇多、收费过高等问题不同,去中心化合约产品越来越受欢迎,但也存在交易费(Gas 费)过高和流动性不足等问题。

保险也是 DeFi 领域分散风险和减少损失的有效应用。通过大数法则将风险代价社会化,能够为 DeFi 市场增加稳定性和弹性,缓解其可能产生的系统性金融风险。Nexus Mutual、Cover、Opium 等公司和协议在 DeFi 保险市场上占有较大份额。

利率衍生品是基于加密资产利率开发不同类型的衍生产品,满足 DeFi

---

[1] See Tushar Jain, *In-depth Discussion on Competition and Trade-offs on the Decentralized Derivatives Track*, Source: Babbitt, Blockcast(Sept. 10, 2020), https://blockcast.cc/news/multicoin-in-depth-discussion-on-competition-and-trade-offs-on-the-decentralized-derivatives-track/.

用户对确定性收益的不同需求，用以在 DeFi 市场中对冲风险或充当控制风险的投资工具。除浮动利率借贷（如 Compound 等）外，固定利率协议产品也开始出现，如 Horizon Finance、Swivel Finance、Benchmark 等协议将资产的未来收益率作为资产/代币交易的能力，允许贷款人和 LP（合称为“Limited Partner”，即有限合伙人，可简单地理解为出资人）互换浮动收益率，锁定固定收益率。

三、私人数字货币 3.0 时代——价值互联网

（一）同质化代币与资产代币化

在私人数字货币领域，同质性（fungibility）通常被用来形容同一种数字货币可互换性的程度。在以太坊项目上生成的代币，便可以此为依据分为两个类别：一种是同质化代币（Fungible Token，FT）；另一种则是非同质化代币（NFT），这种分类方式类似物权法中的种类物和特定物之分。在司法实务中，同质化代币的代表——以太坊，也通常被法院认定为种类物，这一认定对于私人数字货币民事纠纷具有重要意义，如在不当得利返还、委托投资纠纷等案件中，认定标的物为种类物是众多司法裁判的基础之所在。

在实践中，非同质化代币与同质化代币的正向价值发挥，因其自身的区别亦存在一些差异，其中，同质化代币在资产代币化方面具有重要作用。

1. 资产代币化概述

资产代币化，又被称为资产通证化和 STO，即以通证（Token）为载体进行证券的发行、记账、交易和流通，通证对应现实中的金融资产或权益。资产代币化 STO 的对象就是将现有的传统资产，如股权、债权等作为担保物进行代币化，又称为通证化（Tokenize）。上链后变成证券化通证，从性质上来说，资产代币化的对象为股权、债权、权证等。从最终标的物形式来看，资产代币化的对象为房产所有权、房地产投资基金、黄金、碳信用额、石油、美术作品、音乐版权等。简单来说，在某种程度上，资产代币化 STO 是区块链上的资产证券化，通过上链保证信息对称，减少信任成本，在依法合规后，具有

高效融资的功能。从本质上来说,其属于一种区块链金融产品。

当这种代币从本质上与公司股份或投资协议相似时,则该种代币事实上便具备了“证券”的属性。具体而言,如这种代币映射到实务资产中,且代币的价值提升主要依赖研发和运营团队在实务资产上取得的成果,投资人能够从代币升值中获得收益,那么在很多国家的法律体系中,这种代币便被归于证券的一种。

资产代币化 STO 是在 ICO 的模式下衍生的,与 ICO 的“野蛮生长”不同,STO 自创立之初就被注入了监管的基因,因而,合法合规是 STO 最重要的特点。然而,当我们仔细研究现下全球已发行的 STO 项目,会发现目前全球 STO 项目主要聚集在美国等适用证券法的司法管辖区,而在所有 STO 项目中,至少有 1/3 不能被认为是严格意义上的 STO。相反,它们要么是稳定币,要么是伪装成 STO 的 ICO。

相较传统的融资模式,STO 融资既存在优势,也存在一些不足。首先,STO 本身具有以下优势:第一,代币具有真实的资产或者收益作为价值支撑,而非空中楼阁、水中之月,这一特性大大减少了其市场风险;第二,在应对合规方面,相比传统融资模式中合规成本之高,STO 在获得监管机构的批准和许可后,通过将各国的 KYC/AML(反贪法“洗钱”等用途的投资,尽职调查)的规定写入智能合约,以此实现机制自动化和瞬时清算、结算,特别是在 ERC—1400 等新标准出台后,其自动化合规的成本将大幅降低;第三,资产数字化时代,STO 的融资模式能够加速资产所有权的分割,降低高风险、高价值商品的投资门槛,进一步做到金融普惠化;第四,资产的标准化协议将提高不同质的资产、不同法币之间的互通性,进一步提高资产的流动性。其次,在现有的全球金融市场规则体系下,STO 欲进入市场,势必与传统融资模式存在一定的竞争关系,其发展为成熟的全球化融资模式尚存在较大障碍:第一,跨平台的代币流通存在极大的监管障碍,如果希望进行全球化融资,那么 STO 项目方不得不做到对不同法域都进行合规,这样合规的成本将非常之高。第二,资产的高流动性也很可能带来巨大的价格波动,STO 的融资模式很可能会将一个初创公司直接绕开传统二级市场的高门槛，从而成为上市公司，拥有很多的投资者，但由于初创公司面临众多不利因素，STO的模式实际上是将这些初创公司的风险都堆到了尾端，一旦达到临界点可能会引起无法挽回的损失。第三，与传统金融产品相比，STO 的竞争力明显不足。从投资者角度来说，尽管 STO 的创新融资方式可能更高效，信息的公开度也更高，但其法律成熟度远低于传统金融产品，这也意味着其风险更大；同时，其底层资产的质量、运营团队的能力等都会影响投资者对这种资产型代币的信心。

2. 我国资产代币化 STO 发行的法治状况与法律风险

证券是什么？2019 年我国新修订的《证券法》将证券定义为"股票、公司债券、存托凭证和国务院依法认定的其他证券"，"政府债券、证券投资基金份额的上市交易，适用本法"，"资产支持证券、资产管理产品发行、交易的管理办法，由国务院依照本法的原则规定"。

仅从证券的定义来看，我国对于证券的定义较狭窄，这种列举式的定义从理论上来说有利于"依法行事"，但较难面对金融市场发展过程中出现的具有证券属性的其他金融工具，如具有证券属性的 ICO 和 STO 项目代币。

美国，其对证券的定义更加注重实质法律关系，这一表现体现在 1933 年《证券法》将证券的概念进行的双层认证体制上，首先是第 2 条将"证券"的种类进行了列举，并且对"投资合同"进行了外延解释，以此可以涵盖更多的新型证券品种。其次是判例法机制下司法机关可以对具有证券属性的金融工具进行认定，如众所周知的豪威测试，对具有证券属性的投资合同总结为 4 个要素：金钱投入、投资用于共同事业、依赖非自身的努力以及期待利润回报。

通过以上可知，从本质来说，基于底层资产的资产代币化 STO 在现实世界中具备对应资产，向投资者承诺权利，与资产证券化的发行和监管类似，这些特点已经表明其具备了充足的证券属性。我国《证券法》上的"列举式"证券定义，以及中国的成文法机制，使资产通证化项目既无法依照《证券法》

规定被纳入《证券法》的监管范围，也难以在司法判例中获得被认定为“证券属性”的投资合同。

与此同时，资产代币化 STO 的发行也可能触及刑事风险。2017 年 9 月 4 日，中国人民银行等 7 部门联合发布了《关于防范代币发行融资风险的公告》，“一石激起千层浪”，这一公告主要针对 ICO 发行行为，给加密货币市场带来了较大冲击。

依据该公告中的相关表述，“代币发行融资是指融资主体通过代币的违规发售、流通，向投资者筹集比特币、以太币等所谓‘虚拟货币’，本质上是一种未经批准非法公开融资的行为，涉嫌非法发售代币票券、非法发行证券以及非法集资、金融诈骗、传销等违法犯罪活动”。

那么，既然 ICO 和资产代币化 STO 项目都是发行代币，ICO 系违法犯罪行为，STO 是否也同样违反该公告的内容？资产代币化 STO 项目是否应当被视为一种“扰乱金融秩序”的非法融资行为？这就需要我们回答，基于资产代币化 STO 与 ICO 有何区别。

从形式上来说，两者都是发行代币融资，而 ICO 被紧急叫停的主要原因就在于其发行行为严重脱离实际，在毫无监管和实际项目的情况下依然发币融资，实质上损害了投资者利益和金融市场的秩序。但基于资产的 STO 实际上非常类似资产证券化的结构和设计，其拥有基础资产池，由资产组合而成的基础资产池现金流是偿付 STO 收益的基础，并将信用增级措施、现金流归集机制、破产隔离运用到发行与交易的过程中。同时，STO 利用区块链技术和分布式账本对传统资产证券化实现了技术上的多方位提升，大大提高了资产证券化的效率，降低了发行成本。

在合规层面，理想的资产通证化 STO 项目能够利用智能合约自动合规和快速清算，从而获得监管部门的批准和许可，积极实现 KYC/AML 机制自动化。但从某种程度来说，这种方式也是将金融风险聚集在了尾端，技术无法解决所有问题，在本就复杂的衍生资产证券化产品下，资产代币化 STO 可能会将高杠杆、高风险和错综复杂的特性进一步放大，故而，笔者认为，一对一的 KYC/AML 机制至少在短期内尚不可缺少。

2018 年 12 月 4 日，北京市互联网金融行业协会发布《关于防范以 STO 名义实施违法犯罪活动的风险提示》，对 STO 风险进行提示，并称 STO"涉嫌非法金融活动"，并告知从事相关活动的机构立即停止关于 STO 的各类宣传培训、项目推介、融资交易等活动。涉嫌违法违规的机构和个人将会受到驱离、关闭网站平台及移动 App、吊销营业执照等严厉惩戒。其中，2021 年 5 月 1 日施行的《防范和处置非法集资条例》中规定，非法集资，是指未经国务院金融管理部门依法许可或者违反国家金融管理规定，以许诺还本付息或者给予其他投资回报等方式，向不特定对象吸收资金的行为。相关行为包括：(1) 设立互联网企业、投资及投资咨询类企业、各类交易场所或者平台、农民专业合作社、资金互助组织以及其他组织吸收资金；(2) 以发行或者转让股权、债权，募集基金，销售保险产品，或者以从事各类资产管理、虚拟货币、融资租赁业务等名义吸收资金；(3) 违反法律、行政法规或者国家有关规定，通过大众传播媒介、即时通信工具或者其他方式公开传播吸收资金信息。[1] 由此可知，不合规的 STO 很可能落入非法集资业务活动中，触犯刑法中的非法吸收公众存款或者变相吸收公众存款罪、诈骗集资罪等，具有较大的法律风险。

3. 资产代币化的全球监管版图

资产代币化 STO 的根本是获得监管合规。所有融资类金融活动都在金融监管内，从目前各个国家和地区颁布的 STO 相关政策来看，美国、欧洲、加拿大、新加坡等发达国家的细则较完善，态度较开放。

以美国为例，项目如果想融资一般有两种选择：一是在 SEC 注册然后融资；二是不注册，但是在监管下进行融资。在美国金融市场，发行 STO 将涉及 Reg D、Reg S、Reg A 和 Reg CF 等几个主要融资法规：(1) Reg D 是私募融资法规。Reg D 没有融资上限，只针对认证的合格投资者（包括美国和非美国公民的合格投资者），不需要 SEC 批准，需填写表格 D，但是有 1 年的锁定期和最多 2000 个投资人的上线。锁定期结束后也很难有交易流动性，正常只能在现

---

〔1〕 参见《防范和处置非法集资条例》（国令第 737 号），2021 年 2 月 10 日发布。

有投资人之间交易。大部分 STO 现在和早期股权融资一样,使用的是 Reg D 注册。(2)Reg S 是监管美国企业面向海外投资人的法规。针对美国以外(outside the US)的投资者(离岸投资者),允许非美国投资者投资美国企业,对于投资者的财富无任何限制条件,不需要在 SEC 注册,可以发行股票及债券。(3)Reg A 是小型 IPO。有两种级别:一级是筹资上限为 2000 万美元,且需要 SEC 和洲级审查,但没有持续的报告要求;二级是只有 SEC 审查,筹资上限为 5000 万美元,每个投资人最多投资 10 万美元,有 2 年财务审查期,融资后需要所有财务公开和年审,会产生大量的法务和审计开销,投资人限定在 18 岁以上,允许非合格资质的投资者。(4)Reg CF 是早期公司资本阶梯的第一步。投资人限定在 18 岁以上,可以从合格及非合格投资者中筹集上限为 100 万美元的资金,是最快、最便宜的方式。总体来说,在美国发行 STO 必须在如下方面符合规定:合格投资人,KYC/AML,信息披露义务,投资人锁定期限。

作为亚太地区区块链技术和 Token 发行先驱的新加坡,MAS 发布了金融科技"监管沙箱"指引(FinTech Regulatory Sandbox Guidelines),为金融科技创新提供了一个相对隔离的空间。2017 年 11 月,MAS 发布数字通证发行指引(a Guide to Digital Token Offerings),明确数字通证属于资本市场产品,除非符合豁免条件,其中构成证券型产品的,受证券法规监管。2018 ~ 2021 年,MAS 多次更新了该指引,具体包括增加了资本市场产品的列举类型,强调了反"洗钱"(AML)和打击恐怖主义融资(CFT)的要求,提出了支付服务法案(PSB),强调所有的 STO 中间方都必须满足该等要求,制定和实施相关政策、采取适当步骤,以识别和防范可能的风险;调整了部分案例分析,并增加了部分案例及分析说明,并根据新增的监管规定增加了部分案例及分析说明,更加清晰地说明认定某一 Token 以及对应的监管规定。总体来说,新加坡在监管态度上,一方面,早已认可 STO 的大势所趋,并顺势而为;另一方面,也着眼全球市场,力图完善监管政策,监管能力日益成熟。[1]

---

[1] See Monetary Authority of Singapore, MAS(Sep. 17, 2021), https://www.mas.gov.sg/regulation/explainers/a-guide-to-digital-token-offerings.

泰国、日本等国家曾表示对 STO 进行系统性调查和监管，整体态度比较中性。对于大多数发展中国家来说，由于自身发展相对落后，且外部国际形势较动荡的冲击，对于新兴行业的监管处于较被动状态。以中国为例，中国对于 STO 的态度一直都比较严格，2021 年 9 月 24 日，因虚拟货币带来的市场风险，中国人民银行联合 10 部门发布了《关于进一步防范和处置虚拟货币交易炒作风险的通知》，更是直接将虚拟货币相关业务活动列为非法金融活动。与之相反，2021 年 10 月，敢于创新的 DFSA 推出了投资型代币的监管框架，监管框架将投资型代币定义为证券型代币或衍生品型代币。本质上，这些代币是使用分布式账本技术（DLT）或其他类似技术来发行、转让和存储加密货币形式的证券或衍生品；使用 DLT 或其他类似技术发行、转让和存储的权利和义务的加密安全数字表示。并且：（1）授予本质上与证券或衍生品授予的权利和义务相似的权利和义务；（2）与证券或衍生品具有实质上相似的目的或效果。投资型代币监管框架适用于有兴趣在 DIFC 或从 DIFC 营销、发行、交易或持有投资型代币的人士，以及希望提供与投资型代币相关的金融服务，例如，参与交易、提供咨询或安排与投资型代币相关的交易，或管理投资于投资型代币的全权委托投资组合或集体投资基金的授权公司。[1]

我国香港特别行政区在最近两年的 STO 监管领域的动作比较活跃，比如，HK SFC 正在将符合要求的虚拟资产交易平台放入“监管沙盒”。在 2020 年，香港特别行政区上市公司 BC 集团的 OSL 交易所率先获得 HK SFC 颁发的 1 号和 7 号牌照，可交易比特币、以太坊和经过筛选的证券型代币，OSL 也成为亚洲第一个持牌虚拟资产交易平台。2021 年 6 月，OSL Digital Securities 成功完成 BCAP 代币（证券型代币）首次交易，这也是继 HK SFC 发出首张虚拟资产交易牌照后，香港特别行政区合规数字资产交易平台完成的首个证券型代币交易。

正是由于 STO 自身的证券属性，因此也天然地适合在金融和证券体系

---

〔1〕 参见 OFSA：《迪拜金管局发布投资型代币监管框架》，载微信公众号“亚太未来研究”2021 年 10 月 28 日，https://mp.weixin.qq.com/s/Zi2vS9EW6lLANZ5uN9cVkg。

完备、监管较明确的地方率先取得突破,也从侧面反映出 STO 与国家的金融发展程度有一定的相关性。

(二)NFT:正向价值还是炒作热潮

2014 年 5 月,艺术家、黑客及作家雷亚·迈尔斯(Rhea Myers)发表了一篇名为《以太坊的艺术世界》(*Artworld Ethereum*)的文章,在该文中她指出:"数字艺术作为智能资产有 3 种情况:第一种是概念或代码艺术案例,其中合约本身的代码就是艺术品,或包含艺术品。第二种是以太坊存储案例,其中小型数字艺术品存储在以太坊数据存储中。第三种是存储标识符的情况,合约中只存储艺术品的标识符或代理。"NFT 的种子自此便被埋下。2017 年,随着 CryptoKitties(加密猫)的推出,NFT 正式进入公众视野。根据 CoinGecko 的数据,截至 2022 年 3 月初,NFT 的总市值为 324 亿美元,占全球加密货币市值的 1.7%,24 小时交易量为 31 亿美元,且仍保持强劲的增长势头。随着腾讯、阿里巴巴等境内大型企业进军 NFT 赛道以及元宇宙概念的大火,越来越多人对 NFT 发出疑问,其究竟是"郁金香泡沫"还是数字经济时代的前奏?

1. NFT 的基本内涵与属性分析

NFT 作为独特的数字资产,正如萨姆·迪恩所言,"NFT 是储存在区块链上数字分类账上的一个数字单元,它能够证明一个资产是唯一的",[1] 故而具有不可分割、不可篡改、不可替代、独一无二等特性。相对而言,FT 相互之间没有任何区别,且可以拆分为更小的单位,而每个 NFT 都拥有独特且唯一的标识,无法拆分和互换。如果说,FT 是区块链技术在数字世界中实现了对货币、证券等现实权益的映射,那么 NFT 理论上就具有映射整个现实世界的可能。

在实践应用中,目前 NFT 主要是以其独有的不可篡改、不可分割的特性

[1] See Sam Dean, *$ 69 Million for Digital Art ? The NFT Craze Explained*, Los Angeles Times, Latimes, https://www. latimes. com/business/technology/story/2021 - 03 - 11/nft-explainer-crypto-trading-collectible, March 11, 2021.

为各领域的创作者提供一种更可靠的数字资产确权方式。创作者可以通过NFT证明数字作品的存在性及所有权,包括但不限于音乐、绘画、视频等作品,并且创作者也能够从自身产品创造出来的NFT交易流转中获得相应的版权税。

当NFT进入市场,甚至在炒作中不断暴涨,凸显出一些法律风险时,探讨NFT的属性便尤为重要。

(1)NFT:商品还是证券

从NFT的特征来看,和比特币等虚拟货币不同,NFT具有唯一性,这使其无法具备货币属性,金融属性也由此降低。

有观点认为,NFT是一种基于区块链发行,具有唯一和不可复制性,能够映射实体资产的虚拟产品。类似同质化代币,其应当作为一种网络虚拟财产,持有人对NFT享有的权益符合现行法的规定。

也有观点认为,NFT在交易、流转中具有较强的金融属性,其可类比证券,作为经济权益凭证的代表之一。然而,这一观点事实上更适合对证券定义较宽泛的国家。就我国而言,依据2019年新修订的《证券法》,在我国境内,证券主要是指股票、公司债券、存托凭证和国务院依法认定的其他证券,因而,即便NFT在流通、交易中显露出金融属性,也很难突破我国现有《证券法》对证券的定义而将其定义为证券。

此外,也有观点认为,NFT是一种数字资产,正如中国人民银行数字货币研究所首任所长姚前对数字资产的定义:"真正意义上的数字资产应该是原生的、包含全量信息的、以数字形式展现和流转的资产。"NFT产品具有数字资产的所有属性,其是一种可设计、可编程的以数字形式存在的资产。

(2)NFT:债权、物权,还是知识产权

债权,是指在债的关系中权利主体具备的能够要求义务主体为一定行为或者不为一定行为的权利。而NFT的创作者和持有者之间并不构成债权债务法律关系,持有者通过支付等额的财产来获得NFT的权益,故而NFT持有者拥有的并非债权。

物权包括所有权、用益物权和担保物权3种,例如,对房屋产权的拥有是所有权,对国家土地的承租经营属于用益物权,把名下财产抵押给银行属于担保物权。严格来说,NFT作为虚拟资产,具有物权的一些属性,其是否属于物权,应当依据持有者对NFT产品的支配力来决定,如NFT持有者在购入产品后,是否可以自由地售出、流转等。

在知识产权方面,目前多数NFT只提供所有者证明,交易的是作品“原件”的所有权,包括SuperRare在内的著名NFT平台均明确其所交易的NFT并不包括作品相关知识产权。但是理论上,在技术可支持的条件下,可利用合约可编程可设计的特性通过NFT实现知识产权的交易,如通过技术手段限定播放时间、播放方式、播放环境,甚至播放对象等。那么,NFT是知识产权作品吗？如果一名艺术家在数字账本上存储了一个数据单元,即通过智能合约来显示,那么充其量它仅是一个在线文学作品,至于这种在线是否能够创作出一部真实的文学作品则是另一回事。实际上,无论是何种作品,被链接或具体化之前,其已经真实存在,创造一个不可替代的代币的目的,看起来更多是从中谋利,尽管NFT平台最初的想法可能是出于保护知识产权,但实际上可能并不存在知识产权。换言之,NFT看起来更像是知识产权的商业化。

2. NFT流转中的法律风险

在法律属性层面,对NFT的界定不同,也会影响其交易、流转环节的行为性质。从NFT的本质来说,当前倾向认为它是一种虚拟财产,正如数字货币一般,如果将它认定为民法中“物的范畴”,恐扩大其保护范围,加剧其炒作风险,进而影响金融秩序问题。然而在实践中,鉴于它的市场价值,持有者之间的买卖行为,应当尊重私法自治的原则,即受到法律的保护。但是,如果NFT交易所为大量的NFT提供集中撮合等交易方式,依据2011年国务院《关于清理整顿各类交易场所切实防范金融风险的决定》和2012年国务院办公厅《关于清理整顿各类交易场所的实施意见》的规定,其可能会受到地方政府的规制。

在法律层面，NFT 在流转环节可能面临如下风险：

(1)民事法律风险

当前 NFT 主要被应用于艺术品的确权保护方面，就知识产权角度而言，作品一经产出，著作人即对作品享有署名权、发行权等，如相关人员在未经作者同意的情况下，将他人作品制为 NFT 并在互联网上公开发售，可能会侵犯著作权，依据我国《著作权法》第 52 条和第 53 条的规定，侵权人应当承担停止侵害、消除影响、赔礼道歉和赔偿损失等民事责任。

(2)刑事法律风险

我国《刑法》规制侵害著作权类行为的罪名主要是侵犯著作权罪、销售侵权复制品罪。NFT 的销售方若销售侵权产品可能构成侵犯著作权罪等。而从技术角度来说，NFT 也是一种代币，基于 NFT 也可以进行类似资产证券化的操作而发行 FT，那么这种类似 ICO 的模式可能就会涉及非法集资等风险。

此外，随着《数据安全法》和《个人信息保护法》的出台，我国监管部门对数据合规的要求提高，在数据隐私方面，任何添加到区块链上的数据都会受到整个系统一致的控制，我国对数据安全的法律规定包括控制者问责制和数据最小化、数据主体控制等，《个人信息保护法》也要求数据的控制者需遵守所有隐私原则，违反上述相关规定的可能受到行政处罚或面临刑事风险。

(3)行政法律风险

NFT 流转过程的主要行政风险在于交易所违规经营的风险，如是否具有交易所的牌照、是否具备相应的资质以及在相关监管部门是否进行登记备案等。

第一，依据《区块链信息服务管理规定》，NFT 平台应当属于“向社会公众提供区块链信息服务的主体或者节点，以及为区块链信息服务的主体提供技术支持的机构或者组织”，故而应当向国家互联网信息办公室进行备案登记，并取得备案凭证。

第二，依据我国《电信条例》及《电信业务分类目录》，通过信息采集、开发、处理和信息平台的建设，通过公用通信网或互联网向用户提供信息服务的业务应取得B25类增值电信业务许可证(ICP证)。NFT平台向NFT参与者提供了包括但不限于信息发布与递送服务、信息搜索查询服务、信息社区平台服务、信息即时交互服务、信息保护和处理服务，因此NFT平台应取得ICP证。

第三，依据《电信条例》及《电信业务分类目录》，利用各种与公用通信网或互联网相连的数据与交易/事务处理应用平台，通过公用通信网或互联网为用户提供在线数据处理和交易/事务处理的业务，应取得B21类增值电信业务许可证(EDI证)。NFT平台为NFT参与者提供了包括但不限于交易处理业务、电子数据交换业务、网络/电子设备数据处理业务，因此应取得EDI许可证。

第四，根据《互联网文化管理暂行规定》第2条、第3条、第8条、第9条的规定，NFT平台涉及音乐娱乐、网络表演、网络艺术品浏览、欣赏、使用或者下载等在线传播行为，且以营利为目的，应取得网络文化经营许可证。

四、私人数字货币4.0时代——元宇宙的到来

(一)元宇宙的源起及金融本质

1.元宇宙的源起

元宇宙概念起源于科幻小说《雪崩》，描述了一个人以数字身份在多维空间中与各种软件进行交互的世界。该词由“meta”和“verse”两部分组成，“meta”意为“超越”，“verse”意为“宇宙”，合起来直译为“超越宇宙”，即“一个平行于现实世界运行的数字世界”。从互联网的发展轨迹来看，从局域网到广域网，到移动互联网，再到有“价值互联网”之称的区块链，用户的参与感与沉浸感逐步提升；同时，随着虚拟现实、增强现实、第五代移动通信技术、云计算、物联网等数字技术的发展，虚拟与现实的距离也逐渐缩小。在此历史趋势下，沉浸感、参与度、交互性、开放性都达到新高度的元宇宙，是信息互联网和价值互联网的新演进方向。

此外,现代经济和现代金融的发展促进了实体经济和虚拟经济的不断繁荣,但从长期来看,虚拟经济相比实体经济的增长速度更快。开创性地提出了广义虚拟经济理论,将广义虚拟经济定义为“同时满足人的生理需求和心理需求并以心理需求为主导,以及只满足人的心理需求的经济的统称”,提出“由实物价值和虚拟价值通过相互容纳入彼此不断释放出的信息介质而循环进化的二元价值运动是广义虚拟经济发展的基本路径”。在广义虚拟经济理论的基础上提出了广义通证经济理论,将“通证经济”定义为“可流通的加密数字经济”。事实上,元宇宙是数字技术深化发展、消费者对数字世界的需求深化、不同数字空间聚合趋势下的一个广义通证经济实践,这个实践涉及的宽度、广度、深度是超出现阶段人类认知之所及的,当达到元宇宙“奇点”时,人类对互联网和数字世界的探索将翻开新的一页。

元宇宙实现了科幻小说《雪崩》中的设想;在数字技术的支撑下通过设备和终端,人类可以通过链接进入计算机模拟的虚拟多维世界,现实世界中的事物可以有选择地在虚拟世界复刻,现实世界中不存在的事物也可以在虚拟世界中被创造,人类可以通过数字分身在虚拟世界“重启人生”,获得虚拟世界中的数字资产,这些都将在数字世界上被永久记录。2021年3月,有“元宇宙第一股”之称的在线游戏创作社区公司Roblox,在NYSE上市,将元宇宙从概念阶段推进到落地应用阶段。由于区块链的去中心化、难以篡改等特征,其被作为一种必不可少的元素纳入元宇宙生态中。游戏在现阶段是元宇宙的重要入口,在2021年也出现了现象级的区块链游戏。区块链作为元宇宙必不可少的部分,成为元宇宙作为客观存在实体的最后一块拼图。

元宇宙与以往基于数字技术的虚拟产品的最大不同在于,元宇宙的目标是基于多种数字技术形成的系统化复合数字世界,这个世界真正实现了数据的确权、定价、交易和赋能,元宇宙是客观存在的、开源的、动态演化的、以用户需求为导向的,本质上是一个人造的虚拟平行世界,这也是通证经济的一大意义。元宇宙世界还可以通过多种方式与现实世界产生联动,其经济形态实质上是高度发达的通证经济。在信用货币体系下，元宇宙作为高度发达的通证经济形态，成为信用货币密集流向的领域；区块链作为完成元宇宙拼图的数字技术，将元宇宙和元宇宙通证变成了客观存在、不可篡改的实体，元宇宙通证甚至可以成为独立于元宇宙的价值存在。

2. 元宇宙发展的传统经济本质

20 世纪 70 年代布雷顿森林体系崩溃，人类进入信用货币时代后，主权信用货币的超发成为一个历史趋势，这不仅导致了比特币等去中心化的加密资产的诞生，也导致了信用投向实体领域和虚拟领域的不平衡性。从广义通证经济的视角来看，信用的非均衡投放导致了高级虚拟通证的数量远多于实物通证和低级虚拟通证，当出现对实物通证和低级虚拟通证的严重挤兑时，金融危机就诞生了，这也是虚拟经济领域容易产生泡沫的原因和各国政府倡导“脱虚向实”的政策逻辑。

尤其是 2020 年开始在全球流行的新冠肺炎疫情，极大地推动了各国央行的“大放水”，美联储推出无上限的量化宽松，其本质为财政赤字货币化。在 2020 年 2 月美联储的资产负债表仅为 4.1 万亿美元左右的规模，而截至 2021 年 7 月末，美联储的资产负债表创纪录地超过 8.2 万亿美元。欧洲央行、日本央行和英国央行等也向市场投放了大量的流动性资金。从 2020 年 3 月开始，美联储将基准利率维持在 0.25%。过量的流动和低利率环境再次推高了科技板块的整体估值，2020 年以来，特斯拉股价和比特币价格的强势走势就是其中的典型代表。从历史发展的趋势来看，真正有价值的科技企业和项目会逐步吸收泡沫、兑现价值，苹果、亚马逊、阿里巴巴、腾讯、特斯拉、字节跳动等科技巨头，都经历了高估值和高发展时期，最终也都吸收了资本泡沫，兑现了其价值。然而，相比区块链、人工智能、大数据、物联网、边缘计算、脑科学等单一技术提供的产品，元宇宙作为一个宏大的、自洽的经济和治理系统，为全球大量流动性的注入提供了广阔空间。科技的长期发展和长周期下的流动性宽松构成了适宜元宇宙发展的宏观环境。

与此同时，将数据纳入生产要素范畴已成为全球范围内的共识。2019

年10月,党的十九届四中全会审议通过了《中共中央关于坚持和完善中国特色社会主义制度、推进国家治理体系和治理能力现代化若干重大问题的决定》,这是在中央层面首次将数据纳入生产要素框架。2021年通过的《国民经济和社会发展第十四个五年规划和2035年远景目标纲要》则从落地操作层面为将数据纳入生产要素提供了支撑。元宇宙本身就是一个数据产生、流转、利用、重组的市场化生态系统,数据在元宇宙中天然就是生产要素,而且是最重要的生产要素。元宇宙为将数据纳入生产要素提供了一种市场化机制。

此外,新冠肺炎疫情的全球传播加剧了无接触经济的发展,数字化、网络化、智能化成为经济发展的新动能,微观经济组织结构也在向数字化、网络化和智能的方向发展,传统的、以企业制度为基础的社会经济组织制度受到一定程度的冲击,基于区块链的分布式自治组织则彻底改变了过去传统组织管理的形态,其具有分布式、自治化和扁平开放性等核心属性,对于推动和优化数字经济范式下的人类大规模协作具有重要意义。

元宇宙作为全球开源社区的产物,大型科技企业都会成为元宇宙生态的贡献者,但从长期来看,DAO的组织和运作模式更能适应元宇宙的发展。比如,YGG是一个优化社区持仓资产并实现其最大效用的虚拟社区。同时,YGG社区也发行了同名通证YGG,YGG通证结合了NFT和开放式金融的优点,为区块链游戏经济带来了流动性“挖矿”模式,同时通过发展游戏内容和游戏内部经济为虚拟世界增加价值。开放式金融相对传统金融具有显著优势,可降低中心化金融导致的风险,有助于提高数字资产的价格发现效率和市场化程度,分布式账本有助于提高交易透明度及可审查性,智能合约则提高了金融的标准度、可编程性、灵活度及风险的相对隔离性。开放式金融实质上为元宇宙提供了一整套经济模型。元宇宙在满足全球用户精神需求的同时,也有效地降低了人与人之间的接触和疾病传播的概率,在满足用户需求的同时,顺应了无接触经济发展的潮流。

(二)元宇宙的底层技术架构与畅想

1. 区块链实现元宇宙的不可篡改和互操作性

现阶段,元宇宙有两条基本的建设和实现路径:一是大型互联网平台依托其丰富的流量、数据和场景,建设基于自身生态的元宇宙。2021 年 3 月 Roblox 的上市将"元宇宙"的概念推广到全球。2021 年 7 月脸书(Facebook)创始人、首席执行官扎克伯格宣称在 5 年之内将脸书(Facebook)从社交公司过渡成一个元宇宙公司。此外,英伟达、腾讯、字节跳动、谷歌、迪士尼、亚马逊、Soul 等国内外互联网平台也均已开始布局元宇宙产业链。二是在区块链上构建若干个开源的元宇宙,并通过跨链实现互联互通。这种路径更加接近元宇宙的本质,也是建设和实现元宇宙的长远之道。

(1)基于"大互联网路线"构建元宇宙的 3 个明显缺陷

尽管大型互联网平台在流量、数据、场景和底层技术层面具有显著优势,但元宇宙的"大互联网路线"存在 3 个明显的缺陷:第一,基于"大互联网路线"的元宇宙系统过于中心化,用户在元宇宙中享受的一切服务和权益都与构建该元宇宙生态的互联网巨头息息相关,元宇宙本质上沦为互联网巨头的附庸。当互联网巨头出现经营问题时,对其构建的元宇宙也会产生较大的负面影响。元宇宙作为现实世界的平行数字世界,如果仅仅是中心化的互联网巨头服务器上的几行代码,这是不可想象也无法持续的。此外,元宇宙作为人类现实世界的虚拟平行世界,应代表人类命运共同体的利益。"大互联网路线"下的元宇宙,无疑更代表这些互联网巨头和其所在国家的利益,会将现实世界中的霸权主义和强权政治延续到元宇宙,这违背了元宇宙的宗旨和理念。

第二,基于"大互联网路线"的元宇宙无法解决数据治理问题。当前互联网巨头对数以 10 亿计用户的数据以近乎零的成本实行占有和剥夺,形成了事实意义上的"数字资本主义",阻碍了数据的确权、定价和流转。现阶段,数字资本主义和金融资本主义有"合流"的趋势,从 2019 年开始,脸书

(Facebook)等数字巨头策划推出的全球稳定币 Libra 就是这一趋势下的产物。全球范围内的数字经济反垄断亦是出于对此的防范。基于大型互联网平台建设元宇宙不仅无助于数据治理问题的解决,反而会加剧数据垄断和金融渗透。

第三,基于“大互联网路线”的元宇宙难以解决互操作性问题,注定形成一个个“元宇宙孤岛”。不同的游戏、社交、动漫、电影形成了不同的孤岛,基于此构建的元宇宙系统也是不同的,但各个元宇宙系统之间彼此又需要互联互通,这样才能在满足人类想象力极限的前提下发挥元宇宙的价值。可以预见,“大互联网路线”下的元宇宙数据、生态和价值割裂,不同 IP 的粉丝难以见证彼此的“爱豆”在同一平台交会相融,这部分产生的巨大价值就会被扼杀,同时也导致完整的元宇宙体系难以形成。此外,数字资产的广泛认可度也是一种资产层面的互操作性。当互联网平台不采用区块链技术,而在中心化的数据库上构建数字资产时,其本质与现有的数字积分没有区别,无法在全球范围内形成广泛共识,因而也无法成为元宇宙的核心资产。

(2)基于区块链构建元宇宙的相对优势

基于“大互联网路线”发展元宇宙的三大弊端,随着元宇宙生态发展得越深入,则会显现得越彻底。基于区块链构建元宇宙的第二条路径则可有效解决这些弊病,构建一个自由的数字平行世界,具体而言:

第一,基于区块链路线的元宇宙系统是一个去中心化的系统,这个系统属于所有用户和为该系统作出贡献的组织、个人,而不是任何互联网平台和主权国家的附庸,代表了人类命运共同体的利益。相比“集权—分权”治理模式,元宇宙提供了一种主要依靠市场要素驱动的治理模式。

第二,基于区块链路线的元宇宙可实现数据的确权、定价和交易,将数据纳入生产要素,构建一个以数据为第一生产要素的虚拟平行世界。区块链作为一项数据治理技术,可从源头实现对数据的确权,在数据“脱敏”的前提下,通过隐私计算获取数据的使用价值,并在二级市场通过流转交易形成市场价值。

第三,基于区块链的核心数字资产在全球范围内逐步形成广泛共识,基于区块链路线的元宇宙可通过跨链解决互操作性问题,可避免形成“元宇宙孤岛”。自2020年开始,在全球范围内,上市公司和对冲基金开始大量持有比特币头寸,截至2021年3月,根据数据,已经有42家公司持有135万枚比特币,占2100万枚比特币供应上限的6.43%,价值约为650亿美元。2021年2月,加拿大批准了全球首只比特币交易型开放式指数基金,2021年6月,巴西区块链投资公司比特币ETF在巴西证券交易所交易,SEC也在研究批准比特币ETF。

事实上,随着比特币等加密资产的规模增大,认可度逐步提高,其表现出较强的“风险—避险”二元特征,传统资本进入加密资产的速度也逐渐加快。加密资产包括通证化传统资产、具有有效稳定机制的加密资产,银行资本要求通证化传统资产至少等同于传统资产,稳定机制有额外要求;第二组加密资产包括比特币,必须遵守新的审慎资本约束,即1250%的风险权重。尽管BCBS仍然将比特币作为风险系数较大的资产,但从历史演进层面而言已是巨大进步。

与此同时,主打跨链的区块链项目取得了快速发展,公有链体系日益健全完善,区块链作为价值互联网的底层支撑日益坚实。在区块链层面解决了“区块链孤岛”问题则意味着在元宇宙层面解决了“元宇宙孤岛”问题。

总而言之,基于区块链构建元宇宙是更加符合元宇宙本质的发展路径,这一路径在长期也更具前景,但这并不意味着互联网巨头在元宇宙生态中毫无建树。事实上,互联网巨头是元宇宙生态的重要贡献者,在底层技术、流量入口、场景搭建等方面都有难以替代的作用。只不过就长期而言,互联网巨头意图垄断元宇宙的设想无法实现。

2. 元宇宙的两个维度

(1)两个世界链接的信息维度

元宇宙作为现实世界的平行虚拟世界,与现实世界的链接维度主要包括信息和价值。在信息维度方面,现实世界向数字世界信息传递最重要的链接器是预言机;数字世界向现实世界传递信息则通过声音、图像、视频、文字等多种途径,与当前人们在互联网上获取信息的方式并无本质区别。同时,还有一些项目和机构专门进行链上数据的提取和分析等。因此,这里着重论述预言机。预言机作为基于区块链的去中心化信息传递机制,打通了由现实世界向平行虚拟世界的信息通路,形成了元宇宙的信息传递路径闭环。

区块链没有预言机,就如同电脑没有互联网。没有预言机的区块链无法与该链之外的世界建立联系,只能参考该区块链内部分类账本的信息。例如,区块链中最基本的职能实现模式之一是智能合约,智能合约是部署在区块链节点中离散的计算机程序组件,其工作原理类似计算机程序的"if-then;else-then"语句,越复杂的智能合约则包含越多的语句。而"if"和"else"语句中的触发条件往往源于外部世界,互联互通是区块链发挥更大作用的重要基础。

预言机是将区块链外信息注入区块链内的一整套设施,现阶段,预言机有两种较主流的模式:第一种模式是依赖某一或某些权威的中心化信息源,预言机通过智能合约访问外部数据以实现功能。但是,这种模式的中心化程度较高,而且有些信息是权威中心化信息源不会涉及的。这种模式的预言机项目以 ChainLink 为代表,其通证为 Link,核心功能是桥接链上和链下的世界,以便成功运行连接到现实世界的去中心化的智能合约。第二种模式是将区块链外的数据和信息进行离散化后,用经济激励和投票注入区块链系统内。这种模式的预言机项目以 Augur 为代表,其通证为 Rep,核心功能是通过奖励和惩罚激励用户准确报告信息以实现链外信息注入链内。在报告期间,指定报告人有 24 小时的时间来提交关于市场结果的报告。

(2)两个世界链接的价值维度

元宇宙作为现实世界的平行数字世界,不仅需要与现实世界实现信息维度的闭环,而且需要实现与现实世界价值维度的闭环,实现二者链接的价值载体就是 CBDC 和全球稳定币,CBDC 是中央银行基于互联网、区块链、人工智能等数字技术发行的、具有现代货币本质属性的数字货币。根据 BIS 的报告，截至 2021 年 1 月，全球 86% 的央行正在积极探索 CBDC，虽然其中大多数在可预见的未来仍不太可能发行它们的 CBDC，但有相当一部分央行正在向前迈进，大约 60% 的央行正在进行数字货币的实验，而 14% 的央行正在推进 CBDC 的开发和试点项目。现阶段，CBDC 主要用于境内支付，不需要多方记账，因而大多并没有全面采用区块链技术；同时，CBDC 的研发、试点和推广还处于早期，因而还没有写入智能合约。但是，随着对 CBDC 跨境支付和智能货币的需求提高，CBDC 采用分布式记账和写入智能合约已是大势所趋。CBDC 的安全性和法偿性是其最重要的优势，当 CBDC 采用分布式账本记账及写入智能合约后，将会成为链接元宇宙和现实世界的重要价值工具。现阶段，链接元宇宙和现实世界价值维度的主要方式是非公共部门基于区块链发行的、与法定货币价格保持锚定的数字货币。根据 GSC 保持价格稳定的模式，可分为基于抵押经济体系的 GSC 和基于“算法央行”模式的 GSC。[1] 基于“算法央行”模式的 GSC 保持价格稳定的方式同央行调控货币供需动态平衡的方式基本一致，其进步意义在于借助代码实现这一过程的自动化和程序化，通过代码买卖基础货币以实现价格稳定。但存在的缺陷在于，这种模式的稳定币共识程度较薄弱，很容易沦为资金盘和庞氏骗局，但在 2021 年形势发生了一些改变。

基于抵押经济体系的价格稳定模式，根据抵押资产是否上链又可分为链上抵押模式和链外抵押模式。链外抵押模式的资产并不上链，抵押资产被存托于区块链下的商业机构中，以美元、欧元、英镑等资产为主，其中，美元资产的市场份额占据 95% 以上。备受关注的全球稳定币 Diem 也是基于这种模式。现阶段，主流的链外抵押稳定币包括 USDT、USDC 等。链外抵押模式能否有效取决于储备资产是否实行透明严格的定期审计，以保证抵押资产足值，当出现挤兑时不会出现系统性风险。此外，用户规模和信任

[1] 现阶段，链接元宇宙和现实世界价值维度的主要方式是 GSC。GSC 是非公共部门基于区块链发行的、与法定货币价格保持锚定的数字货币。

度、稳定币发行量等也是影响链外抵押模式的重要因素。

(三)元宇宙促进虚实结合

广义虚拟经济不仅包括只满足人的心理需求的经济活动,也包括满足人的生理需求和心理需求并以心理需求为主导的经济活动。元宇宙不仅助推了满足人想象空间的虚拟经济的发展,而且推动了与之相关的实体经济的发展,并实现了“虚拟经济—实体经济”发展的正循环。相关实体经济的发展为元宇宙提供了更加真实的浸入式体验、更高速度的算力、更大容量的存储和更多资产的上链,全面推进了人类社会向更高维度的数字社会演进。

1. 元宇宙推动相关硬件产业发展

互联网是元宇宙诞生的重要先决条件,不仅提供了集网络和算力为一体的物质网络基础,也产生了大量原生的优质内容,从而实际上构成了元宇宙虚拟互联的基础设施。元宇宙的发展不仅需要实现用户的虚拟互联,同时也需要让用户获得真实的虚拟体验,既要最大限度地为用户提供真实体感的沉浸式交互体验,同时又必须让用户保持对真实世界的感知。因此,元宇宙这个数字平行世界的实现离不开与之相关的硬件产业的发展。具体而言,包括更加真实的浸入式体验,涉及VR、AR、混合现实、扩展现实、视觉渲染技术等产业;更高速度的算力,涉及AI、5G、云计算、边缘计算、区块链等产业;更大容量的存储,涉及分布式存储等;更大规模和范围的资产上链和通证化,既包括传统资产的上链,又包括数字资产的上链。

VR和AR在现阶段已经能够应用于部分商业场景,如3D电影、3D演唱会、模拟驾驶训练、线上虚拟旅游等,但距离为用户提供顺畅无阻、稳定持久和虚拟共享的大规模交互与共享体验尚有较远间隔。其原因在于,VR和AR终端还只能赋予人们局部感官的超现实体验,并不能实现所有感官的共享和交互,需要脑机接口等技术的协同发展。

BCI,是指通过人脑与其他电子设备之间建立直接的信号通道,从而绕开语言和肢体的方式实现与电子设备的交互。由于人类的所有感官最终都是通过将信号传递到大脑形成的,因而如果通过BCI,原则上将能够通过刺激大脑对应区域从而完全模拟所有的感官体验。就原理上而言，相比 VR 和 AR 设备，直接与人类大脑皮质相连的脑机接口，更有可能成为未来元宇宙时代中玩家与虚拟世界之间交互的最佳设备。主要布局 BCI 的企业包括 NeuraLink、Kernel、Mindmaze 等。

元宇宙在网络传输层面主要确保用户交互的低延时，以期望获得更真实的体感，目前的最新技术进展是以 5G 为代表的高速低延时网络传输技术。以 5G 为代表的高速网络产业已经迈入大规模商用，也成为各国电信产业的必争之地。5G 相关的企业主要包括华为、中兴、诺基亚、三星、爱立信和高通等。

在算力层面，元宇宙理论上对算力的需求是没有上限的，这就对个人终端在便携化、高性能、并行化等方面提出了更高标准。因此，云计算因算力可扩展性更强，能够有效地利用算力集群和边缘计算资源，从而降低个人终端的计算能力门槛，成为提高算力的主流方式。现阶段，云计算已经在游戏领域获得一定程度的应用，将有望成为元宇宙产业的强大算力支持。

2. 元宇宙深化虚拟经济发展

在元宇宙之前，尽管虚拟经济取得了长足发展，但基本都是相对碎片化、去中心化和完全依附现实世界的。形成虚拟平行世界直到元宇宙的理念诞生才有了一个相对可行的落地路径。元宇宙尽管也和现实世界密切相关，但也保持了一定的独立性；同时，以数字化为基本特征的元宇宙是一个相对去中心化、呈现聚合性的系统。

元宇宙在资产维度方面不断深化发展主要有两条路径：一是既有资产上链，主要表现为股权、债券、票据、黄金等资产上链流转。这种模式的资产上链受各国监管部门的影响较大。二是数字化原生资产上链，这种模式现阶段的一个比较主流的路径是 NFT 的发展。NFT 的重要特征在于，每一个 NFT 拥有独特且唯一的标识，两两不可互换，最小单位是“一”且不可分割，因而非常适合对具有排他性和不可分割性的权益和资产进行标记，并可以实现自由交易和转让。在技术维度，NFT 的通证协议标准主要是基于

ERC721。NFT 通过区块链打破了传统经济范式下对产权、版权、规制等的门槛限制，充分发挥了数据、知识等要素的潜能，在一定程度上规避了互联网巨头的垄断，实现了要素组合和长尾创新，进一步释放了数字经济的生机与活力。NFT 在经历了概念验证阶段后，也迎来了蓬勃发展期。

2021 年 6 月，全球最大的加密资产交易所币安 NFT 平台正式上线，达·芬奇、凡·高、莫奈等世界级大师画作的限量版 NFT 相继发售。此外，GameFi 也走向了快速发展的道路。根据 DappRadar 数据显示，截至 2021 年 7 月，加密猫等顶级 NFT 收藏品的交易量增长了 300% 以上，NFT 的总销售额超过 12 亿美元。与此同时，以体育、动漫、知识付费等元素发行的 NFT 交易量也在迅速增加，NFT 成为 2021 年区块链行业炙手可热的赛道。

2021 年，随着 Roblox 在 NYSE 上市，元宇宙概念横空出世，“元宇宙 +”成为席卷互联网、区块链和金融等各大行业的新风尚，新冠肺炎疫情在全球范围内的反复则推动了元宇宙的进程，再造一个平行于现实世界的数字世界似乎已经触手可及。元宇宙作为一个具备永续性、开放性、自治性和沉浸感等特征的高度发达的通证经济形态，符合现代经济的发展趋势。元宇宙的主要发展路径有“大互联网路线”和“基于区块链构建路线”，从长期来看，“基于区块链构建路线”的元宇宙才能真正实现平行数字世界的目标，但互联网巨头是元宇宙生态的重要建设者，而区块链提供的不可篡改性和互操作性至关重要。元宇宙通过声音、图像、视频、文字等多种途径向现实世界传递信息，现实世界则主要通过预言机向元宇宙传递信息。全球稳定币和央行数字货币是在价值维度方面链接两个世界的重要工具。元宇宙作为广义通证经济的高级业态，可促进虚实结合，推动相关硬件产业的发展，助力数字劳动范式的建立，深化虚拟经济发展，并且在持续迭代和自我完善。元宇宙的世界虽然绚烂迷人、前途远大，但达到预期的状态仍需要各个条线的落地和突破。可以预见，这个“奇点”正在临近了。

小　结

从比特币的诞生到元宇宙的“出圈”，在过去的 10 多年中，私人数字货币可谓发展迅猛。在 1.0 时代,私人数字货币还是点对点交易的时代,是“挖矿”初期的原始资本积累时代,是在某种程度上比特币正在寻求成为支付工具的时代。到 2.0 时代,可编程金融的崛起,私人数字货币迎来发展高潮,从 ICO 到 IEO,多样化的融资方式创新了私人数字货币在金融领域的应用场景,但由于缺乏监管和良好的生长土壤,行业乱象丛生带来严重的社会危害性,故而众多国家开始纷纷出台相关政策予以规制。同样,自 2020 年开始爆火的 DeFi 金融也备受关注,但里面的相关风险也暴露无遗,其发展无疑还需要更多的制度作为引导。直到 3.0 价值互联网时代,STO 的融资模式出现,使合规化代币融资成为可能,NFT 的正向价值也有所凸显,特别是在元宇宙爆火之后,作为元宇宙的基础设施,NFT 的发展受到越来越多人的关注。

第五章　私人数字货币与区块链金融的风险

一、私人数字货币的原生风险

（一）私人数字货币的市场风险

私人数字货币市场相比资本市场具有更大的价格波动、流动性、运营及声誉风险。除部分锚定法币资产和虚拟资产的稳定币外，大部分私人数字货币都没有稳定的价值锚定物，价格波动随市场波动幅度较大。无论是比特币、以太坊等主流私人数字货币，还是市场上鱼龙混杂的“山寨币”、没有任何价值的“空气币”，其价格都存在大幅的涨跌现象。以比特币为例，自2019年以来，比特币发生过多次“插针”行情，[1] 价格在数小时内下跌数千美元，导致大量投资者的资产缩水，大量合约投资者“爆仓”致使抵押资产全部损失。面对私人数字货币市场价格的巨幅波动，投资者往往面临巨大的市场风险。

在私人数字货币巨大的市场风险之外，还存在流动性风险。部分私人数字货币由于巨幅的上涨或下跌，其成交量和换手率在某些阶段出现了近乎停滞的现象，导致市场上出现暂时的流动性缺口，极易出现挤兑风险。且私人数字货币体系中没有可承担最后贷款人角色的公共机构，缺乏最后贷款人为货币稳定提供保障，一旦出现风险事件，私人数字货币兑换商很容易遭到挤兑，出现流动性危机。

---

〔1〕“插针”行情：币圈术语，是指数字货币的价格在较短时间内急剧下跌，技术形态上呈现一根垂直向下砸的“大阴线”，即“插针”，具有较大风险。

(二)私人数字货币的信用风险

本章讨论的私人数字货币均由私人主体发行,依据私人主体的信用、算法信用或储备金保证发行。但这些信用形态是否能成为一种稳定的信用体系或信用制度?答案是否定的。对比特币、以太坊等私人数字货币来说,这类具有POW和POS的私人数字货币的价值,主要是看其背后的技术、算法和共识机制在市场中的地位,如若市场和投资者不认可比特币和以太坊背后的技术,那么就会产生较大的信用风险,市场信任的崩盘导致这类私人数字货币的价格巨幅下跌,并产生信用风险。对融资类代币和稳定币来说,这两类私人数字货币的发行商本身是中心化的主体,控制私人数字货币发行、流通和赎回的全部流程,处于"黑箱"之中。若发行商和平台本身不能提供良好的信用,就会使私人数字货币在发行、储备和流通过程中可能存在失德的风险。例如,部分个人或机构非法发行私人数字货币,利用投资者对发行者的信用和相关信息的不对称,进行虚假宣传、坐庄、价格操纵、内幕交易等不法行为,甚至涉及诈骗、非法集资、非法发行证券等犯罪活动。又如,稳定币之一的USDT,最受人诟病的一个风险即USDT背后储备的美元不足所导致的信用风险,USDT的发行商泰达公司声称,其发行的稳定币USDT是100%由美元现金支持的,而实际上泰达公司并没有清晰地披露其资产储备的情况和构成,在2021年5月披露的储备资产构成中可以看出,USDT背后的储备资产只有3.4%的现金资产,而80%多的资金储备是商业票据,[1]存在欺诈可能和储备不足的信用风险。

同时,市场上还充斥大量的虚假公司、项目或网络社区。这些组织和社群通过发行"山寨币""空气币"等私人数字货币,吸引不知真相的群众投资买卖私人数字货币。因为存在市场的失灵和信息不对称,一些蓄意诈骗、非法集资的犯罪分子或犯罪集团借私人数字货币项目进行"圈钱",产生了巨

〔1〕 See Moore Cayman, *Independent Accountant's Report to the Board of Directors and Management Tether Holding Limited*, Tether (Mar. 26, 2021), https://tether.to/wp-content/uploads/2021/03/tether-assurance-feb-2021.pdf.

大的信用风险。例如,2017 年在国内昙花一现的 ICO,许多打着代币融资旗号发行的项目方和团队大肆炒作,[1]通过操纵、资金盘等方式发行大量"山寨币"和"空气币",大肆收割普通投资者的"韭菜";又如,近来较盛行的"空投"或者初始融资项目,许多良莠不齐的项目充斥其中,吸引投资者以比特币、以太坊或平台币购买/兑换,然后发行价值较低的私人数字货币,也是变相地对投资者的"收割",不优质的团队以及季度不对称的信息,使投资者在交易这类私人数字货币时面临较大的信用风险。

（三）私人数字货币的数据与隐私保护风险

基于区块链技术和加密技术发行的私人数字货币本身具有全网备份、不可篡改、公开透明的特征,这些特性导致私人数字货币在保证透明度的同时,牺牲了部分个人隐私,例如,区块链上每一个输入的地址都会指向前一个输出的地址,即所有输入金钱都可以回溯到发起端。以比特币为例,在比特币的共识系统中,任何参与的客户都能够获取整个全局账本,并且由于检验过程需要在共识过程中搜索历史交易,因此所有交易信息都不能利用加密等方法来直接维护,[2]这些用户数据和交易信息能被掌握主要节点的发行商和区块链链上监测平台追踪到,这些特性让区块链交易数据容易遭受泄露,从而受到区块链攻击方的关注和利用。

同时,非主权私人数字货币由国家和政府之外的私人主体发行,账户开立、发行、流转等链上数据完全掌握在发行商和团队手中。发行商的失德风险和操作运营风险可能导致用户个人数据和身份信息的泄露,被过度使用或滥用。目前,部分私人数字货币如稳定币由大型金融科技公司发行,这些金融科技公司本身就是垄断用户数据信息的平台,像脸书(Facebook)和谷歌这样的大型互联网公司发行融资型代币或稳定币,就存在较大的数据和隐私保护风险。由于脸书(Facebook)曾经的隐私滥用和用户数据利用的不

〔1〕 参见邓建鹏:《ICO 非法集资问题的法学思考》,载《暨南学报(哲学社会科学版)》2018 年第 8 期。

〔2〕 参见康海燕、邓婕:《区块链数据隐私保护研究综述》,载《山东大学学报(理学版)》2021 年第 5 期。

良声誉,将直接影响其初步计划发行的稳定币 Libra 以及 2021 年计划发行的锚定单一法币美元的稳定币 Diem 的声誉。[1] 稳定币的数据和隐私保护风险成为其在通过国际金融组织、各主权国家审核过程中被考量的重要因素。在欧盟等对个人数据和隐私保护较严格的区域,数据和隐私风险成为阻碍 Libra 发行落地的重要因素。

(四)私人数字货币的技术安全风险

基于区块链发行的私人数字货币存在较大的技术不成熟度和漏洞,容易在内部出现问题,同时抵御外部攻击的防御力不强,存在较大的安全风险。主要体现在 3 个方面。

一是区块链协议不完善的风险。区块链的共识机制、数据发布规则等协议如果存在安全问题,会给基于区块链的私人数字货币系统造成严重破坏,并且可能会导致系统面临硬分叉的风险。例如,以太坊的 The DAO 事件之后,为了降低损失进行协议升级,因为软分叉修复方案全部失败,违反了区块链的最长链原则以及唯一性,最终导致系统硬分叉,以太坊(ETH)从以太坊经典(ETC)中分叉出来,形成一条新的链。[2]

二是智能合约漏洞的风险。智能合约是以代码形式表现的一系列承诺,包括相关方履行这些承诺的协议,是区块链技术中的重要技术。智能合约的特点是自动化执行、不可逆转,但是,智能合约语言本身和合约设计中可能存在安全漏洞。以以太坊为例,目前已知的智能合约漏洞包括交易顺序依赖、时间戳依赖、误操作异常、可重入攻击等。在调用执行合约时,利用这些漏洞可能会造成相关方的财产损失。根据《对贪婪、挥霍以及自杀性合约的大范围调查》指出,包含 440 万个以太坊的 34,000 多份以太坊智能合约技术,由于信息编码体系不完善,可能存在容易被攻击的漏洞以及未完成独立审计的智能合约的风险。发生在 2017 年的智能合约代码问题就导致了 5

---

〔1〕 See Libra Association Members, *Libra Whitepaper V2.0*, Diem, https://wp. diem. com/en-US/wp-content/uploads/sites/23/2020/04/Libra_WhitePaperV2_April2020. pdf.

〔2〕 参见天机阁:《全面解析即将到来的 ETH 硬分叉》,载巴比特网 2018 年 12 月 14 日,https://www. 8btc. com/article/328026。

亿美元的损失,一半金额涉及以太坊。[1]

三是网络攻击风险。区块链技术采用对等网络结构和消息广播机制,节点可以自由加入或退出网络,路由欺骗、地址欺骗等攻击,将导致节点一致性算法结果的波动。如果基于区块链的私人数字货币系统缺乏协调控制机制进行管理,一个节点遭受攻击时,与该节点连接的用户将无法进行相应操作。同时,黑客也会通过对多个账户之间的交易记录进行分析,控制大量交易账户做空操作,并在另外的账户中大量买入,以获取巨额利润。尤其是当前基于智能合约产生的尚不成熟的 DeFi 的应用产品和业态,由于去中心化交易所、抵押借贷、去中心化保险等应用在区块链网络上开源,这些智能合约中都设置了抵押以太坊、比特币以及稳定币 USDT、USDC、DAI 等的资产池,很容易遭受黑客的外部网络攻击,窃取 DeFi 中锁仓的私人数字货币资产,给投资者和项目方带来巨大的财产损失。

(五)私人数字货币的"洗钱"/恐怖融资风险

由于私人数字货币具有不受监管、部分匿名、点对点传输便捷、交易成本低等特性,相较传统的金融工具、传统商品更容易成为"洗钱"、跨境转移资产和恐怖融资等犯罪的工具。近年来,随着私人数字货币的渗透,逐渐成为越来越多的犯罪人和犯罪集团用来进行"洗钱"的工具,包括比特币、以太坊和稳定币在内的私人数字货币的"洗钱"和恐怖融资犯罪,呈急剧上升的趋势。私人数字货币被越来越多地用于"暗网"交易、"洗钱"、恐怖融资、赌博、境外转移资产等各种违法行为,具有更大的"洗钱"和恐怖融资风险。2020 年 10 月,美国 DoJ 公布了一起利用 USDT 进行毒品交易、洗钱并贿赂官员的案件。[2] 在国内,私人数字货币交易中一般"黑钱"的来源主要有涉

---

〔1〕 参见李鸣、孙琳、王晨辉:《基于区块链技术的数字货币安全风险及应对措施研究》,载《中国信息安全》2021 年第 3 期。

〔2〕 See Department of Justice, *United States Unseals Superseding Indictment Charging Nationwide Money Laundering Network*, Department of Justice (Oct. 15, 2020). https://www.justice.gov/opa/pr/united-states-unseals-superseding-indictment-charging-nationwide-money-laundering-network.

传、非吸、电信诈骗等渠道。[1] 传销组织的资金在私人数字货币交易中非常常见，很多虚拟货币项目本身就是传销性质的；非法集资在这一领域也很常见，怀有不法目的以项目方常利用数字货币、高收益等噱头来非法吸收公众的资金或数字货币；另外许多电信诈骗的犯罪分子也常利用数字货币来“洗钱”。

同时，犯罪所得的“黑钱”大多通过私人数字货币交易所渠道进行转换，给普通的私人数字货币投资者带来了很大风险。比如，处于“灰色”地带的利用私人数字货币“跑分”、代买、“搬砖套利”等，[2] 就是直接为赌博、诈骗等犯罪组织提供“洗钱”账号等的洗钱渠道。同时，在 OTC 的“搬砖套利”中，OTC 兑换商也很容易收到来源不明的钱财，从而因涉嫌“洗钱”活动而被公安机关和银行冻结交易账户或银行账户。自 2020 年以来，由于买卖私人数字货币被冻结银行账户的案件数量急剧上升，其中大多是普通投资者在买卖代币的过程中收到了来路不明的代币或者人民币，被交易所和公安机关以“掩饰隐瞒犯罪所得”“洗钱”的嫌疑冻结银行卡，致使投资者遭受金钱财产损失。

（六）私人数字货币的法律与监管风险

比特币、以太坊等私人数字货币自诞生以来，就秉承“去中心化”“社区自治”的理念，游离在主权国家和国际组织的法律规制和监管之外，具有较大的市场风险、信用风险和数据隐私安全风险。而主权国家对私人数字货币不会坐视不管，针对私人数字货币的法令出台和监管措施往往会给私人数字货币带来巨大的法律和监管风险，导致私人数字货币市场价格的巨大波动，甚至由于监管介入，部分私人数字货币、私人数字货币融资项目和私人数字货币交易所遭到追究和清洗，加剧了市场整体的动荡。主要有两个方面的法律和监管风险：一是针对私人数字货币本身的监管和法律定性。

---

〔1〕 参见胡金华：《场外交易账户疑陷洗钱“陷阱”遭冻结，专家提示警惕炒币风险》，载新浪财经，https://finance.sina.com.cn/roll/2020-08-05/doc-iivhuipn6982227.shtml。

〔2〕 参见棘轮：《USDT 跑分盛行：想帮黑产洗钱　反被黑产收割》，载新浪财经，https://finance.sina.com.cn/blockchain/roll/2020-06-03/doc-iirczymk4973285.shtml。

例如,2021 年 1 月,SEC 起诉瑞波币团队(XRP),认为瑞波币涉及“证券”属性,发行和买卖瑞波币未取得 SEC 的注册许可,涉嫌非法发行和交易证券。该监管活动一出,瑞波币价格崩盘,导致大量持有瑞波币的投资者遭受财产损失。二是对私人数字货币融资活动的监管。以 ICO 为例,2017 年中国金融监管机构出台《关于防范代币发行融资风险的公告》认为,ICO 涉嫌非法发行证券、集资诈骗等犯罪,严格禁止 ICO 活动,清退国内私人数字货币交易所,此举对这一区块链金融业态造成了巨大冲击。2021 年进一步出台《关于进一步防范和处置虚拟货币交易炒作风险的通知》,对私人数字货币的交易和炒作等进行禁易性的宣示,将相关金融活动纳入“非法金融活动”,打击私人数字货币“挖矿”活动,监管者制定的严格规范性文件和执法活动对我国私人数字货币市场环境带来了巨大震动和深远影响。

(七)私人数字货币的其他风险

一是对支付体系的冲击。区块链和分布式账本是一项革命性的记账工具的创新,私人数字货币的记账属性使其天然具有支付功能。作为区块链金融成功创新的先例,私人数字货币的广泛使用会对央行货币和在线支付系统的定义产生可预见和不可预见的影响。比特币创建的初衷就是建立一种点对点的电子现金系统,[1]能够实现不依赖传统中心化的支付结算系统进行价值转移的目标,在区块链上传输价值。比特币点对点支付、低成本和快速传输的特点使其成为一种较好的支付工具。德国、日本等国家早已将比特币视为合法的支付手段;2021 年 3 月 24 日,特斯拉也在官网上发布“接受比特币作为支付方式购车”,基于特斯拉总裁马斯克的支持,比特币的价格应声上涨,表明市场对比特币等私人数字货币行使支付功能的认可。基于低成本、方便快捷和部分匿名的优点,私人数字货币被越来越多地用于支付工资、转账汇款、借贷、零售等场景,涉及金融和非金融的支付场景完全避开了现有的国内和跨境支付结算系统,如银联、网联、SWIFT、人民币跨境支

---

〔1〕 See Satoshi Nakamoto, *Bitcoin: A Peer-to-Peer Electronic Cash System*, Bitcoin (June 12, 2008), http://www.bitcoin.org/bitcoin.pdf.

付系统CIPS等,对现有银行支付和非银支付机构的收入带来较大冲击。[1]例如,基于稳定币USDT、Libra的支付,将绕过国际上的支付巨头支付宝、Paypal、财付通的支付渠道和系统,打造一套区块链上的新的支付系统,以此扩大支付和金融服务的包容性和普惠性。如果传统的支付系统不能及时适应区块链带来的冲击,将会产生较大的生存危机。此外,某些私人数字货币如稳定币,在很短时间内可能被作为关键支付系统提供商[如脸书(Facebook)即将发行的Diem],可能被纳入全球具有系统重要性的金融机构(G-SIFIs)或具有系统重要性的金融基础设施,形成"too-big-to-fail"("太大不能倒")和"too-connected-to-fail"("连接太多而不能倒")状态,进而可能滋生系统性金融风险。

二是威胁主权国家的金融稳定,可能产生系统性风险。私人数字货币作为基于区块链的重要金融创新,其对金融稳定的影响体现在4个方面:首先,私人数字货币作为一种相对独立的货币系统和支付手段在全球被广泛使用,对于一些经济欠发达、相对弱势货币的国家将产生巨大冲击,甚至取代某些国家的法币,威胁一国经济体系的稳定、安全运转。其次,由于比特币等私人数字货币不受主权国家控制,许多国家无法对私人数字货币的产生、流转征税,在一定程度上构成国家财产的大量损失,以致难以对加密经济的相关活动进行有效的衡量和监督。再次,市场上大量与私人数字货币有关的金融衍生产品的出现以及大量不受监管的私人数字货币的金融投机和场外交易行为,无形中加速了信用风险、市场风险、操作风险等金融风险和非金融风险的风险累积,就像传统金融中的"地下钱庄""影子银行"一样,具有较大的缓释风险。最后,私人数字货币投资者匿名开户交易且私人数字货币在交易双方之间点对点发送,私人数字货币的二级市场交易很容易绕开国家关于外汇管制、海外投资等资金进、出境的监管和限制,部分私人

---

[1] See BNY Mellon, *Global Payments* 2020: *Transformation and Convergence*, Moorgate & BNY Mellon, Bnymellon (Mar. 2, 2020), https://www.bnymellon.com/content/dam/bnymellon/documents/pdf/articles/global-payments-2020-transformation-and-convergence.pdf.

数字货币交易甚至有变相买卖外汇的风险,由此可能冲击一国外汇管理体系,加剧资本外流,威胁一国的金融安全和稳定。

二、私人数字货币融资行为的风险

与间接融资模式(以银行等金融媒介为融资中心)以及直接融资模式(以股票、债券等资本市场为融资中心)的强监管机制不同,ICO 等新型融资模式绕开了法律监管,其蕴藏的金融风险自不待言。在私人数字货币发行融资、交易体系中,主要有 3 类参与主体,即区块链项目融资方(私人数字货币发行人)、私人数字货币交易所、投资者(包括专业机构投资者和个人投资者)。3 类主体基于不同目的参与私人数字货币发行融资与交易,在缺乏有效监管及行业自律规范的情况下,极易产生非法发行、欺诈发行、内幕交易、市场操纵等金融风险,或者导致资本外流等金融风险,原因如下所示。

(一)ICO 融资模式的风险

2013 年 7 月,万事达币(原外文名"Mastercoin",现已更名为"Omni")首次通过 ICO 向不特定对象公开募集了约 50 万美元的比特币,是成为率先实现 ICO 的项目之一,参与本次投资的投资者获得了丰厚的投资收益。随后,2014 年以太坊通过 ICO 的方式共募集了约 1800 万美元的比特币,参与本次投资的投资者在以太坊上线私人数字货币交易所后获得了巨大的投资收益。在此类 ICO 成功案例及巨大赚钱效应的示范下,ICO 潮流迅速在中国乃至世界范围内蔓延,投资者亦由研究区块链行业的专业投资者扩大到完全不了解区块链及私人数字货币的个人投资者。在"一夜暴富"心态的驱使下,个人投资者甚至对 ICO 发行代币趋之若鹜,投资者参与 ICO 项目的投机曾导致市场一度陷入"非理性繁荣"。

ICO 源于 IPO,二者的共同特征是均为融资工具,主要区别有 3 点:第一,IPO 发行的股票代表股东权益,此种权益为法定权益,而 ICO 发行的代币既可能代表类股东权益,也可能代表未来 ICO 项目产品或服务的使用权凭证,或者兼具前述两种权益及其他权益,ICO 代币代表的权益由 ICO 项目白皮书设定，为意定权益；第二，IPO 主体必须符合证券法规定的发行条件且募集的资金为法定货币，而 ICO 主体没有代币发行条件限制，可以是区块链初创公司或区块链项目，且募集的资金通常为比特币或以太坊等主流私人数字货币；第三，IPO 须经监管机构注册或审核，且融资流程较烦琐、融资效率较低、融资范围限定证券市场等，而 ICO 无须任何监管机构注册或审核，具有融资流程简单、融资效率高、融资范围全球化等特点，与传统融资方式相比，ICO 可以高效、快速地解决区块链公司或项目的融资难题。

ICO 融资流程一般分为 3 个阶段，即前期宣传、中期募资、后期公示。前期宣传阶段主要是撰写 ICO 项目白皮书，公示项目计划、项目团队、募资币种等内容，这一阶段类似 IPO 申报前的准备期；中期募资阶段即向投资者募集比特币、以太坊等主流私人数字货币并发行 ICO 项目代币，这一阶段类似 IPO 股票注册/审核及正式发行募资阶段；后期公示阶段主要是定期向投资者公示 ICO 项目的开发进展情况，这一阶段类似定期公示 IPO 募集资金投资项目的进展情况（见图 5－1）。

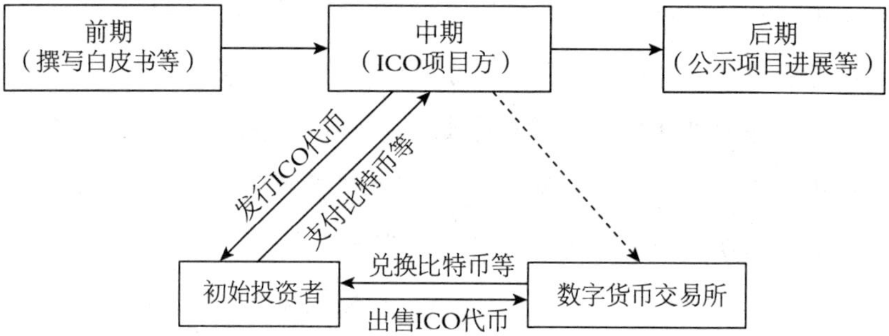

图 5－1　ICO 融资模式

在缺乏监管的条件下，ICO 融资蓬勃发展，ICO 融资项目及融资规模呈爆发式增长，大量虚假 ICO 融资项目开始出现，蕴藏巨大的金融风险，这引起了中国及世界其他国家监管部门的重视。以我国 ICO 情况为例，根据国家互联网金融安全技术专家委员会发布的《2017 年上半年国内 ICO 发展情况报告》，截至 2017 年 7 月 18 日，国内上线并完成 ICO 项目 65 个，其中

2017 年 5 月上线完成的 ICO 项目不足 10 个，而 2017 年 6 月上线完成的 ICO 项目已超过 25 个，ICO 项目在 1 个月内增加了 2.5 倍。上述 ICO 项目累计融资规模达 63,523.64 个比特币、852,753.36 个以太坊以及部分人民币与其他虚拟货币，以 2017 年 7 月 19 日零点价格换算，折合总计 26.16 亿元人民币。虽然世界各国监管部门已经认识到 ICO 融资的金融风险等，并逐步采取了监管措施，但是 ICO 兴起的背后有区块链技术的支撑，而各国对区块链技术普遍持积极态度，因此对 ICO 融资的监管态度并不一致。主要可以分为 3 种监管模式，即以中国等为代表的全面禁止模式、以美国和日本等为代表的穿透式监管模式（纳入现行法律体系下监管）、以新加坡等为代表的"沙盒监管"模式（类似中国划定特定区域的政策试点）。

根据 2017 年中国人民银行等七部门发布的《关于防范代币发行融资风险的公告》对 ICO 定性如下："代币发行融资是指融资主体通过代币的违规发售、流通，向投资者筹集比特币、以太币等所谓'虚拟货币'，本质上是一种未经批准非法公开融资的行为，涉嫌非法发售代币票券、非法发行证券以及非法集资、金融诈骗、传销等违法犯罪活动。"根据该公告，ICO 行为违法或违规的主要构成要件有 4 项：(1)未经监管机构（如央行或证监会）批准融资；(2)融资方式为违规发售、流通代币，这种代币一般是指区块链项目开发团队开发的去中心化应用的虚拟代币；(3)向投资者募集比特币等主流"虚拟货币"；(4)上述行为可能涉嫌非法发售代币票券、非法发行证券以及非法集资、金融诈骗、传销等违法犯罪活动。而 IMO 模式下融资主体既不直接募集私人数字货币，也不直接发行私人数字货币，而是直接向投资人销售矿机以获得资金，代币通过投资者使用矿机"挖矿"发给投资者并流通，此种情形是否属于变相 ICO？

ICO 融资正是在无法律监管状态下发展起来的。ICO 等新型融资方式本是区块链项目融资方快速筹集低成本项目运营资金的新渠道，然而代币上线交易所后二级市场的巨大溢价，极易诱导融资方产生出售代币获利的动机，或者待代币上线交易出售获利后即不再努力从事区块链项目的开发工作,甚至不乏有些项目发起人利用ICO等融资模式缺乏监管的机制,以虚构发行项目、蓄意拉升或打压二级市场代币交易价格等方式非法获利,从而导致非法发行、欺诈发行、内幕交易、市场操纵等金融风险。为了规避监管机构对ICO融资模式的监管或者更好地适应监管,近几年又出现了IFO(首次分叉发行)、IMO、IEO、STO等私人数字货币的新型融资模式。

(二)IFO融资模式的风险

IFO,是指比特币、以太坊等重要区块链进行分叉发行的代币,即在原虚拟货币区块链上,分离出另一条区块链,并产生基于该新的区块链的私人数字货币,该新产生的私人数字货币被称为分叉币。IFO是继ICO之后出现的新型融资模式之一,获得分叉币的主要方式有:持有原虚拟货币、通过不同于以太坊地地址空投、拥有与分叉币运营团队合作的其他币种等。持有原有虚拟货币的用户可以等额或按比例免费获得分叉币,例如,比特币持有者可免费获得比特币的分叉币,以太坊持有者可免费获得以太坊的分叉币。第一个通过IFO形式产生的分叉币是比特币现金(Bitcoin Cash,BCH),是比特币区块478559高度分叉产生的分叉币。此外,2017年12月,超级比特币(Super Bitcoin)团队对比特币成功分叉产生了分叉币超级比特币(SBTC)。

与ICO不同,IFO不存在募集比特币、以太坊等主流私人数字货币的阶段,而是直接对原虚拟货币区块链进行分叉,并产生基于分叉链的私人数字货币,然后进行分发,本质上其与ICO代币发行阶段相似。但是IFO的开发团队通过“预挖”、留存等形式持有部分分叉币,并通过团队宣传或炒作等形式,提升投资者对分叉币的价值预期,待分叉币上线、私人数字货币交易所市值上升后,通过出售持有的分叉币进行变现,而分叉币变现的成本最终由交易者承担。从形式上看,IFO不存在募集比特币、以太坊等主流私人数字货币获得项目运营资金的情形,但实际上,IFO团队通过预留分叉币并出售获得资金与ICO融资并无本质区别,均是通过出售代币获得资金的,本质还是变相融资,其目的是规避ICO融资模式下的监管(见图5-2)。

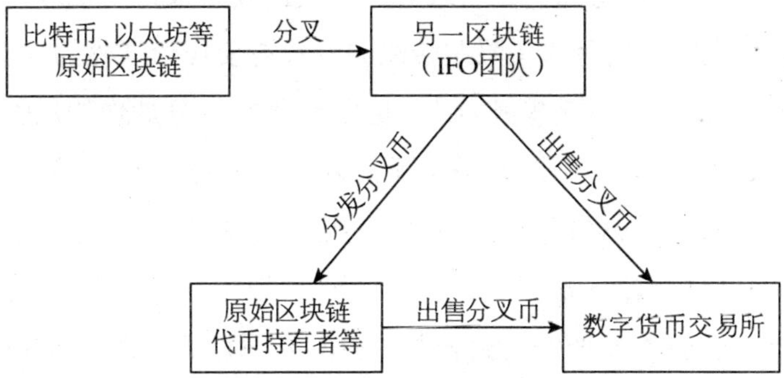

图 5－2 IFO 融资模式

（三）IMO 融资模式的风险

IMO，是指项目方销售矿机（智能硬件），根据项目方的“挖矿”计划，投资者可以通过贡献上行带宽和硬盘存储空间等资源参与“挖矿”，获得代币奖励，投资者使用矿机开始“挖矿”，即启动代币发行过程。其业务逻辑是用户先购买矿机，收集家中的闲置宽带、流量、存储空间等计算资源，集中起来后依靠相关公司的技术将这些分散资源打包，转换为云计算服务，出售给其他使用者，然后用代币奖励分享资源的用户。其他用户用代币兑换共享计算相关的产品和服务。IMO 与 ICO 和 IFO 相比，后两者是先有私人数字货币，投资者后利用矿机“挖矿”获得代币，而 IMO 是投资者先有矿机，再通过矿机“挖矿”获得代币。

根据中国互联网金融协会 2018 年 1 月 12 日发布的《关于防范变相 ICO 活动的风险提示》，变相 ICO，是指相关代币发行企业实际上是用代币代替了对参与者所贡献服务的法币付款义务，本质上是一种融资行为。这里的问题在于：（1）相关公司出售矿机，用代币代替对用户所贡献服务的法币付款义务，是否属于融资活动？（2）用户购买相关公司的矿机，“挖矿”获取代币后，是否存在基于代币对将来升值的信赖利益和投机预期？（3）用户向相关公司团队贡献闲置的计算资源，矿机公司针对此种行为是否必然承担法币的付款义务？

针对上述问题，有学者研究指出，尽管一些公司在其公开声明中反对代币被境外的虚拟货币交易平台上线交易并被投资者进行投机炒作，公司对代币钱包采用实名制，并采用限制转账的方式迫使部分境外的虚拟货币交易平台停止代币交易。这些努力或可降低代币被过分炒作的风险。但是，公司的IMO模式置于中国市场环境下予以定义，融资主体虽然并未向投资人筹集比特币等主流虚拟货币，而是通过售卖矿机间接发行、流通虚拟代币，以筹集法定货币，但是其性质同样属于未经监管机构批准的公开融资行为，无论代币流通是否被发行方(出售矿机的公司)允许，其行为在当前中国现有法规、政策和监管精神之下，均有ICO嫌疑。虽然从发行加密资产类别上看，IMO的模式在ICO基础上有所演化，但其融资属性相同，涉及风险的本质相类似(见图5-3)。

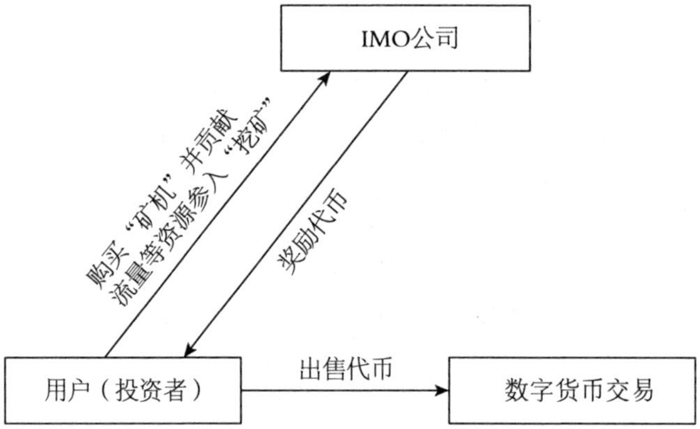

图5-3 IMO融资模式

(四)IEO融资模式的风险

IEO以数字货币交易所为核心发行代币，是指投资者通过私人数字货币交易所的平台币购买即将上线交易的项目方代币，通过私人数字货币交易所获得代币后，即可在该交易所进行交易。2019年1月，私人数字货币交易所币安发布IEO公告，截至2019年4月，全球范围已完成IEO项目35个，推出IEO项目的私人数字货币交易所16家。与ICO相比，IEO的优点是以私人数字货币交易所为核心发行代币，交易所先对IEO项目进行审核筛选，并决定是否上线该交易平台，这在一定程度上淘汰了劣质项目，保护了投资者利益。其缺点是:(1)由于私人数字货币交易所并无统一的业务规则,导致不同交易所审核上线项目的规则不统一,具有较高的道德风险、信用风险;(2)交易所平台币本身具有较大的操纵风险,交易所平台币由交易所操控和做市,价格的涨跌可能更多地依靠交易所进行操纵,而非该代币的市场价值波动,具有较大的市场操纵风险和信用风险;(3)交易所平台币受短期内上线该交易所的IEO项目的数量影响较大,具有较大的法律风险和监管风险。IEO融资模式是对ICO融资模式的优化,但其本身也存在较大风险(见图5-4)。

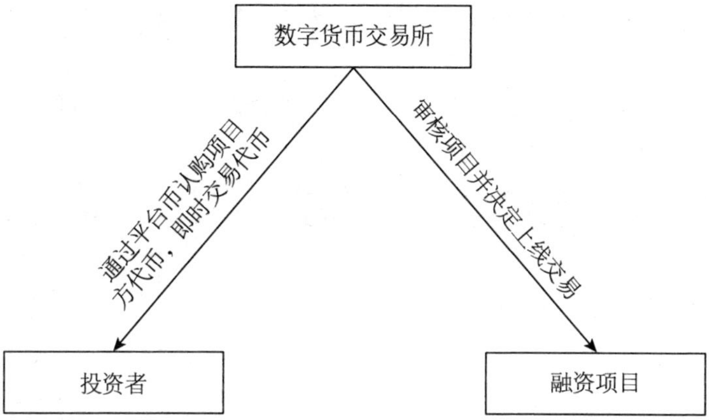

图5-4　IEO融资模式

(五)STO融资模式的风险

STO,是指在证券法等相关法律、法规的监管框架下,进行合法合规的数字货币发行。与ICO等融资模式不同,STO以某种实物资产或者金融资产为基础,如黄金、珠宝、艺术品等,或者公司股权、债权、知识产权、信托资产等,将其转变为链上加密数字权益凭证,其本质是将实物资产、金融资产等予以数字化。从分类来看,STO可分为4种形式:(1)通证化风险投资基金(Tokenized VC Funds),即一个通证化的风险投资基金为通证持有人提供对基金份额的索偿权;(2)类股票通证(Share-like Tokens),即具有诸如对某一实体享有所有权份额、LP份额、投票权、股息、利润份额或对未来成功的某一实体享有利益等特征;(3)资产支持通证(Asset-Backed Tokens),一种另类资产的权利,类似房屋抵押贷款组合创建证券,底层资产可替代或不可替代,将资产权益与数字通证捆绑发行证券;(4)加密债券(Cyprto-Bonds),即消除中间商和注册机构,减少结算时间并降低运营风险。STO 与 ICO、IPO 的异同点见表 5 - 1。

表 5 - 1 IPO、STO、ICO 比较

项目	IPO	STO	ICO
类型	证券	证券	证券/非证券
资产支持	实体资产	实体资产	无/实体资产
发行条件	法定条件、风险较小	无条件限制、风险较高	无条件限制、风险极高
融资资金	法定货币	法定货币或比特币等私人数字货币	比特币、以太坊等私人数字货币
发行主体	大中型企业	不要求注册登记为实体企业	不要求注册登记为实体企业
监管依据	较为完善的法律法规监管	一般参照证券发行类法规监管	监管依据尚不明确
去中心化	否	否	是
支持国家	全部国家	极少	极少
投资风险	较小	高	极高
投资者范围	投资者适格	无范围限制	无范围限制
投资者保护	强	一般	否
限时交易	是	否	否
交易场所	指定	任意	任意

从表 5 - 1 的对比来看,与 ICO 不易监管的特点相比,STO 有实体有价资产作为底层资产支撑,融资规模更大,处于监管之下,融资更透明、安全性更高、更合规,无指定的交易所进行交易,投资者门槛较 ICO 更高。与 IPO

相比,STO 打破了传统证券特定市场、特定时间、特定方式交易的限制,可以更加便捷地在全球范围内 24 小时实时交易,有效缩短了投资周期,降低了交易障碍和融资成本,拓宽了融资渠道,加速了资本全球流动,提高了资金配置效率,但投资风险相对较高。目前,支持 STO 融资模式的国家较少,且多数国家只允许合格投资者投资证券型代币,其中以美国为代表,其 STO 项目由 SEC 审批。

(六)IDO 融资模式的风险

IDO 的核心价值在于重构大规模协作,与 ICO 筹集资金的模式相似,是利用投资者的资源来发展项目。在最初阶段,IDO 确实是主要通过去中心化交易所来完成的,但在基于自动做市商的去中心化交易所(AMM DEX)上进行首次代币发行存在一些问题与隐患,如"科学家"抢跑[1]或"巨鲸"用户操盘造成一般用户 IDO 收益受损等,使一些项目出于社区动员和公平发行的考虑,将首次代币迁移至其他交易算法更复杂的 DeFi 平台上,待完成发行后再链接至去中心化交易所进行流动性做市。IDO 的发展基本经历了 DEX 和"DeFi + DEX"两个阶段。[2] IDO 与 IEO 的不同主要表现在两个方面:一是在发行主体上,IDO 由去中心化交易所和去中心化的金融智能合约发行,IEO 则由中心化的交易所平台发行。二是在参与资格上,IEO 与交易所平台币深度绑定,参与 IEO 的用户必须持有一定数量的平台币,而 IDO 与 DeFi 治理代币的绑定程度要小得多,投资者通常只在发行投票环节需要用到治理代币,实际参与时并不考虑代币持有量,而是要求参与者完成 KYC 和注册成为白名单成员。

IDO 并不能规避现有的法律和监管风险。相反,IDO 采取类似游戏币的发行方式,实际上存在的风险有:一是 IDO 代币通过重新构建达成共识的

---

〔1〕 "科学家"抢跑,是指付出更高"燃料"(Gas)费的用户往往能更早完成交易并获得更优惠的价格,因此许多"科学家"就会利用机器算法以及高燃料费的方式抢先交易,市场狂热情绪下很容易造成价格大幅上涨,并对普通参与用户产生不公平。

〔2〕 参见 PANews:《DeFi"打新"玩法 IDO 赚钱效应惊人?》,载金色财经网 2021 年 3 月 6 日,https://www.jinse.com/blockchain/1014761.html。

投资者协作,可能构成美国证券法中豪威测试的构成要素之一——共同努力,可能被部分监管机构认定为“证券”;二是部分 IDO 任务有聚众赌博的嫌疑,尤其在代币价格波动较大时;三是 IDO 发行的代币存在与法币兑换的风险,IDO 代币的兑换和流通没有取得国家的许可;[1]四是交易所上线 IDO 代币的风险,部分 IDO 项目团队可能涉嫌欺诈、传销或赌博,交易所如果没能尽到尽职审查的注意义务,需要承担连带责任。投资者在参与此类 IDO 活动时应清晰认识和更深入地挖掘此类代币的风险。

三、数字货币交易所的风险

数字货币交易所同时兼具类似证券交易所、证券公司、证券登记结算公司、资金托管银行的职能,即数字货币交易所既为融资方提供数字货币上线交易服务,又为投资者提供交易开户、数字货币结算与存管等服务,然而数字货币交易所在大多主权国家没有取得经营许可,无须承担证券交易所、证券公司等证券发行、交易服务机构的法律义务与责任,而且数字货币交易所在代币发行、交易中获取的服务费、交易费等收入,缺乏监管,极易导致交易所出于牟利目的,与融资方串通一气从事欺诈发行、市场操纵、内幕交易等违法犯罪活动。尤其是全球前三大数字货币交易所背后均由中国人控制,中国投资者是三大交易所主要服务的对象,一旦数字货币交易所由于不合规等原因产生风险,将给广大中国投资者的财产安全带来不小的风险。

(一)法律和监管风险

数字货币交易所的法律和监管风险,一方面,表现为监管机构严厉打击境内外数字货币交易所的风险。自 2017 年《关于防范代币发行融资风险的公告》发布以来,中国境内交易所为逃避监管,往往先在海外注册并设立服务器,再以外资身份在中国开展业务,采用分布式办公方式。对这类在海外注册的数字货币交易所,中国监管机关虽然没有跨境的海外监管执法权,但

---

[1] 参见《走了 ICO,又来了 IDO,IDO 区块链模式是什么》,载简书网 2018 年 6 月 29 日,https://www.jianshu.com/p/e025be5c19a9。

能够对在境内开展经营活动的经营机构、分支部门进行监管。2019 年 11 月 13 日，北京市地方金融监管局发布的《关于交易场所分支机构未经批准开展经营活动的风险提示》指出，如有外埠交易场所（重点为金融资产交易所）分支机构在北京开展经营活动，属于违规经营行为。尤其是 2021 年 6 月 28 日，数字货币交易所 OKcoin 在境内的关联公司，即“前运营主体”北京乐酷达网络科技有限公司公告称宣布决议解散，[1] 进一步凸显了数字货币交易所的巨大风险，表明即使以各种形式“出海”的数字货币交易所也难以逃脱境内监管机构和司法机构的监管，境内“出海”乃至面向中国公民提供服务的境外数字货币交易所仍面临较大的监管和政策风险。

另一方面，数字货币交易所本身的不合规运营也会涉及诸多民事及刑事风险。部分数字货币交易所开展杠杆、合约、期权等业务，或数字货币 KYC 和资金安全有漏洞，容易导致投资者财产损失，甚至涉嫌诈骗、非法集资、非法经营罪（非法经营证券、期货）、开设赌场罪等刑事犯罪风险，被公安、检察等执法和司法机关追究责任。非法集资有 3 项关键要件，通过媒体、推介会、传单、手机短信等向社会公开宣传，承诺保本付息，并向不特定社会对象吸收资金。

（二）用户识别不当的风险

当前，不受监管的数字货币仍然占市场主流，全球主要数字货币交易所如币安、火币和欧易等均不受主权国家的监管，这些交易所在用户识别方面的合规性存在不足：一方面，部分交易所无须实名就可以注册账户，对某些涉嫌洗钱的用户识别不足，尤其在 OTC 中，交易所对用户识别和交易行为的辨别能力、监测能力大大下降，滋生和助长了某些不法目的的用户和兑换商利用交易所账户渠道进行“洗钱”等犯罪活动，给数字货币投资者的财产安全带来较大风险。另一方面，在投资者适当性控制上，当前数字货币交易所对注册账户的投资者缺乏严格的风险识别并设置投资者准入门槛，对风险

---

〔1〕 参见 OKCoin：《前运营主体北京乐酷达公司宣布解散》，载界面网 2021 年 6 月 28 日，https://www.jiemian.com/article/6290075.html。

较股票投资风险更大的数字货币投资，缺乏足够的投资者风险承受能力测评，尤其是对风险极高的数字货币期货合约产品、杠杆、期权等衍生产品，缺乏基本的投资者准入要求，导致大量风险识别/承受能力较低、缺乏专业知识和丰富经验的散户投资者纷纷参与到数字货币合约交易中，滋生了大量投机交易，投资者短时间内"爆仓""归零"，导致财产大量损失的事件比比皆是。数字货币交易所在 KYC 方面的欠缺和在投资者适当性控制方面的严重不足，往往放大了数字货币投机风险，不利于投资者合法权益的保护。

（三）过度推介和诱导性广告的风险

对某些高风险的数字货币金融产品和交易模式，交易所在宣传时往往不遗余力，发布诱导性广告，具有过度推介的风险。表现在数字货币交易所大力宣传合约、杠杆，未明确提示数字货币投资交易的风险，甚至存在"引诱"投资者开通合约等高风险数字货币衍生品的情况。例如，某些头部交易所在交易页面的广告投放处滚动显示"最高××倍的字样""瓜分奖励金"，在显眼位置告知投资者新出现的永续合约。同时，在不同合约类型（当周合约、当季合约、次周合约、次季合约、永续合约）中，交易所往往没有明确和具体说明不同合约的区别、保证金的计算标准、止盈止损条件等重要因素，重盈利推销而轻风险警示，导致大多数投资者对数字货币合约、杠杆交易的风险认识不明确，将合约等衍生品误当作投机赚钱、消遣娱乐的工具，不合规宣传推介引发了巨大风险。

（四）交易所经营操作风险

数字货币交易所是中心化的私人主体，且部分交易所不受监管机构的监管，在业务开展和运营操作方面存在许多合规性风险，例如，交易所可能存在服务器宕机、断网（俗称"拔网线"）、暂停提币等风险事件，往往会引发投资者的猜疑和恐慌。服务器宕机和断网的风险常发生在数字货币市场出现大幅震荡的时期，数字货币交易所软件出现"无法登陆""无法交易"或不能实时反映数字货币价格变动等情况，导致大量投资者出现交易失败、错失交易良机或止损机会的风险。同样，由于交易所经营出现问题，或某些数字货币短期内出现大量投机“套利”的情形，交易所可能会发布暂停提币的公告，引发了投资者的信任危机和恐慌情绪，甚至导致投资者数字资产的损失。例如，前三大交易所之一的欧易，曾因实际控制人接受公安调查而发生为期数日的暂停提币现象，反映出较大的经营风险和操作风险。

此外，数字货币交易所还可能存在不当报告交易量和对敲交易等不合规行为。在实践中，存在某些交易所通过篡改交易数据/发布虚假交易数据，来伪造交易量巨大和换手率频繁的假象，吸引投资者到交易所投资。同时，交易所可能存在利用计算机程序诱导投资者交易，进行高频交易、算法交易，由算法程序作为交易对手方与投资者进行交易，或者交易所通过员工的交易账户直接自买自卖，通过对敲交易人为放大交易量、提高交易频次，或者达到操纵币价的目的。2021 年，在 NYSE 上市的数字货币交易所 Coinbase，也曾因这一风险受到美国监管机构的处罚。据报道，Coinbase 曾多次因涉嫌对敲交易、非法销售、保证金等与 CFTC 交锋，在上市前因不当报告交易量和“自我交易”被 CFTC 指控，最终以罚款 650 万美元和解事了。[1]

（五）挪用客户资金的风险

交易所作为中心化的交易服务中介，且履行类似证券登记机构的数字货币登记结算的功能，交易所内部的交易数据不透明，可能存在这样的情况：投资者用法币购买数字货币之后，用户购买的数字货币是否真实存在？或许交易所实际并未将等值的数字货币划入投资者账户，投资者看到的自己账户的数字货币余额可能存在不真实性。而交易所可以利用投资者存入或者购买数字货币的资金开展其他投资，包括做多或做空数字货币、投资数字货币基金或进行借贷等。由于交易所的中心化和“黑箱”运行，投资者对投入交易所的资金动向毫不知情，给交易所提供了挪用客户资金或数字货币的机会。

（六）内幕交易和操纵市场的风险

由于数字货币交易所的信息不公开、不透明，且数字货币交易的相对匿

---

〔1〕 See Commodity Futures Trading Commission, *CFTC Orders Coinbase Inc. to Pay $6.5 Million for False, Misleading, or Inaccurate Reporting and Wash Trading*, CFTC (Mar. 19, 2021), https://www.cftc.gov/PressRoom/PressReleases/8369-21.

名性,较容易利用内幕信息交易和操纵市场。前者例如,数字货币交易所以及某些运营团队往往能从数字货币发行项目方获得一些内幕消息,如币种上线某个交易所、币种的结构改进、社区推出的活动等,利用这些内幕信息优先布局买入,再在获利后卖出,获取巨额利润。

后者例如,数字货币交易中心屡见不鲜的"庄家"操纵、拉盘、砸盘等现象。由于数字货币交易市场的不规范,缺乏外部监管机构和行业的监督,数字货币交易容易被某些个人或机构操纵。尤其是部分市值较小、成交量和换手率较小的数字货币,被操纵的风险大大增加。这些"庄家"通常在某个数字货币上线交易所之前,通过各种渠道大肆宣传,吸引普通投资者入场买入,然后通过投入资金进行市值管理、拉高币价,吸引投资者进一步争相买入,到某个高点时大量卖出,砸盘引发币价暴跌,大幅收割投资者的资金。在庄家的操纵下,某些不正规的"山寨币""空气币"甚至有归零的风险,给投资者的财产利益造成巨大损失。此外,主流的私人数字货币也容易被操纵价格,如在比特币交易中偶发的"插针"行情。据统计,2016~2021 年的数年时间里,比特币等主流私人数字货币价格发生的"插针"行情多达 10 多次,其中可能是因为有机构或部分大量持有比特币的个人的力量推动,通过大单卖出比特币做空市场,然后逢低买入。在操纵市场获利的同时,也给大量投资者带来"爆仓"等财产损失的风险。

(七)技术安全风险

数字货币还存在技术安全风险。很多数字货币交易平台使用单个私钥来保护热钱包,如果黑客可以访问单个私钥,他们就可以破解与私钥相关的"热钱包"。例如,2017 年韩国比特币交易所 Yapizon 的攻击,攻击者一年内先后两次对交易平台发起了针对平台上"热钱包"的盗取行为,总共造成交易平台近 50% 的资产损失,[1] 并最终导致交易平台破产。

还有近年来出现并迅速发展的 DEX,由于交易所就是建立在以太坊、波

---

[1] 参见 Timothy W. Martin:《朝鲜或是韩国比特币交易所攻击事件幕后主使》,载华尔街日报(中文版)网 2017 年 12 月 21 日,https://cn.wsj.com/articles/CN-BGH-20171221071746。

场等区块链上的一组智能合约代码协议,且代码开源。相较中心化的数字货币交易所,去中心化交易所用户假名化程度更高,完全点对点交易,往往缺乏健全的 KYC 流程且脱离于代码开发者和发起方自治运行。由于智能合约的代码开发者或项目发起方在开发时并不能预见所有的情形,不少去中心化交易所代码中难免存在漏洞或"后门",这些漏洞从智能合约开始自治化运行起就持续存在,无法通过中心化机构修补,为黑客或不法目的的人提供了可乘之机,黑客利用协议漏洞窃取资产或数据,将去中心化交易所筹集的资金或用户账户中的数字资产据为己有,或在不同交易所之间"套利",或将去中心化交易所作为"洗钱"和消除资金痕迹的有效方式。包括去中心化交易所在内的 DeFi 区块链金融业态,已经成为黑客攻击的最新前沿阵地。如 2021 年 8 月,黑客盗取了去中心化交易平台 Poly Network 上价值 6.1 亿美元的私人数字货币,成为有史以来最大规模的虚拟货币盗窃案。[1] 根据加密货币情报公司 CipherTrace 的调查,2021 年以来,DeFi 平台的犯罪损失达到创纪录高位,1 ~7 月,盗贼、黑客和欺诈者盗取了 4.74 亿美元。反映了区块链 DeFi 和去中心化交易所的技术脆弱性,存在较大的技术安全风险。

综上,全球范围内私人数字货币发行融资、交易市场已形成较大规模,且当前各个国家或地区对私人数字货币发行融资与交易的监管理念、监管机制各有不同,禁止中国境内投资者参与私人数字货币交易难以实现,不适当的监管或者放任不管都极易诱发金融风险,那么如何依法科学有效地监管私人数字货币发行融资与交易,是我国监管机构不得不考虑的重要问题。上述风险具有复杂性、跨域性和转化性的特征。[2] 复杂性,是指私人数字货币的风险种类和不同风险的特征十分复杂,于传统金融风险和金融科技风险之外产生了许多新的风险,这些风险与传统金融相互交织,增加了私人数

〔1〕 参见 Reuters Staff:《加密货币黑客攻击的最新前沿阵地:去中心化金融(DeFi)》,载汤森路透网 2021 年 8 月 17 日,https://www.reuters.com/article/defi-crypto-hacking-front-0817-idCNKBS2FI0AF。

〔2〕 参见向静林:《互联网金融风险与政府治理机制转型》,载《社会科学研究》2021 年第 1 期。

字货币风险的复杂性。跨域性，是指私人数字货币基于区块链网络在全球范围内跨国界、跨区域发行和流通，其相关风险也将随之跨区域传导，有引发系统性风险的可能性。转化性，是指私人数字货币领域的参与主体多、范围广，大量普通投资者的参与使数字货币领域的个体投资者的风险极有可能转化为社会风险、金融稳定风险乃至国家风险，甚至某些国外的风险也会沿着私人数字货币的发行和交易流程转化为国内的社会风险。针对私人数字货币本身的风险、私人数字货币融资活动的风险以及私人数字货币交易所的风险，如何对症下药，制订一套适应私人数字货币、私人数字货币市场和私人数字货币监管的规则体系，是21世纪以来世界各国努力探寻的方向。

小　结

私人数字货币天然带有金融属性，可以用作金融工具、证券、通证等代表，推动货币金融化、货币经济化的发展。但私人数字货币不同于传统的证券、股票，由于私人数字货币诞生之初的目的就是要建立一套去中心化、去国家化以及不依赖第三方信任的电子支付体系，因而有意绕开了传统的金融监管。令人遗憾的是，比特币等私人数字货币并没有获得预想的成功，由于币值波动较大、安全性不足、易被人为操纵等缺陷，具有较大的投机属性。我们不禁发出这样的疑问，私人数字货币的价值是什么？私人数字货币的价格是否被高估？如果将比特币与证券和股票类比，可以发现股票、债券等证券背后有真实的资产或资产权益的支撑，但比特币背后似乎没有明确的价值支撑。ECB行长克里斯汀·拉加德指出，比特币是一种高度投机的资产，而不是一种货币。除比特币等私人数字货币本身的投机风险外，私人数字货币还存在哪些风险？如何应对私人数字货币的诸多风险和不确定性？

本章主要分析了私人数字货币本身、私人数字货币融资发行模式以及私人数字货币交易所可能存在的金融风险，下面章节主要介绍当前世界其他主要国家和地区对私人数字货币、私人数字货币融资发行以及私人数字货币交易所的监管政策与实践，并分析在我国对私人数字货币监管面临诸多困境的情况下，如何探索适合中国国情的私人数字货币监管路径和监管策略，以提升监管应对私人数字货币风险的有效性，保障更多投资者的合法财产权益，促进区块链领域金融创新、金融监管和投资者保护的“三足”平衡，[1]推动区块链技术、市场和监管健康持续运行与发展。

---

[1] 参见冯果：《金融法的“三足定理”及中国金融法制的变革》，载《法学》2011年第9期。

第六章 私人数字货币的国际立法与监管实践

基于上文的分析,我们可知私人数字货币本身、私人数字货币发行融资活动与私人数字货币交易所都存在诸多风险。随着对私人数字货币相关风险的认识深化,越来越多的主权国家认识到私人数字货币监管的必要性,开始将私人数字货币纳入监管范围,并探索私人数字货币的监管理念、监管规则、监管工具和监管框架。当前世界主要国家对私人数字货币的监管大多以本国现行法为基础,并通过解释或修订现行法的方式将私人数字货币纳入现行法律监管体系。一些国家的证券监管机构相继发布了私人数字货币监管指南或执法说明,对私人数字货币如何适用现行法律进行了说明。由于证券的定义各有不同,在认定私人数字货币是否具有证券属性时存在诸多差异,但以 SEC 所采取的基于投资合同的豪威测试分析方法最具有代表性。本章分别介绍瑞士、美国、日本、德国以及澳大利亚等国家在现行法基础上对私人数字货币的最新监管方式,分析其监管特点。

一、瑞士私人数字货币监管实践

瑞士对私人数字货币市场的监管持开放态度,FINMA 为瑞士监管私人数字货币市场的机构,该机构全面监管瑞士所有的金融活动,监管对象包括瑞士银行、保险公司、证券交易所、证券交易服务商、外汇交易商及其他金融中介机构。FINMA 注意到区块链领域涉及的金融风险后,开始对 ICO 实施监管,并于 2017 年 9 月首次发布《ICO 指引》(FINMA Guidance 04/2017,

Regulatory Treatment of ICO),随后又于2018年2月发布了《ICO监管指南》[Guidelines for Enquiries Regarding the Regulatory Framework for Initial Coin Offerings(ICOs)]对首次公开发行代币ICO指引作出了补充规定。2018年12月,SFC发布了一份涵盖瑞士分布式账本和区块链法律框架的综合报告,并于2019年3月22日发布了有关区块链的法律草案——《关于促进联邦法律适应分布式账本技术发展的法案》(DLT-Draft-Law),有选择地调整联邦法律如《债务法》《债务催收和破产法》《金融市场基础设施法》,使瑞士能够继续成为全球区块链与DLT领域中领先、创新和可持续发展的地点。

(一)瑞士私人数字货币分类及立法监管

瑞士将私人数字货币称为"虚拟货币"或"加密货币",认为虚拟货币是一种在互联网上交易的价值的数字表示,尽管它担负金钱的角色,可以用作购买实物商品和服务的支付手段,但在任何地方都不被接受为法定货币。虚拟货币仅以数字代码的形式存在,没有类似硬币或纸币的实物形式。鉴于私人数字货币的可交易性,SFC将其归类为财产。

1.瑞士对私人数字货币的分类

鉴于私人数字货币在全球范围内无普遍认可的分类,FINMA按照自己的方法并基于私人数字货币的潜在经济功能,将私人数字货币分为4种类型,即支付型代币、实用型代币、资产型代币和稳定币。

支付型代币(payment token)。用于现在或将来作为获取商品或服务的支付手段,或者作为货币或价值转移的手段。私人数字货币的持有者对发行人没有权利要求。FINMA认为,支付型代币主要作为支付手段,其功能与传统证券不同,因此支付型代币不是证券,如比特币、以太坊。

实用型代币(Utility Token)。代表以区块链技术为基础架构开发的应用或服务的通证。FINMA视不同情形认定实用型代币是否属于证券。如果实用型代币仅仅作为ICO项目开发的应用程序或者服务的凭证,并且实际上可以这样使用(开发之前已经设计的功能,并非后来技术开发添加的功能),则这类实用型代币不会被认定为证券。如果实用型代币在发行时部分或者仅具有投资目的，则将这类实用型代币视为证券。

资产型代币（Asset Token）。这类代币代表资产，例如，代币持有者对发行人的债务或者权益索求权，或者是在未来公司收益或者资本流动中的份额。因此，就其经济功能而言，这类代币类似股票、债券或衍生品，使实物资产能够在区块链上交易的代币也属于这一类。值得注意的是，资产型代币和实用型代币也可以归类为混合型代币，他们同时也具有支付型代币的特征，即他们需要同时符合双重合规要求。从具体定性上看，如果通过ICO进行预融资，向投资者预售代币，同时这类代币是标准化的并且适用于大规模的标准化交易，FINMA则会认为资产型代币属于证券。

2. 瑞士对私人数字货币的立法监管

瑞士以原则兜底而非硬性规则确立对私人数字货币等区块链金融创新的监管态度。对虚拟货币、稳定币等创新的私人数字货币来说，瑞士没有制定专门针对稳定币的监管规则，也没有相关判例法，而是以原则优先代替规则监管。原则监管主要包含3项原则：实质重于形式原则，相同风险、相同规则和相同监管原则，个案分析原则。

第一，在私人数字货币的定性上。根据不同私人数字货币的构成、功能、应用场景穿透代币的经济实质，判断私人数字货币是否构成证券，或构成《瑞士金融服务法》（FinSA）中定义的“金融工具”，要对私人数字货币进行类型化区分。首先，如果私人数字货币的功能是代表应用程序或服务的数字访问权，且在发行时已经以这种方式使用，则私人数字货币就不存在与资本市场的联系，不构成金融工具。其次，如果私人数字货币具有投资的经济功能，与投资目的相关联，即可作为金融工具，符合既能标准化又适合大规模交易的证券的特征，即使是未经许可的证券或衍生产品，如资产型代币等。最后，稳定币也可以寻求纳入证券范围，FINMA认为，锚定特定商品（如法币、实物等，贵金属除外）的稳定币会导致持有者对此类商品提出合同请求权。换言之，稳定币的产生是为了限制价格的波动性，其价值是通过一种或多种基础资产获得的，并且向每个持有者提供了对基础资产的合同债权,即无论稳定币是以实物还是通过现金赎回,只要满足标准化和适合大规模交易两个构成要件,都可将其视为瑞士法下的证券和衍生产品。

第二,针对私人数字货币的牌照和准入监管。申请瑞士私人数字货币牌照的公司必须是瑞士本地的公司,因此申请牌照的第一步是在瑞士成立公司。当私人数字货币发行商或企业以商业方式从客户那里接受资金,并将其保留在自己的账户中时,通常需要申请类似银行的牌照,牌照的经营范围包括私人数字货币交易、私人数字货币钱包服务、信贷交易、支付服务、证券经纪、资产管理、投顾咨询业务等。通常,将客户持有的虚拟货币存入"钱包"并为用户管理账户的私人数字货币提供商都需要申请牌照。但是如果私人数字货币企业仅出于安全保管目的转移私人数字货币,并且如果这些虚拟货币单位为每个客户单独存储在区块链上以及每笔存款可以始终归属于个人客户,FINMA 则不要求提供商申请银行牌照。2017 年 10 月,FINMA 向一家比特币公司移动传媒(Moving Media)颁发了第一张监管牌照,移动传媒是在瑞士注册的直接次级金融中介机构(DSFI),获得合规牌照意味着该公司严格遵守 AML 和 KYC 的规定。[1]

第三,针对稳定币。FINMA 于 2019 年发布了稳定币指南文件,是对原有《ICO 指南》的补充,并对稳定币进行了监管探讨。FINMA 认为,稳定币是一种代币和加密货币,其价值源于其背后稳定的基础总资产,通过直接或间接调整稳定币的市场供给和需求来保持稳定币价格的平衡,以限制私人数字货币价格的大幅波动。根据稳定基础的不同,可分为与证券或抵押品相关联的稳定币和依靠算法稳定机制实现价格稳定的稳定币,称为抵押型稳定币和算法型稳定币。FINMA 认为,根据《银行法》或《集体投资计划法》,创建"稳定币"的项目通常会产生潜在的许可要求。[2] 根据锚定的基

---

〔1〕 参见蒋照生、王梦婷:《全球数字货币监管牌照全景图》,载零壹智库 & 数字资产研究院平台 2020 年 4 月 13 日,https://www.01caijing.com/article/261070.htm。

〔2〕 See FINMA, *Supplement to the Guidelines for Enquiries Regarding the Regulatory Framework for Initial Coin Offerings(ICOs)*, FINMA(Sep. 11, 2019), https://www.finma.ch/en/news/2019/09/20190911-mm-stable-coins/.

础货币类型以及稳定币的设计和运行特点,来判断稳定币是否需要特定许可。考虑因素包括:(1)稳定币锚定单一基础货币还是“一揽子”基础货币;(2)基础货币的类型;(3)稳定币发行商是否向持有人提供了证券或非证券资产的合同赎回要求。锚定法定货币、实物资产的稳定币具有支付型代币的特征,可广泛用作支付手段,需要获得银行牌照。发行商或可能需要申请获得支付系统许可证或与集合投资计划有关的许可证,因为 FINMA 认定,与单一资产或资产组合相锚定的稳定币,可代表集合投资计划。某些算法型稳定币因设计了权益分配机制,因而也可能被某些监管机构认定为具有证券的性质,需要取得证券发行的许可。此外,针对 Libra,FINMA 根据瑞士监管法的监管条款对项目进行分类,并声明,Libra 等稳定币项目将受金融市场基础设施的监管,取得相应《金融市场基础设施法》(FMIA)的支付系统许可证以及相关要求,以满足现行国际标准,尤其是金融市场基础设施原则(PFMI)。

第四,在税收征管方面。瑞士对个人投资者和法人持有私人数字货币的活动纳入征税范围。一方面,对个人持有者来说,FTA 对私人数字货币征收财产税和所得税。在税务机关看来,私人数字货币被视为类似银行存款的财产,由 FTA 参考私人数字货币的年末市场价值、交易平台的年末价格或以瑞士法郎的原始购买价格来确定私人数字货币与瑞士法郎的年终转换率和应税财产金额。其中,个人持有私人数字货币的资本利得收益免征所得税。另一方面,对法人实体来说,需要以购买成本或年终汇率缴纳年度资本税;同时,公司应就出售私人数字货币产生的任何净收入缴纳瑞士公司所得税。此外,与法币的处理方式相同,稳定币的交易或交换活动相关服务均免征增值税。

第五,在反“洗钱”和外汇监管/资产跨境转移监管方面。瑞士对私人数字货币反“洗钱”监管的出发点是识别个人/公司是否构成从事“金融中介”活动。金融中介包含两类:一类是银行业金融机构等受监管的金融中介,另一类是非银行业的其他金融中介。第二类的其他金融中介包括接受或持有第三方存款资产的个人/公司以及协助此类资产投资或转让的个人/公司。因此,根据FINMA的规定,在一级市场上发行私人数字货币或做ICO融资发行构成金融中介;在二级市场上销售和交易私人数字货币的个人或公司从事与销售和交易有关的专业活动也可能构成金融中介。简言之,私人数字货币金融中介主要包括两个要素:(1)接受/持有第三方的私人数字货币作为保证金;(2)协助私人数字货币的投资和转移。

(二)瑞士私人数字货币融资发行的监管政策与实践

2017年发布的《ICO指引》明确了FINMA对ICO的监管原则,包括穿透经济实质原则、技术中立原则等。由于ICO和代币在某些方面与传统金融市场非常类似,可能某些ICO涉及至少一项金融市场相关法律的适用,也存在规避这些规定的ICO项目。鉴于ICO模式结构的多样化,FINMA只在特定情况下对具体的ICO项目进行监管评估,不对金融市场立法领域以外的ICO进行法律评估。同时,FINMA提醒那些准备进行ICO的公司或者个人,必须确保他们的行为符合瑞士有关金融市场法律的规定,并提醒投资者注意ICO可能存在的欺诈风险。

1.2017年《ICO指引》

FINMA于2017年发布的《ICO指引》表明了瑞士当局对ICO的监管立场,即瑞士认识到分布式账本或区块链技术的创新潜力,并欢迎和支持在瑞士金融中心开发和实施区块链解决方案的所有努力。FINMA指出,首次公开发行代币融资(ICO)是一种使用分布式账本、公有链、公私钥密码等技术向公众募集资金的数字化形式。ICO的运行程序一般为投资者把一定数量的法币或私人数字货币转移到ICO发起人提供的区块链生成地址,作为回报,投资者将获得基于区块链发行的代币或者与ICO发起人运营的特定项目或公司的实用型、投资型、支付型等代币,作为金融科技初创企业的直接融资方式。

根据FINMA发布的《ICO指引》,ICO视代币类型不同,需要遵守不同法律的规定。

(1)如果私人数字货币被认定为证券,则需要遵守瑞士《证券法》的规定。同时类似发行股票或债券,发行该类代币还要遵守瑞士《民法》关于招股说明书的规定。

(2)如果私人数字货币具有债务资本的特点(如承诺保本返息),则募集的虚拟货币将会被视为存款,需要遵守《银行法》的规定获得经营许可证,除非有例外情况。

(3)如果ICO募集的资金由第三方机构托管,则需要适用《集体投资计划法》的规定。无论ICO项目在募集前还是募集后,只要ICO发起人发行代币涉及发行支付工具,该类代币在区块链基础设施上进行转让,就将落入《反洗钱法》对支付业务的监管要求,受到反"洗钱"监管的约束。反"洗钱"要求同样适用于第三方,例如,提供代币交易或转账(二级代币交易)服务的专业加密经纪人或交易平台。

2. 2018年《ICO监管指南》

2017年《ICO指引》发布后的几个月内ICO项目急剧增加,FINMA收到了大量来自市场参与者的询问,主要询问金融市场监管对ICO的适用性以及是否存在许可要求。为快速准确地回应这些询问,2018年2月,FINMA发布了《ICO监管指南》,从ICO性质、代币分类、反洗钱等方面阐明了监管框架,同时也规定了ICO询问时需要提交的信息要求及认定原则,为市场参与者提供了更加清晰的指引。并在该指南附录中,列举了有关ICO项目最低要求及关于设计、发行代币的详细信息和潜在的二级市场交易等内容。

2018年2月发布的《ICO监管指南》表示,现有金融市场法律法规不适用于所有ICO,ICO是否受监管需要根据个案具体情况进行判断。评估ICO时,FINMA将集中讨论由ICO发起人发行的代币的经济功能和目的。判断的关键因素是代币的基本目的,及它们是否已经可以交易或转让,FINMA同时也表示,ICO也受反"洗钱"的监管。

截至2019年,FINMA对大约60个ICO项目进行了调查,其中FINMA在10多个ICO项目中发现违反《反洗钱法》,并对责任人提出指控。另有8

起案件因涉嫌违法行为而被列入 FINMA 的警告名单，最终对 3 家公司启动了执法程序。

目前，FINMA 对 ICO、STO、IEO 等私人数字货币融资活动没有特定监管要求，保持相对开放的态度。对每个 ICO 项目的法律风险评估需要全面考虑，个案分析。组织者提供的信息是否符合最低要求成为其评估 ICO 项目是否合规的基础。FINMA 将根据某个 ICO 项目的潜在经济目的评估，如果发现某个 ICO 项目有企图规避现行法规的征兆时，则会及时采取主动监管措施。

(三)瑞士数字货币交易所监管政策与实践

在瑞士设立数字货币交易所需要取得 FINMA 颁发的牌照，根据瑞士相关法规规定及私人数字货币指引文件，申请数字货币经营牌照的公司必须在瑞士注册设立，此外，公司还需要满足以下条件：(1)从事私人数字货币业务的公司至少要有两名瑞士居民担任董事；(2)公司的注册类别为法语区(法国、比利时、瑞士)股份公司(Sociedad Anónima，SA)/德语区(德国、奥地利、瑞士)股份公司(Aktiengesellschaft，AG)/英国股份公司(Public Limited Company，PLC)；(3)10 万瑞士法郎的保证金，其中 5 万瑞士法郎会在注册公司时冻结，于公司注册完成后解冻，公司需要在账户上保持最低 10 万瑞士法郎的保证金；(4)需要提交注册人的相关信息。

获得牌照后，私人数字货币公司可以经营的业务范围包括：(1)公司可以提供私人数字货币交易、私人数字货币存管等业务以及数字钱包服务；(2)从事信贷交易(与消费者贷款、抵押贷款、保理业务、商业融资或融资租赁有关)；(3)提供与付款交易有关的服务，以他人名义进行电子转账，发行或管理支付方式，如信用卡和旅行支票；(4)以客户自己的名义进行交易，或者以货币、货币市场工具、外汇、贵金属、商品、证券(股票、价值权利)及其衍生品交易的方式进行交易；(5)资产管理、持有证券或管理证券、提供投资咨询。

整体而言，瑞士对私人数字货币、私人数字货币融资和数字货币交易所持相对宽松友好的监管态度,将私人数字货币纳入现有监管法律体系,被誉为全球"加密货币天堂"。根据 FINMA 发布的监管政策,瑞士对区块链领域的监管依据,主要以其本国现行金融监管法律为基础,主要围绕 ICO 进行监管,并将私人数字货币进行分类监管,不同类型的代币适用不同的法律作为监管依据,同时将代币预售融资这一特殊情况纳入监管范围。瑞士对私人数字货币融资发行以及稳定币的监管坚持"相同风险、相同业务、相同监管"原则,体现了瑞士法律适用及监管的灵活性、适应性。同时,瑞士监管规则既坚持了反"洗钱"、用户识别等基本原则,又适时防范了技术发展中可能发生的风险,并鼓励创新。

二、美国私人数字货币监管实践

2017 年以来,美国相关监管部门一直密切注视 ICO 与虚拟货币的发展态势,并类比证券、期货等金融市场,逐步强化对虚拟货币在经营牌照、证券发行注册及交易和税收等方面的全面监管。2019 年以来,美国加强了对稳定币的关注和监管,认可受监管的稳定币的发行和流通。2021 年,私人数字货币交易所 Coinbase 在 NASOAQ 上市,是全球首家获得监管并在证券交易所上市的私人数字货币交易所公司。与此同时,美国也在积极推进数字美元的研究,寻求在区块链和区块链金融领域引导私人数字货币的全球定价权以及通过数字美元的发行和扩张进一步巩固美元霸权。美国是较早将私人数字货币纳入监管的国家之一,其在私人数字货币领域出台了数目众多的法令、指南,也积累了不少私人数字货币领域的司法案例,具有丰富的私人数字货币监管经验。

(一)美国私人数字货币分类与监管

美国私人数字货币监管机构包括联邦监管机构和州监管机构,两类监管机构及其监管政策互不干涉,联邦层面对虚拟货币领域的监管机构包括 SEC、CFTC、IRS、CFPB 和 FinCEN 等,州层面中 NYSDFS 是创新监管私人数字货币的代表,其创设了一套相对完善的私人数字货币监管框架。一些州会颁布针对 ICO 及虚拟货币的监管文件,所以在美国从事 ICO 及虚拟货币业务,要分别满足联邦机构和各个州的法律监管要求。由联邦层面的多个部门牵头,决定了美国私人数字货币的多头监管态势,并且这一监管模式在未来相对长时期内不会产生变化。就监管原则而言,美国监管机构建议参考"负责任地创新"以及"三同"原则对其进行规范,"三同"原则即穿透私人数字货币本身和私人数字货币相关业务的经济实质,按照"相同业务、相同风险、相同规则"的方式来监管。

1. 私人数字货币的界定

FinCEN 在 2013 年 3 月 18 日发布的指导文件中指出,私人数字货币是一种交换媒介,在某些情况下可以像真实货币一样使用流转,但并不具有真实货币的所有属性,并且在很多国家都不具有法定地位。[1] IRS 2014 年 3 月 25 日发布的指导文件,进一步明确了比特币是可兑换私人数字货币的典型,可以作为财产购买或兑换成美元、欧元或者其他真实货币和私人数字货币。[2] 在 2017 年 7 月,美国民间法律机构起草的《虚拟货币商业统一监管法案》简要概括了私人数字货币的特征和本质,认为私人数字货币是以数字表示的价值,用作交换媒介、账户单位或存储价值;无论是否以法定货币计价,私人数字货币都不是法定货币。上述联邦机构和民间法律组织对私人数字货币的界定,反映出私人数字货币的几个特征:一是私人数字货币是一种数字价值符号;二是私人数字货币具有与法币的可兑换性;三是私人数字货币不是法定货币。监管机构对私人数字货币的定调为监管政策的制定和实施奠定了基础。

2. 私人数字货币的主要监管主体

美国监管机构针对私人数字货币没有统一明确的认识,不同的监管部

---

〔1〕 See FinCEN, *FinCEN Guidance Regarding Due Diligence Requirements under the Bank Secrecy Act for Hemp-Related Business Customers*, FIN-2013-G001 (Mar. 18, 2013), https://www.fincen.gov/sites/default/files/2020-06/FinCEN_Hemp_Guidance_508_FINAL.pdf.

〔2〕 See Internal Revenue Service, *Internal Revenue Bulletin Notice* 2014-21 *IRS Virtual Currency Guidance*, IRS (Apr. 14, 2014), https://www.irs.gov/irb/2014-16_IRB#NOT-2014-21.

门对不同的私人数字货币可能会作不一样的定性，呈现多头监管和分散监管的态势。在联邦层面，各机构间主要的监管工作安排有：SEC 监管未经注册的可能被视为证券的虚拟货币或初始代币产品，SEC 在该领域拥有全面且重要的管辖权，如直接叫停某些 ICO，甚至对其发出指控，批准是否通过比特币 ETF 基金等；CFTC 手握监管现货市场欺诈和市场操纵的能力，拥有监管私人数字货币衍生品的权力等。各机构互相协作，尽可能弥补各种可能的监管漏洞，防止商业机构或个人监管"套利"。当然，各机构从各自角度出发，对虚拟货币的判断各有千秋。如 SEC 视某些虚拟货币为证券；从征税角度来看，IRS 视虚拟货币为财产；CFTC 视虚拟货币为商品等。同时，美国 HR 2020 年 3 月提出新版《2020 年加密数字货币法案》，旨在明确联邦监管机构对加密私人数字货币的监管职权范围，将加密私人数字货币分为加密数字商品、加密私人数字货币和加密数字证券 3 个类别，分别由 CFTC、FinCEN 和 SEC 监管。在地方层面，各州都从反"洗钱"和货币传输服务等方面对私人数字货币进行了监管和约束，部分州先行出台了法律，其中以纽约州较早开始探索。纽约州于 2015 年率先推出了《虚拟货币监管法案》，对私人数字货币业务颁布 BitLicense 许可牌照，对加密私人数字货币从业者实行监管，截至 2019 年 6 月，NYSDFS 已经颁发了 19 张 BitLicense 牌照；[1] 得克萨斯州是美国私人数字货币立法相对先进的地区，THR 于 2021 年 5 月通过了《虚拟货币法案》，承认加密货币的法律地位，将"虚拟货币"一词纳入该州的《统一商法典》，进一步明确了市场各参与主体对私人数字货币的权利、义务和责任。

3. 关于稳定币的监管

稳定币是一种与另一种货币/资产（通常是美元等实物货币）"锚定"的加密货币。通过稳定币的价值与所锚定货币的确切价格保持固定或浮动汇率，以维持稳定币的价格"稳定"。近年来，随着私人数字货币市场的发展，

[1] 参见 DCLUB：《加密数字货币之美国监管大盘点》，载陀螺财经网 2020 年 5 月 29 日，https://www.tuoluocaijing.cn/article/detail-10009089.html。

越来越多的投资者进入市场参与投资，部分机构也加入了私人数字货币“挖矿”和投资，推动了私人数字货币市场规模的进一步扩大。截至2021年4月，市值排名第一的稳定币USDT流通市值突破450亿美元，同期全球稳定币总市值突破800亿美元，成为目前市值第三大的加密货币，仅次于比特币和以太坊。市值排名第二和第三的稳定币是USDC和DAI。稳定币正日益引起美国监管机构的关注。美国监管机构持包容审慎的态度，2020年9月21日，OCC发布了一封解释信声明，USNB和AFSB可以成为区块链稳定币的运行节点，并将关联的稳定币用于“许可的支付活动”，授权银行在汇款期间利用区块链及其稳定币与法定货币之间来回转换，如果银行选择，也可以自己发行稳定币。[1]

DOT部长珍妮特·耶伦（Janet Yellen）2021年7月18日宣布，计划召集拜登政府的PWG、OCC以及FDIC讨论关于稳定币的跨部门工作。通过跨机构评估稳定币的潜在好处，同时减轻它们可能对用户、市场或金融系统造成的风险。鉴于数字资产的快速增长，各机构必须就该领域的监管以及为当局制定任何建议进行合作。PWG将对稳定币目前的监管进行审查，识别风险并提出解决这些风险的建议，预计将在未来数月发布书面建议。稳定币由美国银行业监管机构DOT和DOT下的OCC以及各州银行业监管机构牵头监管，将从事比特币交易的平台、支付中介以及稳定币的发行和交易中介等实体，视为资金传输业务（money transmitter）纳入监管范畴。

4. 私人数字货币的准入监管

美国金融监管当局根据功能监管和业务实质，为稳定币发行、交易等活动设定准入许可。目前，美国稳定币业务准入牌照分为几个部分：一是反

---

〔1〕 See Office of Comptroller of Currency, *OCC Chief Counsel's Interpretation on National Bank and Federal Savings Association Authority to Hold Stablecoin Reserves*, OCC (Sept. 21, 2020), https://www.occ.gov/news-issuances/news-releases/2020/nr-occ-2020-125.html.

"洗钱"登记。稳定币发行商需要到 FinCEN 进行货币转移服务(MSB)登记,〔1〕登记是否配套有反"洗钱"机制,履行反洗钱义务。需要说明的是,美国 MSB 牌照是 FinCEN 监管并颁发的一类金融牌照,主要监管对象是与金钱服务相关的业务与公司,包括私人数字货币交易、外汇兑换、国际汇款等业务。DOT 和 SEC 曾明确要求,数字资产交易所受《银行保密法》的规制,在美国开展数字资产交易业务,或从事上述相关业务的公司,必须申请 MSB 牌照,以便合法开展业务,且同时须遵守反"洗钱"和反恐怖主义融资规定。〔2〕 二是虚拟货币业务许可(BitLicense)。在纽约州经营或为纽约居民提供服务的稳定币提供商需要取得 NYSDFS 的虚拟货币业务 BitLicense 牌照,业务范围包括接收用于传输的虚拟货币或传输虚拟货币,代为他人存储、持有或保管虚拟货币,发行虚拟货币等。〔3〕 三是货币转移许可。私人数字货币服务商除满足联邦层面的货币转移法规外,还需取得各州货币转移牌照,满足该州的货币转移要求。〔4〕 此外,2017 年民间法律组织制定的《虚拟货币商业统一监管法案》也提出了明确的市场准入要求,申请方需要向注册部门报告基本信息、持有货币服务许可证情况、托管银行信息、资金来源、最低净资产和储备金等信息,〔5〕由监管部门进行实质审查(见表 6-1)。

---

〔1〕 FinCEN 主要负责管理金融犯罪、洗钱、毒品、恐怖融资活动。See FinCEN, *Prepared Remarks of FinCEN Director Kenneth A. Blanco at Chainalysis Blockchain Symposium*, FinCEN(Nov. 15, 2019), https://www.fincen.gov/news/speeches/prepared-remarks-fincen-director-kenneth-blanco-chainalysis-blockchain-symposium.

〔2〕 See Kenneth A. Blanco, *Prepared Remarks of FinCEN Direct or Kenneth A. Blanco at Chainalysis Blockchain Symposium*, Financial Crimes Enforcement Network, FinCEN(Oct. 15, 2019), https://www.fincen.gov/news/speeches/prepared-remarks-fincen-director-kenneth-blanco-chainalysis-blockchain-symposium.

〔3〕 2015 年 6 月,NYSDFS 根据《纽约金融服务法》发布了《虚拟货币监管法案》。Department of Financial Service of New York State, *23 NYCRR Part 200 Virtual Currencies*, Department of Financial Service, (Dec. 11, 2019), https://www.dfs.ny.gov/apps_and_licensing/virtual_currency_businesses/gn/adoption_listing_vc.

〔4〕 See Jacob Hamburger, *Bitcoin vs. State Money Transmission Law: Protecting Consumersor Hindering Innovation?*, 229 Journal of Law Economics & Policy, p. 232(2015).

〔5〕 See Uniform Law Commission, *The Uniform Regulation of Virtual Currency Businesses*, Uniform Laws (Oct. 21, 2019), https://www.uniformlaws.org/viewdocument/enactment-kit-45.

表 6－1　美国私人数字货币牌照

牌照/许可类型	信托牌照	虚拟货币牌照（BitLicense）	货币转移许可证	金融服务牌照（MSB）
发放主体	各州金融服务局	NYSDFS	各州金融服务局、银行业金融机构	FinCEN
法律依据	各州《商业银行法》《金融服务法》	纽约州《虚拟货币监管法案》《金融服务法》	各州《货币转移法》	联邦《货币转移法》《银行保密法》
业务范围	信托、投资基金、资产管理和资金托管业务、反"洗钱"、消费者保护	虚拟货币发行、传输、保管、存储、控制、管理、买卖以及兑换业务，反"洗钱"、网络安全与消费者保护*	货币转移服务商的设立、发行、交换、传输或兑换业务、反"洗钱"、客户识别等	关注货币转移服务商反"洗钱"义务的履行、货币转移登记**
程序要件	严格的实质审查和许可	实质审查、行政许可、定期检查	实质审查与行政许可	登记，无实质审查限制

资料来源：* 参见牛馨雨：《美国纽约州比特币牌照制度研究》，载《金融法苑》2016 年第 1 期。

** See Electronic Code of Federal Regulations, *Title 31*: *Money and Finance*: *Treasury*, § 1022, 380 Registration of Money Services Businesses, ECFR(Aug. 26, 2021), https://www.ecfr.gov/cgi-bin/text-idx? SID = 953f3ccf3865375f43a83d8396b36a5c&mc = true&node = se31.3.1022_1380&rgn = div8.

5. 私人数字货币的反洗钱监管

美国将私人数字货币发行和交易纳入货币服务体系实施严格全面的反"洗钱"监管，符合美国联邦法规第 31 篇第 103 节第 11 项所界定的货币服务提供者（包括私人数字货币的发行方和交易中介），需建立合理有效的反"洗钱"程序，防止货币服务业务被用于"洗钱"犯罪和资助恐怖活动犯罪。KYC 是在私人数字货币反"洗钱"监管中运营实体需要遵行的基本规则。美国《爱国者法案》要求，企业建立客户识别相应机制，在账户建立及管理过程中，了解相应的客户信息，保存相应的数据记录。FFIEC 建立了银行保密法/反洗钱信息库，为客户识别规则的适用提供了实际指导。同时，美国《银行保密法》也要求银行和其他金融机构符合相应的客户识别程序。

6. 私人数字货币的征纳税监管

数字货币的流通为包括逃税在内的许多非法活动提供了便利,DOT 表示,加密货币已经带来了严重的资产核实难题,助长了包括逃税在内的诸多违法活动。根据 DOT 的估计,仅在 2019 年,私人数字货币市场应付给美国政府的税款与实际支付的税款之间就有接近 6000 亿美元的差值。[1] IRS 早在 2014 年就已将私人数字货币纳入征税范围,将比特币定义为"财产"(property),而不是货币,将私人数字货币界定为具有财产属性从而具有可税性,就个人和企业投资私人数字货币的收入征收个人所得税和企业所得税。IRS 认为,雇主向员工支付的虚拟货币报酬构成工资,并应在支付之日按美元的虚拟货币公允价值预扣联邦所得税。[2] 以虚拟货币向美国非豁免接收方付款的情况如下:如果转账付款的虚拟货币的公允价值超过 600 美元,则需要与其他形式的财产转移一样受信息报告要求的约束。此类付款包括房租、工资或年金,纳税人使用虚拟货币进行的付款应与其他财产支付方式一样扣缴预扣款。IRS 已经在 2020 年版本的报税表格(Form 1040)上添加了与加密货币相关的项目,以获取对加密货币交易的了解。2021 年 5 月 20 日,DOT 建议收紧对私人数字货币的税收监管力度,要求 1 万美元以上的交易应上报给 IRS。2021 年 8 月 6 日,美国参议员提出基础设施法案加密税收规则修订案,要求交易所、其他加密应用应适应新的信息报告要求,明确界定"加密货币经纪人"的含义,把通过 POW"挖矿"的"矿工"和软件开发商这类"非经纪人"排除在征税范围之外,予以豁免政策,而加强对 POS 模式的税收征管。[3] 该政策有可能增加收缴加密货币税收约 280 亿美元。

---

〔1〕 参见 Reuters Staff:《综述:美国监管者暗示加强对加密货币风险及税务方面的监督》,载路透社网 2021 年 5 月 21 日,https://jp.reuters.com/article/us-fin-regulators-crypto-currencies-0521-idCNKCS2D205S。

〔2〕 See Internal Revenue Service, *Notice 2014-21*, IRS(Mar. 25, 2014), https://www.irs.gov/pub/irs-drop/n-14-21.pdf.

〔3〕 See Nikhilesh De, *US Senate Sends Infrastructure Bill to House*, Coindesk(Aug. 10, 2021), https://www.coindesk.com/markets/2021/08/10/us-senate-sends-infrastructure-bill-to-house/.

DOT 还建议包括增加 IRS 的资金和技术,对逃税的人加重惩罚,探索私人数字货币税收征缴的治理机制。

（二）美国私人数字货币发行融资立法与监管

美国私人数字货币的融资发行目前主要由 SEC 负责监管,SEC 认为,某些能通过豪威测试的虚拟货币 ICO 属于证券发行,需要向 SEC 注册并受《证券法》《证券交易法》等法律监管。2018 年 11 月,SEC 发布了《关于数字资产证券发行与交易的声明》,明确 SEC 对私人数字货币的监管范围和监管职责:(1)数字资产证券发行和销售;(2)投资于数字资产证券及数字资产证券的投资咨询;(3)数字资产证券的交易、流通,并强调了 SEC 对数字资产、区块链技术的态度,即 SEC 支持有利于投资者和资本市场发展的技术创新,但必须遵守联邦法律框架,在监管、合规的前提下有序进行,同时鼓励区块链新兴技术的创业者聘用法律顾问,在必要时可寻求 SEC 的协助。

1. 私人数字货币的证券属性认定

SEC 是美国私人数字货币及 ICO 的主要监管机构。SEC 是根据美国 1934 年《证券交易法》成立、直属联邦政府的独立机关、准司法机构,负责美国证券市场的监督和管理工作,为美国证券业最高监管机关,具有准立法权、准司法权、独立执法权。SEC 主要依据 1933 年《证券法》和 1934 年《证券交易法》对私人数字货币及 ICO 等实施监管,2017 年 7 月,SEC 发布《The DAO 调查报告》,指出 The DAO 的 ICO 属于证券范畴,从而首次将 ICO 纳入现有金融监管体系之中。2019 年 4 月,SEC 官网刊载了《数字资产"投资合同"分析框架》,进一步明确了适用豪威测试分析 ICO 的证券属性。

随后在司法实践中,联邦法院和州法院逐渐确立了判断某一金融工具是否属于证券的标准,除豪威测试外,SEC 和法院还会用"风险资本测试"(Risky Capital Test)以及"里夫斯测试"(Raves Test)等标准来判定一项数字代币是否构成证券。

(1)豪威测试

判断融资发行的数字代币是否属于美国《证券法》中的"证券"概念,即数字代币是否属于“证券”中的投资合同，联邦法院和州法院逐步确立了豪威测试标准。豪威测试源于 1946 年的“SEC 诉豪威（W. J. Howey Co.）案”。[1] 在该案中，联邦最高法院认为，投资合同，是指投资者“将金钱投入”一项“共同事业”，并“期待仅仅通过项目发起人或者第三人的努力”而“获得收益”。此后，联邦最高法院相继完善了豪威测试的各个要件。目前，豪威测试标准包含 4 个要件：金钱投资（money investment）、投资于共同的事业（common enterprise）、有获得利润的合理预期、利润的产生源于发行人或第三人的努力。

第一，“金钱”投资的判断。美国对“金钱”范围的界定正在逐步扩大，2013 年美国法院在判决中认为比特币具有金钱的属性（SEC v. Trendon T. Shavers & Bitcoin Sav. & Tr.）。此后，对其他私人数字货币和融资发行的数字代币，美国法院和监管机构也倾向认定具有金钱属性，投资比特币、以太坊等私人数字货币到具体项目即视为投入金钱。

第二，投资共同事业中“共同性”标准的认定。“共同性”包括“横向共同性”、“广义纵向共同性”[2] 以及“狭义纵向共同性”。横向共同性（horizontal commonality）强调投资者之间的关系，投资者的投资构成一个资金池，每一位投资者获得的收益取决于整个事业的成功；广义纵向共同性（vertical commonality as broad interpretation）仅要求投资者取得的收益源于管理者的努力；狭义纵向共同性（vertical commonality as strict interpretation）除要求投资者取得的收益源于管理者的努力外，还要求投资者与管理者共负盈亏。在实践中不同法院采用不同的“共同性”标准，尚未统一。

第三，有合理的利润期待。利润一般是指初始投资或经营事业而产生的资本增值，或者因使用买方资金而产生的收益。完全借助外部市场力量

---

〔1〕 United States Supreme Court, Marine Bank v. Weaver, Mar. 8, 1982, No. 80 – 1562.

〔2〕 参见邓建鹏：《以太坊是证券吗？——来自美国法的视野》，载巴比特资讯网 2018 年 8 月 7 日，https://www.sohu.com/a/245700325_104036。

（如一般通货膨胀趋势或经济发展）影响基础资产的供求而产生的价格增值，不属于豪威测试下的“收益”。[1]

第四，利润来自发行人或第三人的努力。参照公司的代理法律关系，项目不需要投资者自己参与运营，而主要依靠发起方、组织方或者其他关联第三方进行必要的经营和管理努力，并且项目发起者和第三人所做的经营努力与能否获得利润息息相关，投资者仅需付出指定的费用及成本，并不实际参与项目的运营和管理。[2]

在基于DAO的调查报告等个案分析的基础上，SEC于2019年4月，在其官网刊载的《数字资产“投资合同”分析框架》则从更具普适性的视角提供了数字资产投资合同的分析原则和判定标准。该分析框架认为，豪威测试应用于分析数字资产证券属性时，应根据“实质重于形式原则”进行判断，即重点不在投资标的本身的形式和安排，而取决于数字资产的具体特征和出售方式。该分析框架强调，属于证券的数字资产，无论其结构组织形式为何，都需要保证足够的信息披露，以解决管理层和投资者之间的信息不对称问题。

但是，豪威测试无法完全解决判断私人数字货币证券属性的问题，面对一些较复杂的数字代币或者采取创新方式发行的私人数字货币，其仍不能准确判断某种私人数字货币是否属于证券，如以太坊这种有生产属性、投资属性还有消费属性的代币为例，SEC主管加密货币的高管威廉·汉姆（William Hinman），在2018年6月的一场官方演讲中表态称，比特币和以太坊不是证券，因为比特币和以太坊具有去中心化性质，不存在个人或组织支持该数字加密货币的发行和售卖，以及投资者也不能期待从中获得回报，[3]

---

〔1〕 参见合规联盟：《豪威测试：美国法对证券的司法认定标准》，载链得得网2021年2月2日，https://www.sohu.com/a/448207956_100217347。

〔2〕 参见邢会强：《我国〈证券法〉上证券概念的扩大及其边界》，载《中国法学》2019年第1期。

〔3〕 参见Dave Michaels：《SEC官员称以太币不是一种证券应免受监管》，载华尔街日报（中文版）网2018年6月23日，https://cn.wsj.com/articles/sec-sec-1529023509？tesla=y。

所以它们不是证券，故交易不受 SEC 监管。这反映出豪威测试对某些去中心化发行和运营的私人数字货币的规制局限。同时，豪威测试的判断标准仍存在一定程度的模糊性，包括回避了“私人数字货币是不是合法出资形式”的问题、没有考虑到私人数字货币中“投资者”身份的复杂性、无法涵盖所有证券类型等；此外，豪威测试能否完全适用于二级市场的转售也存在疑问。上述种种不足，需要结合其他测试手段予以弥补。

(2) 风险资本测试

针对投资合同，部分州法院确立了风险资本测试标准。风险资本测试源于 1961 年“银山乡村俱乐部(Silver Hills Country Club)诉索别斯基(Sobieski)案”，而在 1971 年“州(State)诉夏威夷市场中心(Hawaii Market Center)案”中，法院进一步明确了风险资本测试标准的 4 个要件：①受要约人向要约人提供“初始价值”；②部分“初始价值”承受了企业风险；③提供“初始价值”是由要约人的承诺或陈述引起的，这些承诺或陈述使受要约人合理地认识到，企业经营的结果将使受要约人获得某种超过“初始价值”的有价值的利益；④受要约人无法对企业的管理决策实施实际控制。

相较豪威测试，风险资本测试标准更强调投资者与企业之间的关系，关注投资者是否积极参与了企业管理决策，是否能够合理地独立于要约人。但到目前为止，风险资本测试仅出现于部分州关于“预售”即资金启动环节的案件，转售案件、联邦管辖范围内的案件是否也能适用这一标准，仍然不甚明确。

(3) 里夫斯测试

针对票据，联邦法院在司法实践中逐步确立了里夫斯测试标准(又称为家族相似性标准)来判断某一金融工具是否与不作为证券对待的“票据”具有相似性。里夫斯测试源于“里夫斯(Raves)诉恩斯特和杨(Ernst & Young)案”。在该案中，法官假设“每一种票据都是证券”，但是为“一般称为‘票据’但不属于证券的金融工具”列出了一个清单，里夫斯测试标准的 4 个要件包括：

第一,理性交易者促成交易的动机。若融资者是基于商业企业的一般用途而筹集资金,或者为实质投资进行融资,且投资者是为了赚取利润,那么这一金融工具很可能属于证券。

第二,通过该金融工具的"分销、流通计划",即发售方式,来判断其是投机或者是投资工具,还是纯粹的商业交易工具,如果是投机或者投资工具,那么其属于证券。

第三,公众投资者的合理期待是否为证券,如果公众投资者有认定该金融工具为证券的合理预期,那么法院将认定其为证券。

第四,是否存在其他监管规范来极大地降低投资者投资该金融工具所面临的风险,即是否存在特别规范来保护投资者利益,从而不再需要适用《证券法》对该金融工具的风险进行特别监管。如果没有特别监管规范,那么其属于证券。

里夫斯测试与豪威测试的相同之处在于,二者都强调了证券的"投资性",即投资者投资"证券"的动机是为了获取收益,不同之处在于里夫斯测试的第四个要件强调了证券的"风险性"(风险未受规制性),即将某一金融工具纳入《证券法》进行监管的条件之一,是该金融工具蕴含的金融风险缺乏特别法律监管,投资者利益缺乏特别法律的保护。里夫斯测试并不要求同时满足所有要件,因此,现实中存在大量的"临界状态",使法院将更多影响因素纳入考虑范围。[1] 因此,美国法院一般从形式和实质两个方面判断某一金融工具是否属于证券,基于"投资合同"的普适性或兜底性特征,法院仍倾向先将某一新型金融工具初步归属为投资合同,再根据豪威测试标准对其进行定性分析。[2]

2. 证券型私人数字货币 STO 的发行豁免规定

具体从监管规则来看,目前由于多数区块链公司的体量较小且对于融

---

〔1〕 参见姚海放:《论证券概念的扩大及对金融监管的意义》,载《政治与法律》2012 年第 8 期。

〔2〕 参见吕成龙:《我国〈证券法〉需要什么样的证券定义》,载《政治与法律》2017 年第 2 期。

资效率的需求更高，如果通过注册发行证券则昂贵且耗时，因此大多数区块链公司尽可能地寻求注册豁免，即获得豁免的证券可以直接发布和出售，而无须在 SEC 进行注册。豁免的相关法规主要有 4 项：Regulation A – Plus[1]（小额发行豁免条例，以下简称 Reg A +）、Regulation D（大型企业私募投资条例，以下简称 Reg D）、Regulation S（境外证券发行条例，以下简称 Reg S）、Regulation CF（以下简称众筹条例）。整个豁免注册申请流程是在 SEC 的证券信息电子化披露系统（Electronic Data Gathering, Analysis, and Retrieval System, EDGAR）进行的，要求公司在网上提交 FORMD，申请过程中需要公司对应的中央索引键（Central Index Key, CIK），包括发行人身份信息、主要营业地和联系方式、公司规模、行业等发行主体的信息、发行证券的信息（如种类、期限等）。[2]

美国的相关监管政策方面，STO 主要还是依据监管条例 Reg D、Reg S 和 Reg A + 进行融资的。STO 发行的 ST 代币被视为另类资产，是基于证券登记豁免的方式，在合格投资者范围内进行私募。其中，依据 Reg A + 进行的 STO 资金募集，类似小型的 IPO，需要有两年经过审计的财务报表，并报请 SEC 审批；Reg D 允许项目向美国境内的合格投资者融资；Reg S 允许 STO 项目向海外投资者进行资金募集，给予 STO 的实操者一定的运作空间。目前，美国和部分可豁免证券发行的司法管辖区是 STO 项目较青睐的地区。据研究统计，截至 2020 年 12 月，全球通过 STO 发行的代币化房地产可衡量市值达到 2575.178 万美元，二级市场 STO 代币交易量为 179, 861 美元，STO 融资和代币化处于不断发展的上升趋势。

（三）美国数字货币交易所监管政策与实践

SEC 和 CFTC 牵头美国数字货币交易所的监管，需要满足美国《证券

---

[1] 《A 条例》（Regulation A）是《美国 1933 年联邦证券法》第 3(b)(1) 条授权 SEC 制定的小额发行豁免具体规则，2015 年 SEC 对《A 条例》进行了修正，于 2015 年 3 月 25 日通过了《A + 条例》（Regulation A-Plus）最终规则。

[2] 参见赵炳昊：《加密数字货币监管的美国经验与中国路径的审视》，载《福建师范大学学报（哲学社会科学版）》2020 年第 3 期。

法》《商品交易法》和 CFTC 规则等监管规则。数字资产衍生品交易的平台，则需向 CFTC 注册，并需要获得 CFTC 的批准以及取得衍生品清算组织许可证(DCO)和指定合约市场牌照(DCN)。2020 年 9 月，美国国会众议院议员提出了《数字商品交易法》，扩大了商品交易法的范围，成为 CFTC 参考的监管数字货币交易所的框架。在 CFTC 注册的交易所要遵守相关要求，包括交易所信息披露、利益冲突、最低资本要求、网络安全、用户资产隔离等。交易所对 CFTC 注册优先于向各州和地区的注册，更便于节约合规成本。

具体而言，交易所上市应做好项目评估、完善交易规则、建立可行的风险控制体系、打造健全的交易所内控制度。要注意对上市交易的私人数字货币新品种事先进行场景应用模拟，严格审查私人数字货币项目方和团队，评估上线的数字货币的价格波动及风险收益，做到严格审查的注意义务；通过对现货市场的成交额、换手率、收益率来考察现货市场的交易规模大小，控制现货的风险；数字货币交易所应当评估国内外其他交易所同类品种以及 OTC 的竞争情况，保持有竞争力的现货交易。同时，数字货币交易所应当寻找合适的交叉避险工具，还应当评估潜在市场参与者的构成。[1]

此外，CFTC 也需要对数字货币交易所强化审查。CFTC 提出的“强化审查”规则是监管区块链金融创新产品和交易所的一个代表。主要包括：(1)上市私人数字货币期货交易应设置较高的风险阈值，如提高初始保证金及变动保证金的比例；(2)设立大额和可疑交易的报告机制；(3)对私人数字货币结算价格进行广泛监测(适用于制定协议市场)；(4)监管开展必要的现场检查和询问；(5)加强现货市场交易平台的信息共享机制建设；(6)为 CFTC 提供实时交易和结算数据等。[2] CFTC 会对在美国违法开展业务的交易所采取行动，包括在境外注册运营的数字货币交易所进行“长臂管辖”。CFTC 于 2020 年 10 月对 BitMEX 提起诉讼，以其未注册为 CFTC 的期货委

---

〔1〕 参见章武生:《美国证券市场监管的分析与借鉴》，载《东方法学》2017 年第 2 期。

〔2〕 参见区块链合规联盟:《加密货币交易所在美上市经营的监管思考》，载链得得网 2021 年 4 月 19 日，https://www.chaindd.com/3543550.html。

员会交易商但为美国居民提供服务,未注册为指定合约并提供非法期货,未对用户进行 KYC 等为由进行调查,严格打击不合规的数字货币交易所。

综上,美国政府在制定区块链金融和私人数字货币法律和政策时,比较慎重。美联储主席鲍威尔强调了金融技术进步的潜在好处,但同时指出加密货币、稳定币和其他创新“也可能给那些用户和整个金融系统带来潜在风险”。在对诸如虚拟货币这种新兴领域尚未达成高度共识之前,监管机构不会下达“一刀切”式的政策。比如,美国 ICO 融资总量位居全球首位,在缺乏全面监管规范之前,美国在该领域出现了许多欺诈事件。但是,SEC 对 ICO 并未直接下达禁令,而是根据 ICO 项目的具体事实和情况,判断 ICO 项目方出售的代币是否为证券。如果是证券,则认为应受到联邦证券法的约束,未取得证券经营许可的,应将已经筹集的资金或私人数字货币返还给投资者。又如,对稳定币的监管,美国持包容审慎的态度,在鼓励创新的同时警惕其带来的风险。对比特币、以太坊以及 DeFi 等私人数字货币和衍生生态,美国考虑制定新的监管措施,力图将所有类型的私人数字货币纳入监管范畴。

三、日本私人数字货币监管实践

FSA 作为日本金融市场监管机构,一直在探讨如何监管虚拟货币。正是由于日本监管部门对区块链行业及虚拟货币监管的积极态度,通过立法形式正式承认比特币支付是合法的支付手段,使日本成为世界上区块链产业发展的前沿国家。日本对数字货币的监管分为一般数字货币的监管、私人数字货币发行融资行为监管和私人数字货币交易所监管 3 个方面,突出了立法在私人数字货币领域监管的指导作用。

(一)日本私人数字货币监管政策与实践

日本金融监管机构将私人数字货币视作一种支付工具,将虚拟货币有关监管事项写入监管支付服务的《资金结算法》中。2016 年日本修订了《支付服务法》,增加了“虚拟货币”一章,正式承认虚拟货币为合法支付手段并将其纳入现行法律体系内予以监管。日本政府于 2017 年颁布实施《资金结算法施行令》(2010 年政令第 19 号,2017 年 4 月 1 日实施)和《虚拟货币交换业者内阁府令》(2017 年内阁府令第 7 号)等相关配套的法令,对资金转移、资金清算、认证从业者协会、纷争解决等作出了详细规定。通过不断地更新已有法规体系,而不是新制定私人数字货币领域的专门法规,将私人数字货币相关风险纳入现有法律规制范围内,相关法规涉及《支付服务法》《金融商品交易法》《银行法》《犯罪收益转移防止法》《消费者契约法》等。

私人数字货币交易中风险更大的是衍生品交易。2017 年后,日本市场数字资产交易规模的八成是衍生品交易,FSA 也收到不少有关衍生品交易的投诉,认为数字资产的衍生品交易"专为助长投机,难以发现其积极社会意义"。但考虑到目前数字资产衍生品交易市场已经具备一定的规模,因而决定对不构成有价证券的数字资产的衍生品交易不予禁止,但要加强监管,保护投资者合法财产权益和规范交易适当性。2019 年 5 月 31 日,日本公布《资金结算法》和《金融商品交易法》修正案,主要修订内容包括:将"虚拟货币"更名为"加密资产",以进一步限制投机交易行为,加强虚拟货币被盗风险的防范;严格保证金交易;加强 ICO 监管,同时加强虚拟货币宣传销售等市场行为的规制,如打击虚假广告、夸张广告及散布谣言、操纵价格等不正当行为。上述法案明确了加密资产的监管原则,主要体现在以下 3 个方面:

第一,审慎监管。开展数字资产衍生品交易业务需要注册为第二种金融商品交易业者(集中交易),乃至第一种金融商品交易业者(场外交易),但数字资产交易平台可以运营保证金交易,也就是俗称的杠杆交易。注册时,计划开展数字资产衍生品交易业务的申请人应当在申请书中注明有关事项。

第二,交易行为监管。数字资产衍生品应适用金融商品衍生品交易的一般规定,如缔约前书面告知义务、禁止虚假表示、禁止承诺保本付息、禁止主动劝诱等。此外,由于作为基础资产的数字资产本身存在的风险,开展衍生品交易的从业者还需要事前备案基础资产的种类,并向用户说明作为基础资产的数字资产的性质。

第三,限制杠杆交易倍率以防控虚拟货币投机。FSA 认为,过高的杠杆倍率容易给投资者带来难以预料的损失,还会助长过度投机,因而修正案对数字资产保证金交易的杠杆倍率作出上限规定,规定杠杆倍率最高不得超过 2 倍。[1]

日本本次修法后对数字资产采取了分层监管的方法,与其他国家的监管制度相比,独具特色。首先专门规定了数字资产概念,对不构成证券的数字资产仍然设置了成套的监管规定。尤其是对功能型代币来说,FSA 明确表明,功能型代币的经济性质不同于证券,体现出对经济本质的尊重。此外,日本的私人数字货币监管在遵循 FATF 建议设置 AML/CFT 规定并监管数字资产衍生品交易外,针对日本市场中出现的数字资产流失、交易非法行为等问题,完善了对交易平台的用户保护、现货交易中的非法行为规制等。

(二)私人数字货币融资的监管政策与实践

由于数字资产在实践中被当作一种投资对象,因而需要监管投资交易以保护投资者。日本此次修法强化了数字资产作为投资对象时的监管措施,将 ICO、数字资产现货和衍生品交易的适当性,分层次地纳入金融市场统合监管法《金融商品交易法》的监管范围。2019 年 5 月 31 日,HRoJ 对《金融工具及交易所法案》进行了部分修订(2020 年 4 月生效),明确了 ICO、STO 以及加密资产衍生品将受到该法案的监管,同时引入了电子记录可转让权利之概念。

ICO 代币是否属于有价证券,需要依据日本法中的集合投资计划的定义进行判断。日本法中的集合投资计划作为有价证券的兜底条款,由 3 个积极要件、4 个排除要件组成。3 个积极要件是:第一,投资要件,出资人投入金钱等;第二,共同事业要件,所出资的金钱用于开展出资对象的事业;第三,收益分配要件,出资人拥有权利,可以从出资对象事业所产生的收益获得分配。4 个排除要件是:第一,所有出资人直接参与出资对象事业;第二,约定

---

[1] 参见日本《数字资产府令》第 25 条第 5 款第 1 项、第 2 项;《金融商品交易业府令》第 117 条第 1 款第 47 项至第 50 项。

出资人享有的收益不得超过所出资金额；第三，保险合同、互助合同等其他法律有特别规定；第四，政令规定的其他情形，目前包括仅以注册会计师或律师为当事人的情形。

(1)投资要件。日本法中集合投资计划的构成要件直接源于美国《证券法》的豪威测试标准。

(2)收益分配要件。日本本次修法后引入了非法交易规制等规定，可以起到一定的保护投资者的作用。[1]

(3)直接参与要件。日本法中集合投资计划的定义将投资者全部直接参与出资对象事业规定为排除要件，实际上等同于豪威测试中的投资者被动性要件。日本《金融商法施行令》对直接参与要件作出了具体解释，同时符合下列两个条件的，才能从集合投资计划中予以排除：第一，出资对象事业的业务执行，获得全部出资人的同意，或事先约定不需要全部出资人同意但决策时全部出资人均作出同意与否的意思表示；第二，全部出资人都全职参与出资对象事业，或者虽不是全职参与，但拥有出资对象事业不可或缺的特别专业能力，且在参与出资对象事业过程中发挥此项专业能力。应明确的是，全员参与要件至少与豪威测试中的投资者被动性要件的解释标准一致。

由于证券型代币可以在区块链上自由流转，风险较高，FSA 认为，原则上需要将投资型代币视为有价证券予以监管。修正案将用代币表示的有价证券权利称为“电子记录移转权利”，即“通过可以用电子信息处理系统进行转移的财产性价值(限于在电子机器或类似物体上用电子方法记录的对象)来表示的权利”。这一定义与《支付服务法》对数字资产的定义类似，其实质就是指 ICO 发行的证券型代币。同时，为了避免重复监管，《支付服务法》作了补充规定，属于《金融商品交易法》所规定的电子记录转移权利的，不再视为该法所监管的数字资产。

---

〔1〕 参见杨东、陈哲立：《数字资产发行与交易的穿透式分层监管》，载《学习与探索》2020 年第10 期。

此外,日本制定《金融商品交易法》时引入集合投资计划的概念,亦明确表明目标是应对市场环境变化,填补法律空白,健全投资者保护的横向法制。[1] 但是,有关私人数字货币 ICO 等融资发行的具体监管规则的效果尚需时间检验。电子记录转移权利适用证券相关的法制进行监管,对于初创企业或区块链项目来说可能过于严苛。目前,日本法提供了两种缓和方式,即小额发行和归属于第二项有价证券的电子记录移转权利。但是,小额发行只能豁免发行时的备案书提交义务,不能豁免全部信息披露义务;电子记录转移权利比照第二项有价证券监管虽然豁免了信息披露义务,但条件较严格,不仅需要投资者适当性,还需要发行人采取技术措施防止转让,也就是俗称的"锁仓"。此外,无论是自行发行还是委托他人发行,都需要注册获得牌照。更严格的是,关于二级市场的规定完全等同于通常的有价证券,没有任何缓和。发行数字资产不属于证券的 ICO 不适用金融监管,因而功能型代币可以在日本自由发行。日本修法完善了对数字资产的交易行为和对交易平台用户保护的监管,但是,功能型代币的 ICO 缺乏信息披露制度,购买者的权利缺乏保障。[2]

FSA 对 STO 进行严格监管,设立 STO 协会负责进行与证券代币销售和征集相关的认证自律业务,该协会还与 FSA 和其他相关公司合作,致力行业的健康发展。

(三)日本数字货币交易所监管政策与实践

日本政府对虚拟货币交易的监管体系很严格,目的是防止利用虚拟货币从事"洗钱"、恐怖主义融资等违法犯罪活动以及保护交易者合法权益。日本政府以虚拟货币交易机构为监管重点对虚拟货币实施监管,监管法案中的"虚拟货币交换从业者",即虚拟货币交易平台。根据日本虚拟货币监管规定,虚拟货币可以作为结算工具,从事虚拟货币与法定货币兑换业务的

---

〔1〕 花水康「集団投資スキームの規制」松尾直彦編著『金融商品取引法・関係政府令の解説』(商事法務,2008 年)63 ~ 70 頁。

〔2〕 参见段磊:《日本法对虚拟货币的监管规制》,载《金融法苑》2018 年第 3 期。

机构必须在 FSA 登记。FSA 作为监管部门有权对交易机构进行检查,并向交易机构发出整改业务或停止交易的命令。FSA 对散布虚假信息、市场操纵等行为加以禁止,违反者将受到包括刑事处罚在内的严厉制裁。

1. 交易机构强制登记要求

修订后的《支付服务法》自 2017 年 4 月开始实施,已从事虚拟货币交易的机构需在实施之日起 6 个月内申请登记,交易机构获得登记申请前也适用《支付服务法》。强制要求虚拟货币交易机构登记注册,是统一监管的基础。《支付服务法》第 63 条第 2 款规定,未经内阁总理大臣登记,不得进行任何有关虚拟货币交换业的业务。

交易机构申请登记注册时,需提交的申请资料主要包括商号及住所,资本金金额,进行虚拟货币交易业务的营业场所名称及所在地,董事及监事、外国虚拟货币交易机构在日本代表人的姓名,运营的虚拟货币的名称,虚拟货币交易业务的内容及方法,虚拟货币交易业务部分向第三方委托的情况等。而且,交易机构除提交以上申请资料外,监管机构还会对其实际状况进行听证和实地调研。《支付服务法》的强制登记规定,同样适用于在其他国家获得注册登记与经营许可的虚拟货币交易机构,如果在日本开展虚拟货币业务则必须依据《支付服务法》在日本重新登记。

2. 受监管的业务范围

数字货币交易平台通常主要开展私人数字货币的买卖、交易、代管等业务。日本《支付服务法》第 2 条第 7 款规定的需要登记的“虚拟货币交换业务”范围,包含以下任何一种或多种业务:一是虚拟货币的买卖以及与其他虚拟货币的交换;二是从事虚拟货币买卖及交换行为的媒介、经销及代理;三是基于前述所规定的行为,对交易者的金钱及虚拟货币进行管理。

日本的立法者认为,由于代管业务亦存在用户保护的需求,因此也存在监管的必要,且 FATF 在 2018 年 10 月新的建议中提出,代管业务存在一定程度 AML/CFT 方面的风险,所以 2019 年修法将仅运营私人数字货币代管业务的经营者(俗称“钱包”软件)一并纳入监管对象的范畴,具体的审慎监管和行为监管规定均与交易平台相同。

3. 对交易机构的行为监管

日本的私人数字货币相关法案均以保护交易者为目的,包括投资者保护、解释说明、信息披露、投资者财产管理等义务。作为保护交易者权益的措施,虚拟货币交易机构具有对交易者进行说明并提供信息的义务。根据《支付服务法》第63条第10款的规定,交易所向投资者说明的内容及必须提供的信息的具体内容,根据日本政府2016年12月制定公布的《关于虚拟货币交换从业者内阁府令案》(以下简称内阁府令案)第16条和第17条规定,必须从一开始就通过书面或者其他适当形式进行明确说明。[1]

4. 交易机构及交易者资产的监管

由于数字货币交易平台以现金和私人数字货币的形式保管大量的用户资产,因而用户资产的保护便成为私人数字货币交易平台监管的重要内容。《支付服务法》第63条第11款第1项要求,虚拟货币交易机构必须将交易者的金钱或虚拟货币,与自身的金钱或虚拟货币进行区分管理。至于具体区分管理的方法,依照内阁府令案第20条第2项第1号的规定,要求虚拟货币交易机构将自身的虚拟货币与交易者的虚拟货币进行明确区分管理,且不同的交易者之间也要区分管理。具体管理方法为:能够明确区分交易者的虚拟货币与自身固有资产的虚拟货币,且能够立即明确分辨不同交易者拥有的虚拟货币,包括在自身的账簿上能立即对交易者的虚拟货币数量予以辨别的状态。

此外,为了保护虚拟货币投资者的利益,FSA对交易所还施加了以下要求:第一,要求交易平台保有一定量的履行保证资产,对于使用“热钱包”(是指连接到互联网的钱包软件)进行保管的数字资产,交易平台应当准备同种、同量的固有数字资产,并在“冷钱包”(是指未连接到互联网的钱包软件)中保管,履行保证资产的管理状况,与受托用户资产一样应接受注册会计师

---

〔1〕 参见日本内阁府令案第16条第2项及第17条第1项,2016年12月28日。

的检查；第二，赋予用户优先受偿权，由于数字资产的私法属性处于不明确状态，因此，修正案明确规定，用户对交易平台享有以偿还数字资产为标的的债权，就此债权用户对履行保证资产和受托用户资产享有交易平台破产时优先于其他债权人受偿的权利，这一规定填补了法律漏洞；第三，要求交易平台采取金钱信托的方法对用户寄存的金钱进行分别管理，2019 年修正案规定，交易平台应当采用金钱信托的方法。[1]

5. 诱导性宣传的禁止

日本《支付服务法》的修正案强化了对广告劝诱的规制，《支付服务法》规定，在广告宣传中，交易平台应当披露有关用户对数字资产性质的理解的重要事项；不仅禁止在宣传中采取不实表述，还禁止“使用户对数字资产的性质产生误解”的劝诱行为；禁止专为助长投机的广告行为。

四、德国私人数字货币监管实践

德国对私人数字货币和 ICO 的监管政策与瑞士监管政策类似。德国允许私人数字货币发行、交易和 ICO 融资活动，但没有专门制定虚拟货币及 ICO 监管规范，而是根据代币的实际属性，要求遵守德国现行法规。

（一）德国私人数字货币监管政策与实践

德国对私人数字货币的监管持相对宽松的态度，认为私人数字货币是“没有任何中央银行或公共机构发行或担保的价值的数字表现，不一定与法定货币挂钩且不具有货币或金钱的法律地位，其被自然人或法人视为交易媒介，可以电子方式进行传输、存储和交易”。基于现行法规，根据代币性质可能涉及银行法、资产管理法、保险法和支付服务法等法规进行监管。2018 年 3 月 28 日，BaFin 发布了《关于代币作为金融工具分类的咨询函》，表明了对虚拟货币投资的立场。BaFin 由 3 个监管机构合并而成，分别是联邦银行监督办公室、联邦证券交易监督办公室以及联邦保险监督办公室，可以对私人数字货币相关活动进行机构监管、分业监管和功能监管。

---

〔1〕 参见日本《支付服务法》第 63 条第 11 款第 1 项。

2020年3月2日,BaFin承认数字资产为金融工具,作为一种记账单位。该界定进一步扩展了德国“金融工具”的定义,涵盖了所有类型的私人数字资产,以更好地对私人数字货币实施合规监管。

私人数字货币是否为《金融事业法》意义上的金融工具,事关与代币有关的业务是否构成银行业务与金融服务。因此,首先要确定代币是不是《金融事业法》意义上的金融工具。BaFin认为,代币虽然不是法定的支付工具,但显然发挥了记账的功能,因为在承认代币的私人之间,代币可以统一地反映经济活动与财务状况。BaFin指出,基于私法创设的补充货币,如比特币、以太坊以及其他数字支付工具等,是记账单位。BaFin进一步指出,在循环互易交易中充当私人之间支付工具的价值单位以及私人之间约定的在多边结算范围内作为支付工具使用的备用货币,也是金融工具。也就是说,原则上所有的数字加密货币都是金融工具,产生数字加密货币的软件或加密技术在此不是决定性的。但是,如果代币仅作为使用某种功能的纯粹的功用代币,使用后被消耗,则代币的发行和使用原则上都不需要特别的许可,这类似企业发放的代金券。

BaFin对私人数字货币采取逐案审查方式,在个案基础上判断代币是否构成德国证券交易法或金融工具市场指引项下的金融工具,是否构成德国证券招股书法项下的证券,是否构成德国金钱投资法项下的金钱投资。如果代币被划分为上述任何一种类别,其发行和交易以及其他相关业务可能会受到相应法律的监管。

1. 私人数字货币的分类

BaFin2019年承认加密货币为金融工具。2018年9月,BaFin发布了《关于区块链技术的监管报告》,将私人数字货币划分为支付型代币(Payment Tokens)、证券型代币(Security Tokens)和功能型代币(Utility Token)。

(1)支付型代币

支付型代币使用了加密技术管理每个单位货币的生成以及验证资金的

转移(如比特币),能独立于中央银行和传统支付体系运作。用支付型代币进行支付,或是搭建代币交易平台的,需依据德国《银行法》向 BaFin 提出申请。

(2)证券型代币

证券型代币具有一定的有价证券特性,代表持有者拥有对特定资产、权益和债务工具的所有权。代币持有者有权参与企业利润的分配、发表意见、表决提案等。这类代币作为金融工具受到现行法律如德国《证券交易法》的严格规范。

(3)功能型代币

功能型代币是基于发行者自身的网络体系发行的,如需要具有相对封闭性的区块链许可链(非公有链),代表了用户通过区块链技术使用其产品或服务的权利。单一的功能型代币不具备金融属性,不纳入德国相关金融法律的监管,类似封闭场景的积分通证。但功能型代币可通过叠加证券、支付等功能获得其他属性。

2. 私人数字货币的监管

(1)支付业务监管与《支付服务监管法》

①私人数字货币是否能纳入电子货币范畴

按照2018 年1 月生效的《支付服务监管法》第11 条的规定,经营电子货币业务需要事先获得监管机关的许可。这里要考察的是发行代币是否构成经营电子货币业务,核心问题是代币是否构成《支付服务监管法》规定的电子货币(E-money)。该法第1 条第3 款第3 句规定,电子货币是用电子形式储存的货币价值,可以用于支付,且为电子货币发行人之外的自然人或法人所承认。

电子货币在本质上是电子货币持有人对电子货币发行人的债权凭证。如客户将100 欧元现金存入银行,银行在该客户的账户中计入100 欧元,客户在电脑上查询到支付账户(Girokonto)余额为100 欧元就是电子货币。客户可以用电子货币支付,也可以要求银行返还100 欧元现金(客户作为债权人行使对债务人享有的债权)。在用于支付的情况下,收款人依据收到的电子货币数额,有权要求银行支付相应的现金。根据电子货币的界定,比特币、以太坊等私人数字货币不是《支付服务监管法》意义上的电子货币,但稳定币有可能被纳入电子货币的范畴。一方面,稳定币的发行商充当中央债务人,负责稳定币整个信用体系的信用发行和信用调节;另一方面,稳定币的持有人有权要求发行人支付或偿还一定数额的法定货币等基础资产,可以作为便捷、低成本的支付手段被广泛使用。若稳定币被监管机构界定为电子货币,则需要纳入相关电子货币支付管理法案中予以规制,稳定币发行商需要申请银行牌照或类似银行的牌照。

②私人数字货币的支付转账业务监管

《支付服务监管法》列举了常见的支付服务,其中第 6 项规定的是转账业务,经营转账业务的企业需要事先获得许可。按照该条文对转账业务的定义,在没有账户关系的双方之间进行的资金转移构成转账业务。转移的资金既可以是现金,也可以是存款货币。私人数字货币作为金融工具,本身又具有支付功能,如稳定币。

在代币发行中,如果发行代币的企业先将销售代币获得的资金通过银行代扣款或者转账的方式计入自己的账户,而后(如在达到既定的发行数额后或代币发行完毕后)又将该资金转移给第三人(如具体项目执行人),或者发行人是借助第三人销售代币,第三人先将资金保存在自己账户,再在扣除相关费用后将余款支付给发行人,这样发行人或者第三人也涉嫌从事《支付服务监管法》规定的转账业务,需要取得监管许可。

(2)认可基金投资加密资产

2021 年 7 月 30 日,BaFin 将首次允许部分机构级别的基金大规模投资加密货币资产。根据 2021 年 7 月 1 日正式生效的《基金定位法》(Fondsstandortgesetz)的规定,允许德国 4000 家左右的"特别基金"(spezialfonds)于 2021 年 7 月 1 日生效,有不超过 20% 的资产投资于比特币等数字货币,投资体量达 3600 亿欧元。这意味着德国金融监管机构对加密资产的认可,允许传统金融机构投资加密货币等加密资产。

(3)加密货币的税收监管

德国对私人数字货币主要采取征收增值税的思路。德国《增值税法》规定了增值税的课税对象,包括企业在国内有偿提供其经营范围内的商品(货物),或其他给付所产生的营业额。同时,德国FMF结合2015年欧洲法院对"赫德萨克(Hedqvist)案"的判决内容,发布了德国FMF公函,主要针对私人数字货币明确增值税的处理方式:一是认为私人数字货币作为一种支付手段,不应认定为税法上的"商品",与法币的兑换业务应免缴增值税,同时私人数字货币在作为交易对价时,此种使用与传统支付手段应被同等对待,不予征税;二是对私人数字货币"挖矿"业务,"矿工"的工作不在征税的可能范围内;三是对需要支付费用的私人数字货币钱包来说,可视为"其他给付"征收增值税;四是私人数字货币交易平台提供的数字货币交易和清算服务,通常可考虑适用《增值税法》上的税务免除规则。[1]

(二)德国私人数字货币融资的监管政策与实践

ICO等私人数字货币融资活动发行的代币,通常是基于区块链技术或分布式记账技术而产生的,代币的发行人可以是企业或个人;发行人销售代币获得法币或者其他数字加密货币(通常是比特币和以太坊),筹得的资金用于支持项目或基于区块链技术或分布式记账技术的业务。从监管角度来看,监管依据代币内容的设计来决定法律适用,而并非基于代币发行的基础技术。因此,BaFin对ICO的分类监管也主要基于代币的特征,采取个案分析的监管原则,在ICO个案中要具体分析代币持有者享有的权利和承担的义务,以及代币承载的商业模式,以确定代币发行项目应受到哪些法律的规范。德国现行法律对ICO没有统一界定,ICO具体应在什么法律框架范围内受到监管,主要取决于代币的内容和承载的商业模式。只要代币的内容满足了一部法律的适用条件,则ICO即受到相应法律的规制。ICO可能涉及的德国现行法有:《金融事业法》(Kredit Wesen Gesetz,KWG)、《支付服务

---

〔1〕 参见傅宇:《德国涉加密货币增值税征收制度概览》,载《金融法苑》2018年第3期。

监督法》(Zahlungs dienste auf sichts gesetz,ZAG)、《保险法》(Vertragsrecht, VAG)、《资本投资法典》(Vermögensanlagengesetz ,VermAnlG)、《有价证券销售说明书法》(Wert papier prospekt gesetz,WpPG)、《有价证券交易法》(Wert papier handel gesetz,WpHG)等。违反上述法律规定的,发行人将面临民事责任、行政责任,甚至是刑事责任的风险。因此,为在德国合法地发行代币,发行人首先需要聘请法律专家就代币发行项目进行论证,确定具体代币发行项目可能受到的监管,以便获得相应的许可,从而合法地发行代币;对于不确定是否需要许可的事项或存在其他疑义的,发行人可以直接向 BaFin 提出。德国《证券交易法》提出了对虚拟货币进行证券审查的 4 要件:一是代币的可转让性;二是代币的可流通性(由代币交易平台中介为重要媒介组成加密资产的金融或资本市场);三是代币代表特定的股权、债权等请求权的权利;四是代币具有支付工具属性。[1] 下面是德国发布的规制 ICO 等私人数字货币融资活动的法规政策。

(1)《资本投资法典》

德国《资本投资法典》主要规范各类资产管理公司以及投资基金。如果发行代币构成了该法规定的设立投资基金,或代币代表了一定的基金份额,则按照该法第 20 条的规定需要事先获得许可。

《资本投资法典》第 1 条第 1 款规定,任何吸收众多投资者资金,按照既定的投资策略,为了投资者的利益进行共同投资的组织是投资基金,但该组织不能是在金融市场之外经营的企业。ICO 企业一般提供基于区块链技术的服务和产品,因此是在金融市场之外经营的企业,这样代币发行企业就无须 BaFin 的经营许可。然而,如果一个企业成立的主要目的是进行资产管理与投资,区块链技术以及代币是为管理与投资服务,则同样可能构成投资基金,需要事先获得许可。

---

〔1〕 参见肖飒:《对比各国虚拟币监管政策,谁是法律凹地?》,载中新经纬网 2021 年 5 月 18 日,https://www.jwview.com/jingwei/html/m/05-18/400874.shtml。

(2)《保险法》

按照《保险法》第 8 条第 1 款的规定,经营保险业务需要事先获得许可。由于在区块链技术加持之下的保险业务,可能在形式上与传统的保险业务差别巨大,故 BaFin 通过援引联邦最高法院的判决,从实质上而非名称和形式上认定保险业务。具体来说,从事保险业务是指有偿地对某种不确定的事件的发生承担一定的给付义务,且在效果上实现了所承担风险被分摊到了面临同样风险的众人身上,并且这种风险承担是基于大数定律计算而来的。在这类 ICO 中,代币通常作为一种功能型代币而存在,代币的具体功用以及通过 ICO 融资支持的项目,如果从实质上构成了保险业务,则进行这类 ICO 时要事先获取保险业的从业许可。

(3)《资产投资法》

代币是否构成《资产投资法》意义上的投资资产?如果构成,发行人有义务制作并公开销售说明和资产信息手册。该法第 1 条第 2 款规定,非《有价证券销售说明书法》意义上的资产证券化的有价证券以及非《资本投资法典》意义上的基金份额为该法意义上的投资资产,包括隐名持股份额、两合公司的有限合伙人份额等。隐名持股,是指投资者投入资金获得隐名持股份额,参与企业的分红,在投资范围内承担企业的损失,但无权参与企业的经营与管理。如果发行的代币仅仅是一种功能型代币,则显然不构成这里的投资资产;而如果代币持有者的权利包括在既定条件下参与分配企业的收益,则可能构成投资资产。在具体的 ICO 项目中,要通过 ICO 白皮书和相关的发行文件内容,判断代币是否构成投资资产。

(4)《有价证券销售说明书法》与《有价证券交易法》

如果发行的代币构成了有价证券,则发行代币要按照《有价证券销售说明书法》的规定制作和公布说明书。在认定代币是否构成有价证券方面,要看代币是否满足有价证券的基本特征:第一,是否可转让。第二,是否可以在金融市场或者资本市场上交易。BaFin 将数字加密货币交易平台原则上视为金融市场或资本市场,代币在私人数字货币交易所交易的,等同于代币在金融市场或资本市场交易。第三，是否代表了一定的权利，代表的权利可以是类似股东的权利、债法上的请求权或者其他权利。第四，不是支付工具。因为《有价证券交易法》第 2 条第 1 款将支付工具排除在有价证券之外。

发行的代币如果满足上述条件则构成有价证券，要受到有价证券的其他监管法规的规范，如《有价证券交易法》、欧盟《禁止滥用市场条例》(Market Abuse Regulation, MAR)等，发行人因此也要承担更多的义务，尤其是信息披露义务、禁止操纵市场义务等。德国的监管机关在现行法框架内对 ICO 进行监管，但是 ICO 这种技术革新也给现行法制带来了冲击。

(三)德国数字货币交易所监管政策与实践

数字货币交易所也可纳入德国现有的金融法体系中，如《银行法》《金融事业法》对交易所 KYC、金融经纪业务、投资中介业务、多边交易系统的规制。

1. KYC 要求

KYC 是虚拟货币交易所的基础性义务，也是其立身之本、风控之基。德国虚拟货币交易所 BSDEX 符合德国《银行法》实施的监管要求，该交易所的用户需要以数字方式证明自己的身份，其需要拥有一个德国银行账户且年满 18 岁，此外还需要居住在德国且拥有欧洲经济区国家的国籍。[1]

2. 金融经纪业务监管

金融经纪业务是《金融事业法》中规定的银行业务，是指资金商业性地买进和卖出金融工具。一般对买进和卖出的理解，很难认定发行代币构成金融经纪业务，但 BaFin 扩展了买进和卖出金融工具的外延，除一般的通过买卖合同进行的金融工具买卖外，类买卖合同、交换合同甚至出借金融工具的合同，都可以构成买进或者卖出金融工具。如此，在用其他数字加密货币认购发行的代币的情况下，则构成了这里的金融经纪业务，需要 BaFin 的

---

〔1〕 参见 Xiu MU:《德国首家受监管代币交易平台向德国所有用户开放》，载链闻平台 2019 年 12 月 7 日，https://www.chainnews.com/articles/350742062780.htm。

许可。

3. 投资中介业务监管

德国《金融事业法》将投资中介业务纳入证券服务的范畴，明确投资中介业务是指居间介绍买进和卖出金融工具的交易，开展此业务需要 BaFin 的许可。按照该条的规定，投资中介业务，是指居间介绍买进和卖出金融工具的交易。

在具体的代币发行项目中，如果发行人实施的项目提供数字化信息平台，且建设该平台具有传递投资人买进或卖出发行的代币或者其他数字加密货币的意思表示的功能，则开发建设这样的数字化信息平台需要获得开展投资中介业务的许可。需要注意的是，该平台不一定要提供交易服务，只要平台传递了买进或卖出的意思表示即可构成从事投资中介业务。

4. 数字货币交易所的多边交易系统

多边交易系统是按照事先确定的规则撮合人数众多的金融工具买进与卖出的交易系统。数字货币交易所不仅传递信息，而且在收到相应的委托后也按照一定规则撮合交易，即成立了多边交易系统。利用这一交易系统交易的特点是，一方当事人不能自主选择交易的相对方，买卖合同由系统按照既定的规则撮合而成。从事多边交易要事先获得 BaFin 的许可，严格准入监管。德国第二大证券交易所斯图加特证券交易所（Börse Stuttgart），2018 年宣布将为加密货币存储服务建立“多边监管交易平台”，并积极寻求监管机构的批准，为加密货币市场交易提供多边交易设施（Multilateral Trading Facilities，MTF）。MTF 是一种允许使用电子系统来匹配金融商品的买家和卖家的交易系统。[1]

---

〔1〕 参见 Yogita Khatri：《德国证券交易所推出加密货币交易平台》，载链闻平台 2018 年 12 月 14 日，https://www.chainnews.com/articles/432929123699.htm。

五、澳大利亚私人数字货币监管实践

（一）澳大利亚私人数字货币监管政策与实践

澳大利亚对虚拟货币监管持积极公开的态度。2016 年 12 月，ASIC 发布了《指引文件 257：无须金融服务牌照或信贷牌照测试金融科技产品和服务》。这是一份为金融科技公司在获得澳大利亚金融服务或澳大利亚信贷牌照之前，寻求测试产品或业务提供指南性文件，也就是澳大利亚“监管沙盒”。在指南性文件中，ASIC 解释了那些可以用来豁免测试和获取无异议函的金融创新情况。这些豁免政策和监管指导共同构成澳大利亚灵活弹性的“监管沙盒”框架。“监管沙盒”成为澳大利亚金融监督管理局鼓励虚拟货币创新和加强虚拟货币监管的有效手段。

1. 将私人数字货币视为非现金支付工具

2017 年 9 月，ASIC 发布关于 ICO 的监管指导文件《第 225 号信息表——关于首次代币发行和加密资产》（Information Sheet 225 Initial Coin Offerings and Crypto-Assets，以下简称《INFO 225》）认为，非现金支付（non-cash payment，NCP）工具是个人通过一项安排进行付款或导致支付被完成而非通过物理交付货币。如果存在可以向不特定人付款的情形，则这种类型的支付工具可能是一种需要 AFS 许可证的金融产品。发行 NCP 工具的机构可能需要 AFS 许可证，或代表 AFS 持牌人从事相关业务活动。ICO 发行的代币不可能是 NCP 工具，尽管它们可能是用于支付的一种价值形式（而不是物理货币）。但是 ICO 可能会包含一个 NCP 工具，如果它包括下列的事项：（1）以这种形式向一些收款人付款；（2）付款将以此形式开始，并转换为法定货币，以便能够完成付款。

2. 许可准入监管

如果 ICO 代币或数字资产是金融产品（无论是管理投资计划、股票或衍生品），任何允许消费者购买（或发行）或出售这些代币或数字资产的平台，都可能涉及金融市场运作，必须获得许可证，除非有豁免。

3. 反"洗钱"与反恐怖主义融资

2017 年 12 月，澳大利亚两议院正式通过《反洗钱和反恐怖主义融资法案（2017 年修正案）》，明确了私人数字货币不是资产，只是一种价值的数字表现形式，对私人数字货币进行了定义，并将私人数字货币分为价值的电子表现形式和私人数字货币的交易方式、数字化过程或贷款。作为价值的电子表现形式，私人数字货币具有相关的功能表现，如交易的中介、存储经济价值、记账单位；且它非由政府机构发行或授权、可与资产互换，并可用以支付商品或服务；一般来说，公众都可以无任何限制地使用其作为对价。[1]

4. 税收征管

2017 年 7 月 1 日以来，ATO 对买卖私人数字货币由原来的"双重征税"标准改为单一征税标准，即交易主体无须在购买和使用时分别缴纳商品及服务税（Goods and Services Tax，GST），仅需缴纳在私人数字货币处理环节中的资本利得，将其与一般金融产品等同。ATO 认为，比特币既不是货币也不是外币，而是可被纳入资本利得税（capital gains tax，CGT）的资产。使用私人数据货币的交易类似易货交易，即收到非现金对价并以公平市价记录对价的过程。私人数字货币的交易和处理活动包括：（1）卖出或赠与；（2）交易或交换其他私人数字货币；（3）卖出以换取法定货币；（4）使用私人数字货币购买物品。[2]

（二）澳大利亚私人数字货币融资的监管政策与实践

澳大利亚允许 ICO，并于 2017 年 9 月发布了 ICO 监管文件。澳大利亚试图依据 ICO 项目所涉及的行业与业务差异适用不同法律，将其分类纳入国内法予以规制。ASIC 颁布《首次代币发行与虚拟货币》，明确 ICO 是企业或个人通过互联网从各类投资者处筹集资金的一种新型资金运作模式，ICO"必须以促进投资者信任和信心的方式进行，遵守有关法律"。

---

〔1〕 参见区块链法律合规联盟：《澳大利亚数字货币监管政策细则》，载金色财经网 2020 年 1 月 8 日，https://www.jinse.com/blockchain/569516.html。

〔2〕 Australian Taxation Office, *Tax Treatment of Cryptocurrencies*, ATO (Mar. 20, 2020), https://www.ato.gov.au/general/gen/tax-treatment-of-crypto-currencies-in-australia-specifically-bitcoin/.

2017年9月28日,ASIC颁布了私人数字货币融资相关的监管指导文件《INFO 225》,采取了更包容的监管态度,认为在严格的监管框架下,ICO是对当下融资渠道的一种补充。《INFO 225》主要是对在澳大利亚试图通过ICO筹集资金的企业进行指导,其分别从ICO的定义、法律地位、不同类型(如管理投资计划、公司股票、衍生工具)的发行条件、ICO融资平台成为由ASIC监管的金融市场或众筹融资平台的条件、禁止误导和欺诈行为的法律适用于ICO的情形以及未来发行方求助途径等几个方面向企业提供指导。具体包括:

1. ICO的内涵及法律地位

《INFO 225》认为,ICO是一种新的筹集资金形式,由企业或个人通过互联网从各类投资者手中筹集资金。ICO也可以视情况被称为“初始代币发行”(Initial Token Offering,ITO)。ICO通过允许投资者在特定时间内使用加密货币(如比特币)经由互联网购买货币来运作。ICO通常是全球性的产品,可以匿名创建和/或匿名接受。ICO在性质上通常有所不同,可能为各种不同项目筹集资金,这些项目包括新的密码学或分布式分类账技术(如区块链)相关服务的开发。《INFO 225》允许任何有权访问互联网的人发起或投资ICO。

ICO的法律地位取决于ICO的实际运行情况,如ICO的结构和运作方式;取决于通过ICO发行的货币(或代币)的附加权利。在某些情况下,ICO只受普通法以及与提供服务或产品相关的澳大利亚消费者法律约束。在另外一些情况下,ICO可能受《公司法》约束,《INFO 225》考虑ICO发行的类型以及根据某些发行的典型形式的属性,来确定是否适用于《公司法》。《INFO 225》为澳大利亚投资者提供关于ICO法律地位的指导,无论ICO是从澳大利亚境内还是海外发起和发行的。

2. 严格ICO误导或欺诈性行为的监管

澳大利亚监管法律指南等规定,应当确保有关ICO的宣传销售信息不会误导或欺骗潜在投资者,也不包含虚假信息。根据《监管指南234》

(Regulatory Guide 234)关于金融产品和服务(包括信贷)的广告要求,良好的行为指导包含帮助企业履行法定义务、不作虚假或误导性陈述或参与误导或欺骗行为。具体而言,过度宣传、误导或欺诈性行为可能包括:利用社交媒体炒作引起公众对 ICO 项目的兴趣、安排团队通过交易策略产生虚假的买卖活动、未能充分披露关于 ICO 的信息、虚假暗示 ICO 是受监管产品或监管者已批准等。这些误导或欺骗性项目往往具有较高风险,容易导致投资者财产的重大损失,扰乱澳大利亚数字资产和金融资本市场的健康稳定。

总体来看,澳大利亚与美国对虚拟货币及 ICO 的监管具有一致性,都是以现行法规为基础的,都是采取纳入证券法或者期货法的监管框架下进行监管的方式。但是与美国 SEC 将 ICO 纳入《证券法》和《证券交易法》进行监管和 CFTC 将虚拟货币界定为商品并试图参照《商品交易法》监管虚拟货币期货合约等其他相关衍生品的监管机构分类监管类似,ASIC 采用“监管沙盒”的方式,通过发布 ICO 与虚拟货币监管指引文件,对代币融资行为进行指导,明确 ICO 的定义、法律属性、不同类型(集合投资计划、公司证券、衍生工具)的发行条件、ICO 融资平台设立运营与合规监管要求等,对私人数字货币融资进行功能和行为监管。

(三)澳大利亚数字货币交易所监管政策与实践

2018 年 4 月,澳大利亚政府通过 AUSTRAC 宣布了实施虚拟货币交易新规则的计划,并在官网上详细列出了虚拟货币交易平台需承担的新义务。《2018 反洗钱和反恐融资修订法案》增加了 AUSTRAC 首席执行官的权力和职能,负责加强数字货币交易所预防和检测“洗钱”和恐怖主义融资。首先,数字货币交易所如果要在澳大利亚进行商业运作,就必须在澳大利亚注册,办理 AUSTRAC 牌照,并提供业务详情。其次,建立和维护 AML/CTF 体系,以确定、减轻和管理交易商可能遇到的“洗钱”和恐怖主义融资风险。再次,识别和验证客户身份,并在此基础上报告可疑的活动和相关法币义务。最后,AUSTRAC 要求交易所保存客户的身份信息、交易记录和反“洗钱”相关记录至少 7 年,以备定期或不定期的检查活动。AUSTRAC 在报告中表示,从2018年4月3日起将实施6个月过渡期限,其间,如果虚拟货币交易所未能采取合理措施遵守相关条款,则AUSTRAC会采取强制措施。同时,所有涉及私人数字货币交易业务的提供者都应当取得政府的监管牌照和事先许可。平台应当在AUSTRAC官方网站进行注册登记,采取符合并维持AML/CTF框架下的制度标准,对业务进行适当的反"洗钱"及反恐怖主义融资评估,承担向其报告可疑与大额交易报告的义务,记录并保存用户信息与交易信息等。如果一家交易平台交易的私人数字货币或其他数字资产具有澳大利亚法律下金融产品的属性,那么作为交易金融产品的市场,该交易平台将被定性为金融市场,应依法取得对应的牌照。

此外,澳大利亚法律规定,禁止数字资产交易平台在各种情况下的误导或欺诈行为,包括在贸易或商业中,与金融服务以及金融产品有关的行为中。任何加密货币或交易平台应确保信息不会误导或欺骗潜在投资者,不得包含虚假信息。ACCC在2018年4月19日授权ASIC根据澳大利亚《消费者权益保护法》对加密资产相关活动进行监管,ASIC可根据澳大利亚《消费者权益保护法》对加密资产采取行动。ACCC允许ASIC针对销售私人数字货币、ICO等误导性或欺骗性行为采取执法行动,即使目标对象不涉及金融产品。

六、其他国家和地区与国际组织私人数字货币的监管实践

(一)其他国家和地区的私人数字货币监管实践

1.韩国私人数字货币的立法与监管实践

2017年之前,韩国的加密货币市场处于"野蛮生长"状态,涌现出许多不合规的交易所、ICO项目,监管滞后于市场发展。自2017年开始,韩国从严监管逐渐走向开放灵活的监管,出台了一系列疏堵结合的监管措施和法规禁令,以规范本国私人数字货币市场的健康发展。

2017年9月1日,韩国FSC禁止个人从加密货币交易所借钱或加密货币,FSC认为这种做法违反了韩国现行的借贷/信贷法律,随后,韩国金融监

管部门会同司法部门采取了禁止匿名交易、关停私人数字货币交易所等严厉举措。但这些举措并不能从根本上解决私人数字货币监管的问题，一度导致国内私人数字货币价格出现严重的“泡菜溢价”。

2018年后，韩国逐渐放开私人数字货币交易的禁令，对私人数字货币进行分级、分类的牌照监管，针对私人数字货币交易不同实体、不同业务颁发不同类型的牌照。2020年3月5日，韩国国会通过了《关于特定金融交易信息的报告与利用等法律》(特别金融法)修订案，授予了私人数字货币“合法身份”，而加密货币交易所则被定义为(Virtual Asset Service Providers, VASP)(虚拟资产服务提供商)。在韩国经营的加密货币交易所必须取得经营许可牌照，并且要求交易所对用户进行实名登记，只有实名登记的账号才能纳入银行的账户体系内，与法币进行兑换。

在对私人数字货币的税收法律方面，NTS声称会对交易所Bithumb征收涉及外国客户预扣税的税款；同时，MOEF一直在努力修订税法，希望从个人投资者的加密交易利润中征收资本利得税。

2. 新加坡私人数字货币的立法与监管实践

新加坡作为开放的经济体，致力打造智慧的、开放的金融生态，对私人数字货币和相关交易活动持开放包容的态度，对私人数字货币进行了分类界定和监管，鼓励技术创新与控制风险的平衡。MAS将私人数字代币分为支付类代币、实用类代币和证券类代币，明确发行支付类代币需要遵守支付服务法案的相关规定，发行实用类代币只要其不存在“洗钱”以及恐怖主义融资的风险则不受监管，发行证券类代币需要遵循《证券期货法》的相关规定，除非能获得豁免。[1] 2018年5月，MAS对交易所发出警告，禁止未授权的证券交易和代币发行。2020年，新加坡对《支付服务法》(Payment Services Act, PSA)进行了修改完善，明确新加坡合法经营私人数字货币交易、存储、支付业务，必须获得MAS相关牌照，对私人数字货币交易所实施

---

〔1〕 参见佘婉绮:《新加坡ICO监管机制研究》，载未央网2019年5月14日，https://www.sohu.com/a/313804184_115173。

像监管银行一样的监管。

MAS 对支付类和实用类代币主要提供了 3 种类型牌照和 7 类支付业务服务，包括货币兑换牌照、标准支付机构牌照（SPI）和大型支付机构牌照（MPI），分别允许从事货币兑换业务、低于特定门槛的支付业务以及不受特定门槛限制的支付业务。数字货币交易所如果在新加坡注册运营，需要申请取得私人数字货币支付业务、账户开立业务和跨境资金传输业务的许可。MAS 对申请牌照的数字货币交易所进行严格审查，审核内容包括 7 个方面内容：一是公司主体和管理人适格，即公司主体或分支机构必须在新加坡注册，拥有新加坡国籍；二是声誉和信用审查，相关主体不应有金融犯罪记录和不良声誉；三是公司团队和核心成员具有足够的行业竞争力；四是拥有永久的办公地、注册地点；五是符合资本金条件，标准支付牌照要求 10 万新币，大型支付牌照对应的资本金为 25 万新币；六是满足法律和合规要求，建立完善的风险控制和技术控制体系；七是开展定期的内部审计和外部年度审计。[1]

新加坡《证券期货法》（Securities and Future Act，SFA）监管下的证券类代币可能是以下产品：（1）股票，其赋予或代表在某公司的所有者权益，代表代币持有者在该公司的责任，代表与公司其他代币持有者间的相互承诺；（2）债券，代表了数字代币持有者出借给数字代币发行人特定金额的债权凭证；（3）商业信托单位，代表了商业信托的信托财产给予或者表示的所有者权益；（4）证券衍生品合约，包括以股票、债券或商业信托单位为基础的衍生品合约；（5）集合投资计划单位，持有者可以获得某种权利或收益的选择权。此外，项目方还可以 STO 的方式豁免发行证券类代币，只需要满足以下条件：（1）进行小额发行，在 12 个月内所募集金额不超过 500 万新币（或等值外币），但必须是对预先确定身份的人进行的个人发行，包括对与发行人有已存在的专业联系或其他关系的人进行发行；（2）在 12 个月内对不超过 50

---

〔1〕 参见 Wenergy：《新加坡最新法案，数字货币交易所必须申请 MAS 牌照》，载链闻平台 2020 年 1 月 6 日，https://www.chainnews.com/articles/673696603290.htm。

名投资者进行非公开私募发行;(3)向银行和金融机构等机构投资者发行;(4)仅向合格投资者发行。[1]

此外,MAS 明确包括证券类代币、支付类代币、实用类代币在内的任何私人数字货币都需要遵守反“洗钱”和反恐怖主义融资的相关规定,反“洗钱”要求包括:(1)采取适当的步骤识别、评估、了解项目中存在的风险;(2)制订并实施包括对客户进行尽职调查、监控交易、筛选、报告可疑情况,并予以记录的措施,帮助 MAS 有效管理和降低已识别的“洗钱”和恐怖主义融资的风险;(3)平台需履行好反“洗钱”义务并降低相关风险;(4)动态调整相关方针、程序规则和管控措施,[2]以符合 FATF 的资金旅行规则(Fund Travel Rules)的精神要求。

3. 中国香港特别行政区私人数字货币立法与监管实践

中国香港特别行政区的私人数字货币监管机构主要有 HKSFC、HKMA、HIA。其中,HKSFC 主要负责私人数字货币的监管,HKMA 负责金融稳定和货币政策的制定,HIA 负责协同监管。HKMA 将加密货币划分为证券型加密货币、功能型加密货币和虚拟商品(如比特币)。HKSFC 于 2020 年 11 月 3 日在发布的公报文件中对数字货币交易所作出界定:允许或邀请客户落盘,以货币或虚拟资产买入或卖出任何虚拟资产,并在业务过程中曾保管、操控、控制或管有任何货币或虚拟资产的交易平台。对数字货币交易所的经营场所、组织架构、业务范围、资本金等设定了具体要求。

中国香港特别行政区充分运用“监管沙盒”制度来规范私人数字货币发行和交易活动,探索适当的私人数字货币监管规则。2019 年年底,HKSFC 曾经鼓励私人数字货币创新服务的提供商积极参与“监管沙盒”测试,实施自愿申报。2020 年 11 月,在香港金融科技周,FSTB 公布了新的政策措施,即强制要求监管虚拟资产服务提供者(virtual asset service providers)申请虚

〔1〕 根据 SFA 第 4A(1)(c)条合格投资者的规定。

〔2〕 See MAS, *A Guide to Digital Token Offerings*, MAS (Dec. 4, 2018), https://www.mas.gov.sg/search? q = a%20Guide%20to%20Digital%20Token%20Offerings.

拟货币牌照,对全面监管证券型、非证券型代币的交易服务以及所有在香港特别行政区注册运营的加密资产交易平台进行牌照管理,未取得 HKSFC 颁发牌照的组织将不允许在香港特别行政区开展加密货币业务。

在反“洗钱”监管方面,HKMA 于 2019 年 9 月发布的《打击洗钱及恐怖分子资金筹集条例》、2019 年 11 月 6 日发布的《立场书:监管虚拟资产交易平台》中,均提出了包括客户身份识别、可疑交易追踪以及打击洗钱一整套反“洗钱”监管体系。交易所应充分做好客户识别:一是确认每位客户的真实身份、收入状况、投资经验、风险偏好以及投资目标,做好充足的客户说明义务和必要的客户培训。二是获取真实 IP 地址或拒绝向提供伪 IP、匿名 IP 的客户提供服务。三是建立完备的大额和可疑交易监测平台。例如,可疑交易“四步走”识别方法(简称为“SAFE”):(1)“screen”(初步评审),针对与恐怖分子或犯罪分子相关的交易予以特别关注;(2)“ask”(提问),有针对性地向客户进行发问;(3)“find”,翻阅客户过往交易记录;(4)“evaluate”(评估),根据所掌握的资料判断交易是否可疑。[1]

4. 加拿大私人数字货币立法与监管实践

加拿大是私人数字货币监管领域立法最透明的国家之一,且明确将私人数字货币定性为资产并纳入监管范围。加拿大还充分运用金融科技“监管沙盒”的作用测试创新的私人数字货币项目或 ICO 融资发行项目,通过监管豁免或无异议函来包容私人数字货币技术和项目创新。[2] 2019 年 4 月 TSE 创设交易所“监管沙盒”项目,截至 2019 年 10 月底,已有 10 个项目纳入证券监管局的“监管沙盒”计划中,与私人数字货币相关的项目为 9 个,其中 2 个为 ICO 项目。通过“监管沙盒”测试的私人数字货币项目可以申请监管牌照,FINTRAC2018 年上线 MSB 牌照,持有此牌照可以在加拿大境内合规地开展私人数字货币、衍生品的交易活动,而且牌照费用低。在私人数字

---

〔1〕 参见张岩、洪涛、杨帆:《中国香港和中国大陆反洗钱监管体制比较研究》,载《金融发展评论》2020 年第 3 期。

〔2〕 参见郑联盛、曲涛、武传德:《加拿大数字货币的发展实践与启示》,载《征信》2021 年第 2 期。

货币产品创新方面,加拿大也走在世界前列,2021 年 2 月,OSC 批准资产管理公司(Purpose Investments Inc. ,即目的投资公司)在 TSE 推出 Purpose 比特币指数股票型基金,为投资者提供了多样化且风险可控的私人数字货币基金产品,反映了加拿大监管机构在风险可控的范围内推动私人数字货币创新发展,具有较大的包容性和监管弹性。

在反“洗钱”方面,2020 年 6 月,加拿大《犯罪所得(洗钱)和恐怖主义融资法》的修正案生效,其中一项修正案肯定了比特币等加密货币的资产属性,将加密货币交易所、数字货币支付服务商和其他数字货币公司的业务认可为货币服务业务(MSB)进而纳入监管,由 FINTRAC 管辖。无论 MSB 实体是否在加拿大境内,只要为加拿大客户提供相关服务,都必须向 FINTRAC 注册为货币服务企业。FINTRAC 要求 MSB 实体报告所有超过 1 万美元的交易,记录下所涉及的私人数字货币的类型和金额、交易所发送和接收地址、私人数字货币的来源以及所涉及的对手方等信息,[1]以辅助监管机构实施反“洗钱”监管。

(二)国际金融组织的私人数字货币监管实践

国际上重要的金融监管组织也十分重视和强调稳定币的风险和监管问题。在私人数字货币的风险认识上,国际金融监管组织如七大工业国组织(G7)稳定币工作组发布的《全球稳定币评估报告》中首次提出“全球稳定币”(Global Stablecoins)的概念(G7,2019),呼吁关注稳定币在全球流通带来的系统性金融风险;FSB 主张,运用一致性监管理念(same risk, same activity, same treatment)对虚拟货币和稳定币的经济功能穿透定性(FSB, 2020),同时对全球稳定币提出了 10 项监管高级别建议,包括建立有效的风险管理架构、储备金管理、透明度、反“洗钱”等措施。[2] 在私人数字货币整体的监管态度和监管方式探索上,2017 年 6 月,IMF 发布了金融科技行业发

---

〔1〕 参见区块链合规联盟:《加拿大监管收紧:加密货币公司性质首获确认》,载链闻平台 2020 年 6 月 8 日,https://www.chaindd.com/3320604.html。

〔2〕 See FSB, *Regulation, Supervision and Oversight of "Global Stablecoin" Arrangements*, Financial Stability Board(Oct. 13, 2020), https://www.fsb.org/wp-content/uploads/P131020-3.pdf.

展和基础设施服务的报告《金融科技与金融服务：初步评估》（Fintech and Financial Services：Initial Considerations），针对如何有效监管以 DLT 为基础的私人数字货币提出了建议。2018 年，OECD 和 20 国集团 G20 共同发布了一份中期报告《数字化带来的税收挑战：中期报告》，提出要对加密货币和区块链技术形成的数字资产交易信息进行监管。[1] IOSCO 在《全球稳定币倡议报告》中提出，具有支付功能的加密资产（如法币抵押型稳定币）可适用 CPMI 与 IOSCO 联合制定的"CPMI-IOSCO"金融市场基础设施原则（Principles for Financial Market Infrastructures，PFMI）；[2] BCBS 主张，将加密资产纳入宏观审慎的资本充足率监管框架，适用最严格的监管要求。[3] 在数字货币反"洗钱"方面，数字货币的发行和交易成本低、传输便捷，具有伪匿名性结合密码技术，给全球系统构成巨大的"洗钱"及恐怖主义融资风险。2014 年 7 月，FATF 开始发布虚拟货币反"洗钱"/反恐怖主义融资指引，主要关注可转换虚拟货币（convertible virtual currencies）与法币之间的兑换流程。2019 年，FATF 发布建议稿，各成员须要求虚拟资产服务提供商履行反"洗钱"及反恐怖主义融资义务。2019 年 6 月，FATF 更新了反"洗钱"指引，提出了资金旅行规则，明确风险评估义务是反"洗钱"义务主体最基本的职责，将反"洗钱"责任扩展到 ICO 的发行商、比特币 ATM 机、托管钱包服务提供商等实体。[4] 此外，对私人数字货币资产的反"洗钱"监管更加强调国家内部机构间的协调沟通与国际的信息共享和联合执法。[5]

---

[1] See OECD, *Tax Challenges Arising from Digitalisation-Interim Report 2018*, Inclusive Framework on BEPS (Mar. 16, 2018), https://www. oecd. org/tax/tax-challenges-arising-from-digitalisation-interim-report-9789264293083-en. htm.

[2] See IOSCO, *Global Stablecoin Initiatives Public Report*, IOSCO (Mar., 2020), https://www. iosco. org/library/pubdocs/pdf/IOSCOPD650. pdf.

[3] See Basel Committee on Banking Supervision, *Designing a Prudential Treatment for Cryptoassets*, BIS Working Paper (Mar. 13, 2020), https://www. bis. org/bcbs/publ/d490. pdf.

[4] 参见吴云、朱玮：《虚拟货币的国际监管：以反洗钱为起点走出自发秩序》，载《财经法学》2021 年第 2 期。

[5] See FATF, *Public Statement-Mitigating Risks from Virtual Assets*, FATF (July 12, 2019), https://www. fatf-gafi. org/publications/fatfrecommendations/documents/regulation-virtual-assets-interpretive-note. html.

小　结

私人数字货币在全球流通，各国对其进行了充分关注。综合各主要国家或地区，以及国际组织对私人数字货币的研究、监管政策的制定和执法实践，代表性国家或地区已充分认识到私人数字货币、虚拟货币融资活动和相关金融机构（如中心化和去中心化的交易所）潜在的巨大金融风险，统一对其保持审慎的监管态度。但不同国家或地区对待私人数字货币的监管态度不同，可以分为两种类型：一种是审慎鼓励型或观望型。如美国、瑞士、澳大利亚、加拿大以及中国香港特别行政区，试图将私人数字货币相关活动纳入法治框架。俄罗斯和印度等国家属于观望型，即保持较长时间的观望状态，不鼓励也不禁止，但从其央行的政策意图可以看出，未来或许会放开私人数字货币的流通交易。另一种是禁止交易型，表现为私人数字货币法律地位的不认可、私人数字货币相关交易活动的禁止以及境内和境外虚拟货币交易所的打击。

此外，不同国家或地区对私人数字货币的监管政策、监管方式和手段出现共同或交叉的特征，反映了私人货币监管的国际化协同趋势进一步得以加强，制定全球化通用的监管规则和监管标准是强化该领域监管和防范风险的必要路径，如制定全球化通用的私人数字货币反洗钱框架。发达国家和国际组织在监管政策的制定中起到了主要作用。通过对域外私人数字货币监管法制和监管实践的观察，可以总结其中优秀的经验，分别从私人数字货币主体、客体和行为内容三方面架构该领域的监管体系，故而下一章主要就此内容进行讨论。

第七章　我国私人数字货币的监管与立法思考

私人数字货币领域存在较大风险。数字货币融资、交易市场是由市场主体自发形成的，自身发展尚不成熟且缺乏必要监督，易产生信用、欺诈、操作、市场风险、技术安全风险、法律和监管等风险，被过度用于金融市场投机行为，尤其是随着近年来私人数字货币领域创造财富效应的蔓延，已危及金融系统稳定性与安全。同时，随着私人数字货币对传统金融的交叉渗透，私人数字货币市场巨幅波动的风险也会传导到传统金融体系的证券、债券、外汇及大宗商品领域，私人数字货币投机引发的缓释风险也会蔓延到传统金融市场，加剧全球金融体系的不稳定和系统性危机。应当认识到，金融科技、区块链金融和私人数字货币的发展为全球金融监管带来新的挑战，各主权国家在应对私人数字货币这类“颠覆式创新”（disruptive innovation）时，会面临不同程度的监管滞后、监管漏洞，甚至监管失灵。如何看待私人数字货币并对其实施适当监管，是数字经济时代各主权国家和国际社会面临的新议题。

金融监管是与金融创新不断博弈和优化完善的过程。监管制度与监管机构存在之目的，就是平衡促进金融创新与防范金融风险之间的矛盾。私人数字货币融资及交易市场必然存在一定的法律风险，在缺乏监管的情况下，如何探索区块链金融和私人数字货币的监管规则和监管手段，寻找合理方式将其纳入监管框架，是我国监管机构、立法部门的当务之急。私人数字货币的发行、融资和交易等经济活动，有必要纳入法治框架，寻求区块链金融领域的“良法和善治”。良法是善治的前提，私人数字货币的监管和风险治理离不开良好的法律、监管法规、部门规章乃至行业规范的制定。在制定良法的基础上，还需要监管进一步贯彻落实，在法治框架内公平、透明、高效地制定监管方针、细化监管规则和创新监管措施，以规范数字货币和区块链金融行业的发展，促进投资者理性投资、安全投资。本章节有针对性地分析我国数字货币的监管现状及其困境，对我国目前已出台的监管政策作出解读，为实务工作者提供一点思考，并在此基础上分析未来我国私人数字货币监管的可行性路径。

一、我国私人数字货币的监管现状

当前的私人数字货币又被称为虚拟货币，为防范该领域的金融风险，我国监管部门发布了一系列监管文件。当前我国在该领域的主要监管文件，即2013年中国人民银行等五部委发布的《关于防范比特币风险的通知》，[1]以及2017年9月4日中国人民银行等7部委发布的《关于防范代币发行融资风险的公告》，[2]以及2021年9月15日中国人民银行联合十部门发布的《关于进一步防范和处置虚拟货币交易炒作风险的通知》(以下简称《924通知》)。前两部规范性文件勾勒出我国虚拟货币金融监管的初级版本图景，在明确比特币的属性基础上提示市场风险，同时对虚拟货币发行融资活动采取禁止态度，打击打着ICO等融资模式名号的违法犯罪活动，防范市场风险，保护投资者利益。后一部规范性文件则直接将虚拟货币相关业务定性为非法金融活动，禁止中国公民交易炒作虚拟货币，由此引发的刑事风险将依法追责。

在《924通知》之前，在我国司法判例中，对虚拟货币法律属性及法律行为的定性，也依法追责。主要将前面两个规范性文件作为裁判说理的依据。在效力级别方面，《关于防范比特币风险的通知》和《关于防范代币发行融资

---

〔1〕参见中国人民银行等五部委《关于防范比特币风险的通知》，2013年12月5日。

〔2〕参见中国人民银行等七部委《关于防范代币发行融资风险的公告》，2017年9月4日。

风险的公告》都是属于部门规范性文件，最高人民法院《关于裁判文书引用法律、法规等规范性法律文件的规定》第6条规定："对于本规定第三条、第四条、第五条规定之外的规范性文件，根据审理案件的需要，经审查认定为合法有效的，可以作为裁判说理的依据。"同时，最高人民法院《关于加强和规范裁判文书释法说理的指导意见》第13条规定："除依据法律法规、司法解释的规定外，法官可以运用下列论据论证裁判理由，以提高裁判结论的正当性和可接受性：最高人民法院发布的指导性案例；最高人民法院发布的非司法解释类审判业务规范性文件；公理、情理、经验法则、交易惯例、民间规约、职业伦理；立法说明等立法材料；采取历史、体系、比较等法律解释方法时使用的材料；法理及通行学术观点；与法律、司法解释等规范性法律文件不相冲突的其他论据。"由此可见，法院引用上述两份规范性文件作为裁判说理的依据并无不妥。

在适用规则方面，和其他法律法规政策适用相同，上述规范性文件的适用都应遵循上位法优于下位法、特别法优于普通法的规定。上位法优于下位法要求，在出现规范冲突时，上位法优于下位法，具体而言，在我国法律法规政策之间的位阶结构如下：宪法位阶最高，其次为法律和立法解释，下面依次为行政法规、地方性法规、部门规章和地方政府规章。部门规范性文件具有补充性，它没有独立的位阶，其效力等级较低于上述法律法规。特别法优于普通法要求，对于同一层级法律效力的规范性文件之间发生特别法法律规范与普通法法律规范相冲突时，人民法院一般应优先适用特别法法律规范。

笔者认为，目前部分法院对上述规范性文件存在错误解读现象，导致逻辑错误和适用法律错误等问题，故对上述两份文件作出浅显的解读，以供读者批评。

1. 我国数字货币领域代表性政策

(1)《关于防范比特币风险的通知》

比特币自2009年首次被提出，就面临法律风险、市场风险和技术风险。在法律方面，比特币处于法律监管的"灰色"地带。比特币的发行和转移不依赖任何传统金融机构和政府部门，具有匿名性，可以保护用户隐私，可以跨境交易，这也增加了比特币应用于犯罪活动的风险。在市场方面，比特币的价值完全取决于公众的接受程度。公众的接受程度越高，比特币的价值就越高，反之亦然。在技术方面，比特币是开源软件，任何人都可以复制、修改和传播比特币的代码。如果比特币在技术上存在缺陷和漏洞，则比特币系统可能被任何人攻击，从而导致系统崩溃。

由于比特币的技术复杂，而且各国监管当局的态度不明确，各国政府的表态经常会引起比特币的价格大幅波动。2013 年 12 月，在比特币被非理性炒作的背景下，为保护社会公众的财产权益，保障人民币的法定货币地位，防范洗钱风险，维护金融稳定，中国人民银行等部门联合发布了《关于防范比特币风险的通知》，防控比特币风险恰逢其时。

（2）《关于防范代币发行融资风险的公告》

ICO 的概念源于 IPO，IPO 首次发行的是股票，获得的是法币，而 ICO 整个过程都由加密货币贯穿。ICO 中文全称为“首次代币发行”，是指区块链项目首次向公众发行代币，募集比特币、以太坊等主流加密货币，以获得项目运作的经费。

在 2016 年之前，中国 ICO 多是由区块链领域资深专家涉足，自 2017 年年初以来，大量普通“小白”涉身其中，ICO 的融资对象由小众渗透至普罗大众。根据国家互联网金融安全技术专家委员会于 2017 年 7 月 25 日发布的《2017 上半年国内 ICO 发展情况报告》显示，ICO 融资规模和用户参与程度呈加速上升趋势，累计参与达 10.5 万人次。大量散户投资者的进入带来了巨大的金融体系风险，投资者也面临严重的被欺诈风险。关于这一点无论是从中国裁判文书网相关判例数据抑或是笔者个人从业经验都有所感受。另据一些学者向区块链专业人士的调研，当时高达 90% 以上的 ICO 项目涉嫌欺诈，少部分项目虽与欺诈无关，却因早期天使融资失败，而转向 ICO 融资模式。[1] 因此，这些 ICO 项目风险均非常高。ICO 由助力区块链初创企

---

〔1〕 参见邓建鹏、孙朋磊：《区块链国际监管与合规应对》，机械工业出版社 2019 年版，第 119 页。

业融资的高效工具,化身为从事非法金融活动的手段。

ICO 项目剧增,完全缺乏事前监管和审批机制,鱼目混珠,泥沙俱下,这使相应投资具有极高风险。基于上述原因,中国人民银行等 7 部委于 2017 年 9 月 4 日发布了《关于防范代币发行融资风险的公告》。

(3)《关于进一步防范和处置虚拟货币交易炒作风险的通知》

2021 年 9 月 15 日,中国人民银行、中央网信办、最高人民法院、最高人民检察院、工业和信息化部、公安部、市场监管总局、银保监会、证监会、外汇局十部委联合发布了规范性文件《关于进一步防范和处置虚拟货币交易炒作风险的通知》,在重申《关于防范代币发行融资风险的公告》的基础上,《924 通知》进一步明确了监管者对虚拟货币(数字货币)的态度,对虚拟货币交易炒作的相关业务活动施加进一步的监管打击压力,旨在整治全国范围内虚拟货币的风险。此次十部委联合发文,覆盖范围之广、打击力度之大前所未有,中央层面最高人民检察院和最高人民法院的加入,强化了事前、事中、事后的整治力度,地方政府负责贯彻落实中央政策,对虚拟货币风险进行兜底处理。具体而言,《924 通知》主要从以下几方面对虚拟货币风险进行了规制:

一是明确了比特币、以太坊、USDT 的法律定性;二是扩张了"非法金融活动"的范围,将特定虚拟货币业务活动纳入其中;三是将境外虚拟货币交易所纳入管辖范围;四是对投资交易虚拟货币进行风险提示;五是健全应对虚拟货币交易炒作的风险整治机制和全方位监测预警机制;六是规制主体、规制节点构建多维度、多层次的风险防范和处置体系;七是加强风险整治内部组织和对社会开展风险提示。《关于进一步防范和处置虚拟货币交易炒作风险的通知》以及同期国家发展和改革委员会等部门发布的《关于整治虚拟货币"挖矿"活动的通知》,对虚拟货币交易炒作和"挖矿"进行了相对全面的规制。通过规范性文件这种应急性、针对性较强和及时性的监管立法和执法方式,反映出国家已经意识到非法定数字货币的不规范发展和市场乱象对金融秩序、金融安全以及投资者财产安全的巨大风险,以及应对这类新兴技术和市场风险的迫切需求。

2. 政策核心内容

(1)明确虚拟货币的非法币地位

《关于防范比特币风险的通知》指出:“比特币具有没有集中发行方、总量有限、使用不受地域限制和匿名性等4个主要特点。虽然比特币被称为‘货币’,但由于其不是由货币当局发行,不具有法偿性与强制性等货币属性,并不是真正意义的货币。从性质上看,比特币应当是一种特定的虚拟商品,不具有与货币等同的法律地位,不能且不应作为货币在市场上流通使用。”表明中国监管机构明确定性比特币为虚拟商品,而不能等同于法定货币,不能以货币的形态流通使用。该通知作为规范性文件认定比特币的法律属性略显法律效力欠缺,但是鉴于中国人民银行等五部委作为核心监管机构的地位,该通知为后续监管机构的政策制定和执法奠定了基础。同时,该通知仅对比特币这一种数字货币进行属性界定,未明确区分和界定其他类型数字货币/虚拟货币,如以太坊、莱特币、ICO代币或稳定币的法律属性,仍留下立法空白。而在2017年的《关于防范代币发行融资风险的公告》中,中国金融监管机构只是明确将ICO融资代币、比特币以太坊等虚拟货币排除在法币范围之外,并未进一步指出这些数字货币的类型划分和不同类型数字货币的属性,即该公告指出,“代币发行融资中使用的代币或‘虚拟货币’不由货币当局发行,不具有法偿性与强制性等货币属性,不具有与货币等同的法律地位,不能也不应作为货币在市场上流通使用”。

《关于进一步防范和处置虚拟货币交易炒作风险的通知》重申了监管者对比特币、以太币的认识,同时,这也是首次将USDT等稳定币纳入虚拟货币的范围,由于USDT等锚定法币资产的稳定币与比特币和以太坊在经济上具有货币的部分支付手段、价值储存、交换媒介等货币属性,在实践中被中国虚拟货币投资者大量运用于场外的法币交易和币币交易中,作为虚拟货币交易的重要支付手段,冲击了法币的地位,可能扰乱金融秩序和危害金融安全,监管者认定,比特币、以太币、USDT等虚拟货币具有非货币当局发行……不具有法偿性,不应且不能作为货币在市场上流通使用。这一决策有其合理性和必要性,奠定了我国规制虚拟货币的总基调。

(2)对虚拟货币相关业务的法律界定和全面禁止

《关于防范代币发行融资风险的公告》指出,“代币发行融资是指融资主体通过代币的违规发售、流通,向投资者筹集比特币、以太币等所谓‘虚拟货币’,本质上是一种未经批准非法公开融资的行为,涉嫌非法发售代币票券、非法发行证券以及非法集资、金融诈骗、传销等违法犯罪活动”。ICO募集的是比特币、以太坊等主流虚拟货币。在相关司法解释中,非法集资行为中的“资金”,包括金钱和其他财物。比特币等数字货币因具有稀缺性、可使用性、可以在海内外各交易机构与法币双向兑换等特性,具有法律上的财产属性。ICO融资行为完全可能被视为实质上具有公开募集资金的性质。同时,大部分ICO代币都具有公开向不特定对象发行,也有投资目的的性质,可能构成中国法上的非法发行证券。一些具有不法目的的个人和组织打着ICO等旗号,利用虚拟货币的发行融资进行诈骗、传销等,通过资金盘、“杀猪盘”来变现“套利”,收割普通投资者的“韭菜”,涉嫌金融诈骗和组织领导传销活动等犯罪,应受到刑法的规制。同时,《94公告》禁止任何所谓的代币融资交易平台不得从事法定货币与代币、“虚拟货币”相互之间的兑换业务,不得买卖或作为中央对手方买卖代币或“虚拟货币”,不得为代币或“虚拟货币”提供定价、信息中介等服务。自此与代币融资交易相关的平台及相关交易业务被全面禁止,既包括代币融资平台、代币交易平台以及同时从事融资与代币交易的平台,也包括法定货币与代币之间的兑换业务,以及虚拟货币相互之间的兑换业务,即俗称的“币币交易”业务。

《924通知》则直接将虚拟货币相关业务全部列为非法金融活动,任何法人、非法人组织和自然人投资虚拟货币及相关衍生品,违背公序良俗的,相关民事法律行为无效,由此引发的损失由其自行承担,涉嫌破坏金融秩序、危害金融安全的,由相关部门依法查处,构成犯罪的,则依法追究刑事责任。

(3)打击境内外虚拟货币交易平台

《关于防范比特币风险的通知》要求,“依据《中华人民共和国电信条例》和《互联网信息服务管理办法》,提供比特币登记、交易等服务的互联网站应当在电信管理机构备案。电信管理机构根据相关管理部门的认定和处罚意见,依法对违法比特币互联网站予以关闭”。即该通知要求,提供比特币交易等服务的互联网网站合法合规从事相关经营活动,依法关停境内数字货币交易所的服务器、域名和IP地址。《924通知》也明确规定,境外虚拟货币交易所通过互联网向我国境内居民提供服务同样属于非法金融活动。对于相关境外虚拟货币交易所的境内工作人员,以及明知或应知其从事虚拟货币相关业务,仍为其提供营销宣传、支付结算、技术支持等服务的法人、非法人组织和自然人,依法追究有关责任。

(4)对支付机构和非支付金融机构的要求

《关于防范比特币风险的通知》要求,“现阶段,各金融机构和支付机构不得以比特币为产品或服务定价,不得买卖或作为中央对手买卖比特币,不得承保与比特币相关的保险业务或将比特币纳入保险责任范围,不得直接或间接为客户提供其他与比特币相关的服务,包括:为客户提供比特币登记、交易、清算、结算等服务;接受比特币或以比特币作为支付结算工具;开展比特币与人民币及外币的兑换服务;开展比特币的储存、托管、抵押等业务;发行与比特币相关的金融产品;将比特币作为信托、基金等投资的投资标的等”。即该通知禁止境内各金融机构和支付机构开展与比特币相关的一切业务。《关于防范代币发行融资风险的公告》进一步强化了对金融机构和非银行支付机构的要求。各金融机构和非银行支付机构不得直接或间接为代币发行融资和“虚拟货币”提供账户开立、登记、交易、清算、结算等产品或服务,不得承保与代币和“虚拟货币”相关的保险业务或将代币和“虚拟货币”纳入保险责任范围。金融机构和非银行支付机构发现代币发行融资交易违法违规线索的,应当及时向有关部门报告。《924通知》更是要求构建多维度、多层次的风险防范和处置体系,要求金融机构、网信部门、公安部门、市场监督管理部门等联合起来，共同打击涉及虚拟货币的违法犯罪活动。

（5）防范比特币等洗钱风险

《关于防范比特币风险的通知》要求，“中国人民银行各分支机构应当密切关注比特币及其他类似的具有匿名、跨境流通便利等特征的虚拟商品的动向及态势，认真研判洗钱风险，研究制定有针对性的防范措施。各分支机构应当将在辖区内依法设立并提供比特币登记、交易等服务的机构纳入反洗钱监管，督促其加强反洗钱监测。提供比特币登记、交易等服务的互联网站应切实履行反洗钱义务，对用户身份进行识别，要求用户使用实名注册，登记姓名、身份证号码等信息。各金融机构、支付机构以及提供比特币登记、交易等服务的互联网站如发现与比特币及其他虚拟商品相关的可疑交易，应当立即向中国反洗钱监测分析中心报告，并配合中国人民银行的反洗钱调查活动；对于发现使用比特币进行诈骗、赌博、洗钱等犯罪活动线索的，应及时向公安机关报案”。该通知明确了金融机构、支付机构以及提供比特币等虚拟货币交易的网站严格履行反“洗钱”义务，对利用比特币等虚拟货币从事违法犯罪活动予以严厉打击。

（6）打击比特币虚拟货币“挖矿”

2021年5月21日，国务院金融稳定发展委员会第五十一次会议指出，坚持底线思维，打击比特币“挖矿”和交易行为，坚决防范个体风险向社会领域传递。比特币的“挖矿”被认为是耗费巨额电力资源的活动，与我国“碳达峰、碳中和”目标相违背，不属于绿色经济的发展要求。根据剑桥大学替代金融研究中心的研究，截至2021年5月10日，全球比特币“挖矿”的年耗电量大约是149.37太瓦时，超过乌克兰、瑞典、马来西亚等国的年耗电量，如果将比特币“挖矿”耗电量看作一个国家，已经接近全球耗电量的第25位。面对如此巨大的资源浪费且“挖矿”产出的比特币不能赋能实体经济发展，比特币等利用POW“挖矿”的活动成为国家打击的对象。内蒙古、四川、安徽等地也出台政策打击“挖矿”行为，例如，内蒙古出台《关于坚决打击惩戒虚拟货币“挖矿”行为八项措施》，对工业园区、数据中心、自备电厂等主体为虚拟货币“挖矿”企业提供场地、电力支持的，加大节能监察力度，核减能耗预算指标；对存在故意隐瞒不报、清退关停不及时、审批监管不力的，依据有关法律法规和党内法规严肃追责问责。[1]

(7)健全应对虚拟货币交易炒作风险的工作机制，加强风险监测预警工作

《924 通知》明确人民银行等十多个部门建立工作协调机制，强化地方政府和金额监管部门的职责，共同预防、妥善处理虚拟货币交易炒作有关问题，全方位监测涉虚拟货币交易资金，实现信息共享和对风险的快速反应机制。

(8)投资者教育及投资风险提示

《关于防范比特币风险的通知》要求，“各部门和金融机构、支付机构在日常工作中应当正确使用货币概念，注重加强对社会公众货币知识的教育，将正确认识货币、正确看待虚拟商品和虚拟货币、理性投资、合理控制投资风险、维护自身财产安全等观念纳入金融知识普及活动的内容，引导社会公众树立正确的货币观念和投资理念”。同时该通知授权各金融监管机构可以制定相关实施细则，监管防范比特币等数字货币风险。同时，《关于防范代币发行融资风险的公告》也提醒公众注意代币发行融资与交易中可能存在的多重风险，包括虚假资产风险、经营失败风险、投资炒作风险等，并警示广大投资者谨防上当受骗。同时，要求各类金融行业组织应当做好政策解读，督促会员单位自觉抵制与代币发行融资交易及“虚拟货币”相关的非法金融活动，远离市场乱象，加强投资者教育，共同维护正常的金融秩序。《924 通知》同样要求各部门、各地区及行业协会要充分运用各类媒体等传播渠道，通过法律政策解读、典型案例剖析、投资风险教育等方式，向社会公众宣传虚拟货币炒作等相关业务活动的违法性、危害性及其表现形式等，增强

---

〔1〕 参见内蒙古自治区发展和改革委员会《关于对〈内蒙古自治区发展和改革委员会关于坚决打击惩戒虚拟货币“挖矿”行为八项措施(征求意见稿)〉公开征求意见的公告》，2021 年 5 月 26 日。

社会公众风险防范意识。

表7－1是我国监管机构对数字货币的主要政策和监管现状。整体而言，我国监管机构倡导币链分离，鼓励区块链企业在不发行代币的前提下，实现区块链技术的发展与应用，即发展“无币区块链”，利用区块链等技术服务实体经济，推动新型基础设施建设。政府大力支持区块链产业的发展。2016年10月工业和信息化部发布《中国区块链技术和应用发展白皮书》，2016年12月15日国务院发布《关于印发“十三五”国家信息化规划的通知》(国发〔2016〕73号)首次将区块链技术作为战略性前沿技术、颠覆性技术写入规划，2018年5月工业和信息化部发布《2018中国区块链产业白皮书》等系列文件。2020年各政策文件从梳理区块链在我国经济和信息化发展中的总体思路出发，超前布局区块链发展，积极推动区块链在信息技术、新旧动能转换、金融科技等方面的创新与应用。同时，大力促进区块链技术与大数据、人工智能、云计算等信息化技术的融合，鼓励区块链技术在产业应用领域的推广。从短期来看，全面禁止代币融资及交易可能会延缓区块链技术的发展，但从长期来看，对ICO的治理及引导，将规范净化整个区块链行业，使其更聚焦技术本身，有利于区块链、数字资产行业更加持续稳健地发展。我国依然大力支持区块链行业的发展创新，届时真正有前景的优质项目将脱颖而出，并呈现其巨大价值。

表7－1　中国监管机构和行业协会关于虚拟货币的监管文件

监管部门	发布时间	文件名称	具体监管内容
中国人民银行等五部委	2013年12月5日	《关于防范比特币风险的通知》	明确比特币是特定的虚拟商品
中国互联网金融协会	2017年8月	《关于防范各类以ICO名义吸收投资相关风险的提示》	国内外部分机构采用各类误导性宣传手段，以ICO名义从事融资活动，相关金融活动未取得任何许可，其中涉嫌诈骗、非法证券、非法集资等行为

续表

监管部门	发布时间	文件名称	具体监管内容
互联网金融风险专项整治工作领导小组办公室	2017 年 9 月	《关于对代币发行融资开展清理整顿工作的通知》	全面停止代币发行融资活动，建立代币发行融资活动监测机制，防止 ICO 死灰复燃；对已完成的 ICO 项目要进行逐案研判，针对公众的代币融资要清退
中国人民银行等七部委	2017 年 9 月 4 日	《关于防范代币发行融资风险的公告》	要求立即停止各类代币发行融资活动，已完成代币发行融资的组织和个人应当作出清退等安排
中国互联网金融协会	2018 年 1 月	《关于防范境外 ICO 与“虚拟货币”交易风险的提示》	提示投资者要注意防范境外 ICO 机构融资活动存在的风险
中国人民银行、公安部等部门	2018 年 8 月 24 日	《关于防范以“虚拟货币”“区块链”名义进行非法集资的风险提示》	提示投资者注意针对炒作区块链概念的非法集资、传销、诈骗活动存在的风险
中国人民银行	2018 年 9 月 18 日	《常抓不懈　持续防范 ICO 和虚拟货币交易风险》	警惕和打击境内外 ICO 和虚拟货币交易出现的平台“出海”，以及以 ICO、IFO、IEO、IMO 等名目的击鼓传花和虚拟货币炒作
中国互联网金融协会等 3 协会	2021 年 5 月 18 日	《关于防范虚拟货币交易炒作风险的公告》	正确认识虚拟货币及相关业务活动的本质属性，金融机构等不得开展与虚拟货币相关的业务，提示消费者风险
国务院金融稳定发展委员会	2021 年 5 月 21 日	第五十一次会议	打击比特币挖矿和交易行为，坚决防范个体风险向社会领域传递
国家发展和改革委员会等部门	2021 年 9 月 24 日	《关于整治虚拟货币“挖矿”活动的通知》	按照“严密监测、严防风险、严禁增量、妥处存量”的总体思路，加强虚拟货币“挖矿”活动上下游全产业链监管，严禁新增虚拟货币“挖矿”项目，加快存量项目有序退出，促进产业结构优化和助力碳达峰、碳中和目标如期实现

续表

监管部门	发布时间	文件名称	具体监管内容
中国人民银行等10部委	2021年9月24日	《关于进一步防范和处置虚拟货币交易炒作风险的通知》	打击虚拟货币交易炒作活动,虚拟货币相关业务活动属于非法金融活动

3. 对《关于防范代币发行融资风险的公告》等政策的误读

(1)比特币是不合法标的物

《关于防范比特币风险的通知》明确否定了比特币作为法定货币的属性,但肯定了其作为“虚拟商品”的属性,并没有法律法规或任何规范性文件明确表示比特币是不合法标的物,相反,其作为“虚拟商品”,具有一定的市场价值。笔者认为,公民可基于我国民法典等相关规定合法持有比特币。

(2)在《924通知》虚拟货币之前,已被国家禁止,公民投资、买卖系违法行为

《关于防范比特币风险的通知》明确了比特币作为虚拟商品的性质,“从性质上看,比特币是一种特定的虚拟商品”,其禁止的交易行为为比特币以货币身份从事的活动。如果比特币不以货币身份从事活动,则不属于国家禁止的交易行为。出于对金融系统的风险防范考虑,该通知限制了金融机构和支付机构对于比特币相关活动的参与。中国人民银行在答问时也表示,“比特币交易作为一种互联网上的商品买卖行为,普通民众在自担风险的前提下拥有参与的自由”。[1] 但2021年6月,中国人民银行约谈多家商业银行,要求其禁止为虚拟货币交易提供支付渠道。故而笔者认为,在2021年9月24日新规出台前,比特币等虚拟货币交易虽然并没有被国家禁止,个人、一般商户、互联网公司等非金融支付机构参与比特币买卖亦不可认定为违法活动,依据“法不溯及既往”的原则,在此之前的相关交易行为不应直接定性为违法活动。

---

〔1〕《央行:民众可自由参与比特币交易 风险自担》,载中国法院网,https://www.chinacourt.org/article/detail/2013/12/id/1157323.shtml。

(3)虚拟货币等于"洗钱",公民买卖虚拟货币收到赃款就必然涉及"洗钱"犯罪,构成掩饰、隐瞒犯罪所得、犯罪所得收益罪或帮助信息网络犯罪活动罪等

虚拟货币因其匿名化等特点而容易成为犯罪分子"洗钱"、诈骗的工具,但这并不代表虚拟货币就等于"洗钱"。公民在进行虚拟货币交易时收到赃款,需要由司法机关依据相关司法解释对其行为的主观性是否"明知"为犯罪所得进行定性,而不能单纯认定其必然构成掩饰、隐瞒犯罪所得、犯罪所得收益罪或帮助信息网络犯罪活动罪。

(4)公民委托投资、买卖虚拟货币产生的债务为非法债务,不受国家保护

在《924 通知》出台之前,公民委托投资、买卖虚拟货币行为的法律定性应当由前两部规范性文件来判断。正确解读《关于防范代币发行融资风险的公告》时应当理解,国家规范的主体为"融资主体""代币融资交易平台""各金融机构和非银行支付机构",而不是普遍的民商事主体,《924 通知》之前尚无法律明确规定公民投资、买卖私人数字货币是非法行为或违法行为,故而,相关的买卖合同、委托合同等应当按照《民法典》的相关规定来确定合同效力。公民买卖虚拟货币更多是一种投资(或者说投机)行为,应秉持风险自担原则,但基于合同产生的债务应当受到《民法典》的保护。

4. 其他监管政策指导与文件

(1)风险提示与专项整治活动兴起

继中国人民银行《关于防范代币发行融资风险的公告》发布之后,国内 ICO 项目纷纷选择"出海",但其募资主体却依然针对中国境内公民。也就是说,即便国内叫停 ICO 项目,但 ICO 给我国金融市场带来的风险并未完全消灭。同时,随着比特币等数字货币的投机热兴起,借助区块链、数字货币为噱头进行非法集资、诈骗等行为激增。对此,我国地方政府、相关行业协会和金融监管机构亦先后发布风险提示、实行专项整治活动等。

在公民投资理财教育方面,中国人民银行、地方金融监管局、银保监会

都于近几年纷纷发布风险提示，主要目的在于治理区块链、数字货币乱象，维护公众财产安全。

2018年8月24日，中国银保监会、公安部、中央网络安全和信息化委员会办公室等5部门联合发布《关于防范以“虚拟货币”“区块链”名义进行非法集资的风险提示》，提醒广大市民警惕以“金融创新”为噱头，实质是“借新还旧”的庞氏骗局，资金运转难以长期维系。

2018年9月18日，中国人民银行上海总部发布《常抓不懈　持续防范ICO和虚拟货币交易风险》的通告表示，经过清理整顿，境内虚拟货币交易的全球份额已从最初的90%以上下降至不足5%，有效避免了2017年下半年以来全球虚拟货币价格暴涨、暴跌导致的虚拟货币泡沫，阻隔了对我国金融市场的冲击。该通告既表达了监管机构持续打击和预防相关风险的努力，也表达了监管者将继续密切监测ICO及各类变种形态，加强研判、打早打小，防患于未然，同时向市场传递了更明确的监管信号。

为了配合中央政策执行，部分地方政府也发布了相关风险提示文件。例如，湖北省人民政府办公厅于2018年4月下发《关于印发2018年湖北省防范非法集资等金融风险宣传教育月活动方案的通知》，广州开发区经济和信息化局与广州开发区金融工作局于2018年8月联合下发《关于禁止承办虚拟币推介活动的通知》，海南省政府金融办公室于2018年8月发布《关于防范以“虚拟货币”“区块链”名义进行非法集资的风险提示》，北京地方金融监督管理局、人民银行营业管理部、北京银保监局、北京证监局于2019年12月联合发布《关于进一步防范“虚拟货币”交易活动的风险提示》等。

（2）《关于防范虚拟货币交易炒作风险的公告》

自2020年年底至今，以“马斯克”为代表的名人效应推动了私人数字资产市场的暴涨、暴跌，以比特币和以太坊为代表的主流数字资产不断突破新高。私人数字货币的炒作行为严重损害了人民群众的财产安全，扰乱了经济金融的正常秩序。其间，包括中信银行在内的一些银行就发布过类似“任何机构和个人不得将中信银行账户用于比特币等加密货币交易”的公告。

在此背景下，2021 年 5 月 18 日，中国互联网金融协会、中国银行业协会、中国支付清算协会联合发布了《关于防范虚拟货币交易炒作风险的公告》。从法律属性来看，此次发文主体为 3 个行业协会，它们都属于行业自律组织，作为“软法”的一种，[1]不具有法律强制力，仅是针对行业协会会员单位作出的提示性规定。在这点上，该公告与《关于防范代币发行融资风险的公告》有本质区别，但 3 个协会分别代表了互联网金融行业、支付清算服务行业和银行业对炒作虚拟货币的态度，对市场具有一定的警示作用，特别是在当前日益重视“柔性监管”[2]环境下，该公告从一定程度上传达了监管层对虚拟货币炒作风险的态度，故而也应当加以重视。

在具体内容上，《关于防范虚拟货币交易炒作风险的公告》与《关于防范代币发行融资风险的公告》相比，并没有太多实质性的新内容，主要包括以下几点：

第一，否定了虚拟货币的货币属性，认可其虚拟商品的属性。事实上，正如上所述，虚拟货币的发行权非国家政府，显然不应具备法定货币属性，这一点是毋庸置疑的。至于有关机构“不得开展与虚拟货币相关的业务”，不得“开展法定货币与虚拟货币兑换及虚拟货币之间的兑换业务、作为中央对手方买卖虚拟货币、为虚拟货币交易提供信息中介和定价服务、代币发行融资以及虚拟货币衍生品交易等相关交易活动”，这也是《关于防范代币发行融资风险的公告》规定的禁止代币发行融资业务，是当然违反行政法的行为。

第二，金融机构、支付机构等不得开展与虚拟货币相关的业务。“互联网平台企业会员单位不得为虚拟货币相关业务活动提供网络经营场所、商

---

[1] 软法，是指那些不能运用国家强制力保证实施的法规范。软法是相对硬法（hard law）而言的，后者是指那些能够依靠国家强制力保证实施的法规范。

[2] 柔性监管是相对刚性监管而言的，是指政府的刚性指令不是直接面向市场主体，而是通过社会组织、行业协会等传导到市场主体上去，在社会组织中协调沟通谈判。这样就形成了有弹性的互动机制，这种互动机制对我们整个社会的良性运行和制度规范的优化有极大的益处。参见黄震：《互联网金融软法治理的思考》，载《科技与法律》2014 年第 3 期。

业展示、营销宣传、付费导流等服务”，从这一点上，该公告在一定程度上有否认虚拟货币交易所在国内合法性的含义。

第三，针对消费者的风险提示和针对会员单位的自律管理，这两部分内容更多为风险教育和行业管理。

2021 年 5 月 21 日，国务院金融稳定发展委员会召开第五十一次会议。会议指出，要坚决防控金融风险，强化平台企业金融活动监管，打击比特币“挖矿”和交易行为，坚决防范个体风险向社会领域传递。这一会议直接反映了国务院对于比特币“挖矿”行为的严厉打击。

笔者认为，我国目前否认了比特币等虚拟货币的货币属性，禁止其作为货币进行流通，自然是无可厚非的，但并未否认虚拟货币可作为一般法律意义上的财产并受到法律的平等保护。因而，个体在《924 通知》之前获得的虚拟货币，正常持有应视为合法。

对于普通投资者来说，以比特币为例的虚拟货币还存在很多的市场风险和法律风险，笔者建议，普通投资者应重视各部门发布的风险提示公告，切勿参与这些虚拟货币的交易和炒作行为，以免发生不必要的财产损失，甚至带来一定的刑事风险。

二、我国私人数字货币的监管困境

(一)监管机构对私人数字货币缺乏统一认识

中国监管机构目前对私人数字货币的监管态度采取否定性评价，在否定其价值本身将其全部纳入禁止投融资领域，对其本身法律属性也未有明确认定，在一定程度上也表现出监管部门对虚拟货币及其风险的认识不够深入，这主要体现在以下几个方面：

一是监管机构对虚拟货币的含义、范围、特征了解不足，对虚拟货币相关风险认识不足，导致在监管实践中无从下手。例如，传统监管机构对区块链的监管大多集中在区块链信息安全方面的监管，要求在境内运行的联盟链和私有链进行信息登记和备案，倡导发展“无币区块链”。但这套监管思路似乎应对比特币、以太坊、稳定币、融资代币等基于去中心化的公链发行的虚拟货币生态有些捉襟见肘，不知该如何监管这些全球流通的区块链虚拟货币。

二是监管机构对数字货币的属性未能明确。截至2022年年初，除比特币、以太坊等主流虚拟货币外，上线各个交易平台交易的其他数字货币多达数万余种，且仍在快速增长。我国监管部门2013年发布的《关于防范比特币风险的通知》仅对比特币作出了法律定性，对于以太坊等其他主流虚拟货币以及其他ICO代币如何定性尚不明确，存在较大局限。同时，监管机构对数字货币并没有类型化分析，主要聚焦以比特币为代表的虚拟货币，对其他类型数字货币缺乏类型化的综合分析。

三是监管部门对数字货币的属性界定不明，也直接导致数字货币的监管主体的确定和监管权责的分配处于模糊状态。一方面，数字货币监管主体的确认。如果将数字货币视为具有货币性质的资产，是否可由央行统筹监管；如若将比特币、以太坊等主流数字货币视为虚拟商品，那么参与此类交易是否应参照"大宗商品交易"进行监管；未来是否纳入《期货交易管理条例》或者期货法进行交易监管以及如何确定监管部门；抑或是某些数字货币具有债权或存款性质，是否可由银保监会牵头监管。另一方面，我国对数字货币的监管对象不明确。监管究竟应规制私人数字货币本身，还是其融资活动，抑或是规制数字货币交易所，如何设计监管规则，找准监管切入点，目前我国监管机构尚无明确统一的认识。

（二）私人数字货币立法存在空白和监管滞后

目前，我国应对数字货币的风险，监管机构仅发布了一系列规范性文件，明确了比特币的属性，禁止首次公开发行代币融资活动（ICO）和虚拟货币相关业务，这些监管从内容上来说主要是针对特定的虚拟货币诈骗、投机等行为，采用"一刀切"的方式忽视了不同类型的私人数字货币差异，例如，如何应对某些具有投资属性的代币监管，如何加强对锚定美元的稳定币监管，目前尚未有相关法律文件予以明确，存在立法空白。例如，根据《关于防范代币发行融资风险的公告》对“代币发行融资”的定义可知，代币发行融资包括向投资者募集比特币、以太坊等虚拟货币和向投资者发售代币两种行为，忽略了代币上线交易这一行为。那么，如IMO这种融资模式未直接向投资者发售代币而是售卖“矿机”，或者如IFO这种融资模式未直接发售代币也未募集比特币等虚拟货币，该如何监管，是否属于《关于防范代币发行融资风险的公告》的监管对象？

在监管时效上，中国人民银行等监管机构发布的通知、公告等规范性文件，大多属于临时处置措施，缺乏更加完善的持续长效的法律制度。表现在法律对数字货币的制度供给不足等困境。

此外，现有监管规则的效力和位阶较低，而我国对代币融资及交易的监管主要依据是中国人民银行等部委于2013年发布的《关于防范比特币风险的通知》、2017年发布的《关于防范代币发行融资风险的公告》、2021年发布的《924通知》等行政规范性文件，并无更高效力的法律、行政法规作为监管依据。相关数字货币发行、交易和融资活动在我国找不到民商法上的规制依据，直接由行政法和刑法介入规制，可能导致行政执法工具和刑罚的过度使用，从而阻碍金融的创新发展。

（三）“一刀切”监管易引发监管滞后和监管失灵

在实践中由于缺乏立法指导，监管也面临无法可依、“一刀切”和运动式执法盛行和监管失灵等状况。例如，监管者对数字货币的监管效能不高，监管“一刀切”产生治标不治本的“后遗症”，如在打击ICO之后，出现了IFO、IEO、IMO等ICO的变异融资方式；在打击虚拟货币“挖矿”业务之后，出现了链游等新型“挖矿”方式；虽然我国表面上禁止了境内支付机构和非支付金融机构为数字货币交易提供支付结算服务，但是OTC等形式依然禁而不止，诈骗、“洗钱”活动依然将其作为犯罪工具。“一刀切”和运动式执法往往是在市场过热、投机情绪过度膨胀时，监管者出来进行风险监管和事件监管，进行风险警示和打击相关投机活动，但这种方式其实并未起到长期规范私人数字货币领域的监管效果，面对私人数字货币领域出现的新类型、新模式和新业态,监管由于缺乏事前监管和风险的提前发现和介入,往往不能及时认识,采取有效措施,由此产生了监管滞后和监管失灵。当前,我国在私人数字货币领域监管步伐滞后于其创新速度,“一刀切”的监管虽然见效快、效率高,但是容易造成市场短期较大幅度的波动和震荡,增加不稳定性,故而我们更需建立长效的监管机制,以此更好、更全面、更科学地发展私人数字货币及区块链行业。

(四)私人数字货币跨境监管的困境

私人数字货币本身是基于区块链产生的价值符号,通过区块链上的节点点对点传输价值,本身具有去国家化、无界性、跨区域的特征,仅靠一个国家的监管难以覆盖私人数字货币的所有风险。尤其涉及跨境支付、跨境交易等问题时,金融监管的有效性将会大打折扣。面对不依赖传统国家的金融基础设施运行的区块链数字货币,如何对其开展有效监管,如何阻止海外私人数字货币发行融资和数字货币交易所对境内投资者的影响,似乎给传统的属地监管带来了不少困难。

我国传统的金融监管主要依据属地原则行使管辖权。《公司法》《证券法》的监管范围和监管对象均是在我国境内注册、在我国境内有常驻营业场所并向中国税务机关承担缴税纳税义务的公司、合伙企业等组织形式。对于在境外注册运营、在境外设立营业部且在境外纳税的机构和个人,中国境内监管机构难以对其实施直接有效的监管。在2018年年初,私人数字货币交易价格大涨,许多中国投资者通过OTC等渠道参与境外代币融资及交易。此外,境内大量区块链项目融资方通过在境外设立特殊主体“移师”海外,继续向我国境内居民发行代币进行融资;或者境内主体通过在境外设立交易平台向境内居民开放交易服务并将服务器等设备存放于境外,这些行为公然利用跨境司法管辖的障碍挑战我国的监管政策。在这种情形下,即使发生针对我国居民的代币欺诈、非法集资等违法犯罪活动,我国公安司法机关也无法及时行使管辖权予以打击。

进言之,穿透境外私人数字货币机构的本质也存在困难。一方面,这些身居境外的区块链项目发起人和数字货币交易所的主要负责人，主要向境内居民募集比特币、以太坊等主流虚拟货币，并涉嫌绕开资本进、出境的法律规定向境外转移资金。另一方面，许多境外项目和数字货币交易所的高层管理人员身份保密，甚至有些交易所名义上是公司，但并没有注册成为实体，而是以社群的方式运营，导致实际控制人和实际责任人难以认定。同时，私人数字货币交易基于区块链网络，点对点直接发送，交易证据较难追踪、难以保存、取证复杂、时间漫长等问题，造成监管机构难以追踪此类违法犯罪行为，跨境执法和跨境司法协助难度极大，监管机构跨境取证及侦查、抓捕犯罪嫌疑人也面临不小障碍。因此，境内居民一旦遭受代币投资损失，通过司法途径向境外主体进行维权、挽回投资损失将存在重重阻碍。

（五）私人数字货币监管模式和手段的不足

在监管模式上，由于区块链金融和私人数字货币在基础设施和生态上与传统的金融业态和金融体系有区别，传统中心化金融监管体制和监管模式应对区块链这类去中心化的技术和业态，在兼容性和互操作性上出现诸多不适应。私人数字货币行业不在传统由“一行两会”分业监管范围内，私人数字货币相关发行机构、交易所也不在中国境内，传统的行业监管和机构监管等监管模式在该领域出现失灵。

监管技术上，监管机构对私人数字货币监管的技术能力不足，不能有效监测、识别和处置该领域出现的风险，如“洗钱”/恐怖主义融资风险、技术安全风险、隐私数据风险等。同时，私人数字货币以区块链为基础技术架构，数据和节点分布式记账，通过点对点的钱包或区块链地址进行交易；而现有金融监管体系基本都是中心化的数据库记账，通过银行和第三方支付机构的账户体系和资金结算渠道进行资金的流通和交换。监管的底层技术和技术机构多是适配现有金融体系的，基于区块链和加密技术发行的私人数字货币能较好地绕开现有的技术监管，导致现有监管技术在回应此类创新时出现技术能力不足的困境。就私人数字货币的“洗钱”监管而言，目前金融反“洗钱”和外汇监测系统对私人数字货币的监测存在技术盲点和漏洞，监管缺乏系统的私人数字货币“洗钱”监测标准、风险监测系统，各商业银行和第三方支付机构也尚未能有效识别场外数字货币交易的账户和交易事项、资金金额，对某些用于数字货币交易、资产转移的账户或出现大额、高频、可疑交易的账户的监测，尚未达到全面覆盖。且对某些通过境外中心化交易所、去中心化交易所进行的“洗钱”和资产转移，反“洗钱”监管的难度更大。虽然国内部分银行如中信银行，采取暂停相关账户交易、注销相关账户等措施来封堵私人数字货币交易，[1]但系统体系化的数字货币反“洗钱”监管尚未成功建立起。

在监管手段上，传统的金融监管手段和规则可能无法适应私人数字货币的创新和监管，例如，支付和结算账户监管、证券登记结算系统监管以及期货等大宗商品的监管，已不适合用于私人数字货币的监管，传统的数据报送、现场和非现场检查、监管问询和窗口指导等方式，对境外数字货币项目、交易所和境外交易活动的效果也十分有限。又如，针对私人数字货币的税收征管，虽然美国、欧洲等国家已经出台并不断完善其监管税则和征管办法，但每年该领域偷税、漏税的问题仍然十分严重，传统税收征管工具和手段的效能大打折扣，亟须创新完善私人数字货币税收征缴工具及其他监管工具。

三、我国私人数字货币监管的立法思考与路径探索

通过分析国际上主要国家和地区对私人数字货币、私人数字货币发行融资及数字货币交易所的监管政策和实践经验，我们发现大部分国家和地区通过发布指引或声明的方式明确私人数字货币的分类，并依据分类分别纳入现有监管体系进行监管。对于我国来说，考虑到现有法律体系的现状、监管的困境以及私人数字货币的监管目标，未来对私人数字货币监管应转变现有监管态度和理念，寻求将私人数字货币纳入监管框架而非一味地压

---

〔1〕 参见《中信银行宣布，“封堵”比特币！一经发现，注销账户》，载百度百家号网 2021 年 5 月 7 日，https://baijiahao.baidu.com/s?id=1699102911735921734&wfr=spider&for=pc。

制和打击。如何监管私人数字货币，是金融监管机构和专家学者关注的重要问题，笔者基于对私人数字货币风险和域外监管经验的分析，拟从区块链金融和私人数字货币监管的角度提出立法思考，并从私人数字货币属性认定、类型化划分、证券和通证经济发展、数字货币交易所规制以及反“洗钱”等角度，探索我国未来完善私人数字货币监管的可操作性路径。

（一）对我国私人数字货币监管的立法思考

我国区块链金融和私人数字货币领域立法存在空白状态，现有私人数字货币监管的规范性文件也存在部分欠缺，要进一步推进私人数字货币的监管和治理，我们有必要从立法层面对私人数字货币监管提供顶层设计和制度供给。

1. 坚持底线思维，以合规疏导代替全面否定和禁止的监管机构立法思路

从全球范围来看，越来越多的国家和地区以合规疏导而非绝对禁止的方式应对私人数字货币领域的风险。例如，日本在 2017 年颁发了虚拟货币交易所牌照；2018 年，首个由 NYSDFS 监管的稳定币上线，分别是 Gemini 公司发行的稳定币 GUSD 与 Paxos 公司发行的稳定币 PAX，两种稳定币均以 1∶1的汇率锚定美元法币，标志美元在区块链金融领域的延伸；2021 年，SEC 批准 Coinbase 数字货币交易所在 NYSE 上市，投资者可以买卖 Coinbase 交易所的股票；瑞士将私人数字货币进行类型化区分，并根据不同私人数字货币的属性发放相关监管牌照；澳大利亚将私人数字货币视为金融工具，进行相应的监管；中国香港特别行政区也为发行私人数字货币的实体和交易所办理许可执照，并对参与私人数字货币交易的客户群体实施严格的投资者适当性管理。随着越来越多的国家和地区将区块链金融和数字货币纳入监管体系，且越来越多的机构投资者进入私人数字货币市场，私人数字货币对经济和金融的系统重要性也在不断提升。未来没有任何国家能够完全避免私人数字货币的影响而“独善其身”。且以往监管实践证明，部分国家完全否定和禁止性的金融监管并不能起到长效的监管效果，往往治标不治本。

因此，立法机构和监管机构行使立法权时，可转变监管思路，在坚持底线思维（如不发生系统性金融风险以及严重社会风险）的基础上，探索将私人数字货币风险纳入监管框架，进行合规管理和疏导，以代替前期对私人数字货币禁止和否定的监管机构的立法思路。

同时，立法需要转变“一刀切”的执法的思路，引导监管机构形成数字货币风险治理的长效机制。中国人民银行自 2013～2021 年发布的《关于防范比特币风险的通知》和 2017 年发布的《关于防范代币发行融资风险的公告》等规范性文件，都是为了临时处置区块链领域爆发的阶段性风险，并非监管机构事先对该行业进行综合考虑之后制定的。这种“一刀切”的监管存在较大弊端，虽然见效快、成本较低，但显然不利于规范金融科技创新、通证经济发展与投资者权益保护。未来我国在私人数字货币领域应转变“一刀切”和运动式执法的监管模式，建设私人数字货币风险应对和治理的长效机制，合理平衡区块链领域的金融创新和风险防范。发挥监管风险发现和前置法的作用，例如，制定一系列规范数字货币相关主体和活动的“软法”，发挥行业自律组织标准等“软法”制定和引导规范的作用。以“软法”构筑区块链金融行业的“风险缓释墙”，引导私人数字货币和区块链金融领域形成常态化、持续性的长效监管机制。

2. 贯彻分类监管、穿透监管和行为监管的立法思路

不同数字货币根据不同功能、目标和应用场景具有不同的经济实质。立法应穿透不同私人数字货币的经济实质，对私人数字货币的经济属性和法律属性进行明确界定，对私人数字货币的交易行为的性质进行穿透，对数字货币交易所的运行结构进行穿透，进而为不同类型的私人数字货币、不同私人数字货币的交易行为以及数字货币交易所分别设计监管框架和监管规则。监管框架的设计可采取纳入式或新设式两种模式，纳入式即将私人数字货币本身和交易活动纳入现有金融法制，对现有法律概念、法律规范的范围作目的扩张或体系解释，例如，在《证券法》《期货法》《非银行支付机构网络支付业务管理办法》等法律法规中，纳入具有投资性质、商品性质或支付

手段性质的数字货币,日本、韩国即采用这种模式。新设式数字货币立法,是指立法或监管机构在传统法律体系之外,新制定关于私人数字货币的法律,包括私人数字货币的发行、交易、赎回、融资等各个环节都使用一套统一的规则,目前美国纽约州部分采用了这一立法模式,通过设立虚拟货币牌照(Bitlicense)来规范在纽约州境内注册、发行和交易的数字货币。新设式立法的优势在于,可以对私人数字货币进行专门和系统的规制;缺点在于,需要耗费大量的立法成本和监管成本。针对我国情况,我国可采用纳入式的私人数字货币立法模式,根据不同数字货币的性质纳入不同的监管法规,并适当提高法律规范的位阶和效力,以扩大金融规制的横向覆盖面和纵向渗透力。

同时,我国在私人数字货币立法中也应注重审慎规制和行为规制,在守住监管底线的前提下,鼓励区块链金融创新,加强对相关主体的行为监测和分析,推进私人数字货币领域的投资者权益保护。包括强化私人数字货币中介服务机构(如交易所)的监管、数字货币发行商的监管等,贯彻执行用户识别、反"洗钱"、反恐怖主义融资以及打击金融诈骗等监管行为,严格坚持底线思维监管。例如,瑞士监管当局强调,资产代币都会被当作证券进行监管;泰国在2018年5月发布法律监管政策,要求虚拟货币交易平台执行第三方托管客户资产;中国香港特别行政区计划通过立法,将数字货币交易所的服务对象限制为专业投资者,并对专业投资者的构成标准给出了立法指引。通过行为监管和审慎监管,可以纵向深化对数字货币的风险治理,对投资者利益的保护有较大助益。

3. 以反"洗钱"、税收征管立法为切入点

在私人数字货币相关风险中,除私人数字货币本身由于发行商、发行机制等原因而产生的信用风险、欺诈风险、运营风险和数据隐私风险外,在私人数字货币对外部市场和国家产生的风险中,目前私人数字货币对主权国家的金融稳定、支付体系尚未产生较严重的冲击,而私人数字货币"洗钱"/恐怖主义融资等投机和欺诈的风险却较突出,亟须国家以实质性手段回应

相关风险。反“洗钱”监管虽然关注的仅是数字货币与法币相互兑换的环节,但这是私人数字货币与现实世界、与现有金融体系交互的重要接口。虽然私人数字货币的反“洗钱”监管不过多涉及区块链的链上治理,却也可为私人数字货币的监管治理提供切入点和抓手,以此来改变区块链金融行业的自发生态,实现金融监管的有效介入。另一个重要且有效的监管介入点是私人数字货币税收管理,主权国家每年都有数万亿美元的数字货币交易量,如果这些发生在一国境内的私人数字货币“挖矿”、发行、持有、交易和投资等活动中,却没有被纳入国家财政监管和经济活动测算,将对主权国家产生大量损失。将私人数字货币纳入税收征管,就是将私人数字货币纳入主权国家的经济体系,在某种程度上认可其合法性的同时,也能从纳税主体、征税对象等方面介入并加强私人数字货币的监管。

(二)我国私人数字货币监管的路径探索

1. 明确私人数字货币的功能属性

关于私人数字货币的功能属性,目前国际金融组织和主权国家的监管机构并没有统一的界定,而是以不同国家的监管需求、不同机构的监管目标来调整和设定。根据私人数字货币被运用的场景和监管环境的不同,大致可将其认定为具有 3 种属性:将私人数字货币认定为“资金”属性,在刑事法律监管和税收征管中可运用此标准;将私人数字货币纳入虚拟财产范畴,在一般的民商事活动和数字经济流转中可使用此属性,以保护当事人的合法财产权益;将部分具有投资功能的数字货币认定为具有广义“证券”或通证的属性,可进一步激活数字经济中创新的融资和投资手段,对于促进资本流动、优化市场经济中的资源调配具有积极意义。

(1)私人数字货币(虚拟货币)的“资金”(money)属性

当前,全球范围内发行证券募集的资金均为法定货币,如我国境内发行股票、债券等证券募集的资金均为人民币,而发行代币通常募集的是比特币、以太坊等主流虚拟货币。这些主流虚拟货币可解释为具有资金的性质,即“money”。“资金”是一个广义的概念,既包含货币财产,也包含非货币财产。在此基础上,即认可私人数字货币具有合法财产属性,是域外大多数国家通用的属性认定。

非法集资行为中的“资金”,包括金钱和其他财物,可以更好地解释为何在刑事案件中,“数字货币”可以直接作为资金,以财产性权益的方式作为犯罪目标或犯罪手段,例如,利用数字货币进行的非法集资、集资诈骗,盗窃数字货币,采取胁迫手段抢劫被害人的数字货币等。在此类侵犯财产的犯罪中,均可将数字货币抽象统一归纳为资金来进行定罪、计价和量刑,从而更好地在刑法上评价数字货币相关犯罪行为。

如前所述,比特币、以太坊等私人数字货币当属于资金的范畴。我国《公司法》(2018 年修订)第 27 条规定:“股东可以用货币出资,也可以用实物、知识产权、土地使用权等可以用货币估价并可以依法转让的非货币财产作价出资;但是,法律、行政法规规定不得作为出资的财产除外。”这就表明,公司发行证券募集的资金可以包含非货币财产,法定货币只是募集资金的通常表现形式;此外,比特币、以太坊等虚拟货币可以用法币估价并可以依法转让,而且我国法律、行政法规并未规定比特币、以太坊等虚拟货币不得作为出资的财产。因此,理论上公司发行证券也可以募集比特币、以太坊等虚拟货币,虽然证券的发行主体与代币的发行主体可能存在差异,但这并不影响比特币、以太坊等虚拟货币可以归属于资金范畴的认定,因此,募集比特币、以太坊等虚拟货币可以归属为募集资金的范畴。

(2)私人数字货币纳入虚拟财产范畴

《民法典》明确提出了“虚拟财产”的概念。《民法典》第 127 条规定:“法律对数据、网络虚拟财产的保护有规定的,依照其规定。”从而对私人数字货币等虚拟财产作出了兜底条款的规定,表明了虽然没有其他法律规定,“私人数字货币”仍然可以根据其虚拟财产的性质受到法律的保护。

部分学者认为,“私人数字货币”虽然不具备货币价值,但是并不影响它作为虚拟财产的流通。根据陈兴良教授的划分,“虚拟财产可以分为账号类、物品类和货币类3类。而虚拟财产的外延大于私人数字货币”。[1] 从这个角度出发，“私人数字货币”可以归类到虚拟财产范畴，那么这便可以更好地在民事领域保护平等主体之间的数字货币交易关系、权利义务。不同法院和专家对数字货币的私法属性有不同解读，很容易导致不同的裁判结果，影响司法的安定性和保障预期的功能。

(3)部分私人数字货币或可纳入证券范畴

我国在1998年制定《证券法》时，对“证券”的界定采取“立法列举+行政认定”相结合的模式，一直延续至今。我国几次《证券法》修改以“立法列举”的方式逐渐扩大了证券的范围，同时授予国务院依法认定其他证券品种的权力，其优点是使《证券法》的调整范围更明确具体、可执行性更强。但这种立法方式也存有弊端，在金融模式创新日新月异的当下，《证券法》调整的灵活性不够。

在区块链领域兴起的代币融资及交易行为，因缺乏明确的监管依据被监管部门以行政手段迅速制止的背景下，重新审视《证券法》关于证券的定义尤为必要。我国监管部门将比特币定性为虚拟商品，并将ICO定性为“非法公开融资行为”，并涉嫌“非法发售代币票券、非法发行证券等违法犯罪活动”，但并未详细说明认定数字货币具有证券属性的法律依据，主要原因之一在于我国证券定义较狭隘，致使监管机构不能明确依据《证券法》等法律法规认定私人数字货币的证券属性。

2. 以通证经济优化我国私人数字货币发行融资的监管

(1)证券和资产通证化的必要性

证券是一种表示财产权、具有投资属性和融资属性的有价凭证(股票、债券等)。区块链通证具有三大维度的属性：一是通证可使用、可转换、可兑换；二是具有可识别、防篡改、技术共识的特征；三是本身具有价值，能够作

[1] 陈兴良：《虚拟财产的当代命运——2016刑事法制高峰论坛“数据、个人权益与网络犯罪”上的主旨发言》，载中国社会科学网，http://www.cssn.cn/fx/fx_rdty/201701/t20170131_3400573.shtml。

为社会共识和价值的载体。可以说,区块链通证可以为资产“赋值”,是对证券范围的扩张和证券性能的提升。证券化通证能进一步发挥资产证券化的优势,以在区块链上更好地估值定价、流通,实现资源要素流通和配置的低成本化、资源配置的高效化,以追求经济学上的帕累托最优。

(2)完善通证经济下的私人数字货币融资活动

我国现有《证券法》采用了“立法列举+行政认定”相结合的证券定义模式,但由于行政认定证券缺少明确具体的程序及标准,该项权力难以实际执行。在金融科技不断发展、融资模式不断演变的当下,证券定义的局限性不利于灵活监管金融市场和及时打击利用新型金融产品从事非法金融活动的行为,因此在立法上以明确法律条文的形式扩大证券的定义是必要选择之一。参考私人数字货币国际监管实践,大多数国家都将私人数字货币予以扩大化解释以寻求纳入证券或金融工具的范畴。

扩展《证券法》中证券的范围,一种可行的办法是将“证券化通证”纳入证券的范围,从 IPO 到 ICO 再到 STO,反映通证经济的变化与范围扩展。证券是传统的金融体系的投融资凭证,加持区块链技术的证券是二者的结合点。未来需要进一步论证通证化证券的发行条件、信息披露、财务、赎回等要件。

在立法方面,扩张证券定义或对证券作扩张性的立法或司法解释,有两种选择:一是从立法角度以明确的法律条文的形式定义证券的概念,同时设置符合我国资本市场特征的证券发行豁免条款。二是延续采用我国《证券法》“立法列举+行政认定”相结合的证券定义模式,并参照有益监管标准,制定行政认定证券的程序和标准。具体而言,由国务院授权证券监管机构以《证券法》为基础,制定认定证券的行政规章并报国务院备案/审批,授权证券监督管理机构具体认定证券的权力。证券监督管理机构专职于资本市场监管,相较国务院和其他监管机构而言,专业判断能力更强,对市场反应速度更快,更加适合作为新型证券的认定机构。同时,最高人民法院也可出台相应的司法解释,或在具体审判中筛选指导性典型案例,对证券的范围作适度地扩张。在信息披露要求方面，根据新型证券特征对行政认定的证券实施差异化的信息披露要求。《证券法》强制发行人全面准确地披露信息以保护投资者利益，但这是基于股票、债券等大额发行融资行为，发行人可以承受相应的信息披露成本。而对于一些采用去中心化区块链系统发行或交易的新型证券，投资者对相关信息的需求有其特殊性，并可较容易地获得相关证券发行与交易的信息，即区块链已经帮助投资者解决了这部分的信息不对称问题。因此，"行政认定"证券的信息披露要求方面，不宜按照股票、债券等实施相同的信息披露要求，应当按照融资金额、技术、投资者数量等标准实施差异化的信息披露要求。

确认管辖权之后，可对海外注册和运营的且对中国投资者提供服务的数字货币交易所制定监管规则。通过对比研究可以发现，当前数字货币交易所提供的交易业务，本质上与证券交易所业务相似，数字货币交易方式与股票等证券的连续竞价交易模式类似，甚至数字货币交易所在某种程度上还具有部分类似证监会、证券登记结算中心的职能。监管可参考证券领域的监管，对数字货币交易中的杠杆交易、内幕交易、操纵市场、虚假交易、挪用客户资金等违法违规行为进行调查，进行监管检查，实施行政处罚或提起诉讼指控等。此外，可对数字货币交易中介机构制订详细的监管要求，如投资者适当性管理、净资产规则、风险补偿金设定、破产清算计划等，力图监督交易所建立强有力的风险和内控框架。可参考美国《证券投资保护法案》(SIPA)以及SEC关于证券交易中介机构的监管规则，完善数字货币交易所的监管框架。也可参考我国香港特别行政区在向投资者发放牌照的基础上，加强合格投资者管理，为数字货币交易设定门槛，只有达到一定条件的专业投资者才能进入市场投资。

3. 加强私人数字货币反"洗钱"监管

在私人数字货币的不同风险中，目前在投资领域暴露得更多的是通过私人数字货币"洗钱"的问题，尤其是稳定币作为一种锚定单一法币(如美元)或"一揽子"货币的价值保持相对稳定的私人数字货币，其低成本传输和流通便捷、伪匿名的特点,使其相对比特币、以太坊等主流数字货币更易成为"洗钱"/恐怖主义融资犯罪活动的工具。稳定币逐渐替代比特币成为数字货币"洗钱"犯罪的主力。加强数字货币的反"洗钱"监管,首先可确立反"洗钱"监管的原则,如按照实质重于形式的原则,对负有反"洗钱"义务的机构,包括金融机构、特定非金融机构以及虚拟资产处理机构(VASP),按照对金融机构和金融活动的反"洗钱"监管标准来监管私人数字资产服务提供商和私人数字货币相关活动。在具体反"洗钱"监管内容方面,对私人数字货币发行商、交易所进行反"洗钱"监管的核心和关键主要在3个方面:一是KYC,要求用户实名注册并上传身份证/护照、电话、地址等有效证件,并且穿透识别法人客户背后的最终控制自然人或最终拥有自然人,了解客户业务的目的和性质等;二是在相对长期限内保存客户资料和交易数据,以备查验;三是向国家指定的反"洗钱"监管机构提供大额或可疑交易报告。[1] 在监管模式上,加强与其他国家或地区的反"洗钱"监管交流合作,加强跨区域的刑事司法协助、反"洗钱"金融情报交换和反"洗钱"监测打击平台共建等工作,防止监管"套利"。在机制保障方面,制订更加严格的反"洗钱"监管标准,发挥监管机构和自律组织相结合的作用,并可将虚拟资产的价值转移统一推定为跨国交易,加强对通过第三方服务进行交易的反"洗钱"监测,[2] 以搭建更加完备的私人数字货币反"洗钱"监管体系。

4. 加强私人数字货币投资者权益保护

监管机构应定期发布私人数字货币投资风险警示,提醒市场和广大投资者重视私人数字货币投机炒作风险。此领域鱼龙混杂,充斥着大量虚假项目,存在诈骗、投机、操纵市场等风险,且大部分项目不在监管机构的管辖范围内。在监管机构尚不能对其实施监管时,定期发布风险警示,指出私人

---

〔1〕 参见吴云、朱玮:《虚拟货币的国际监管:以反洗钱为起点走出自发秩序》,载《财经法学》2021年第2期。

〔2〕 See FATF, *International Standards on Combating Money Laundering and the Financing of Terrorism & Proliferation*, The FATF Recommendations (Dec. 16, 2018), https://rm.coe.int/fatf-recommendations-2012-updated-october-2018-/168093829b.

数字货币领域存在的风险和风险的表现形态，能够提醒投资者注意相关风险活动，且如果投资者怀疑某涉币项目是骗局，可向监管机构进行举报，以此抑制相关市场的投机和诈骗风险。

发挥行业协会行业自律的作用，一方面，国内行业协会如中国互联网金融协会、支付清算协会等可为投资者提供申诉、救济的渠道，如投资者服务热线、投资者举报入口。另一方面，相关协会可加强投资者教育，加强私人数字货币反欺诈、风险识别等教育。

小　结

（1）私人数字货币的诞生天然带有社区治理的特征，但是仅仅依靠社区的力量和链上治理不能解决私人数字货币领域存在的风险和问题。因此，引入第三方的监督和约束力量是未来私人数字货币和区块链金融发展的方向。就私人数字货币风险本身的监管而言，明确其属性并对私人数字货币进行分类监管是未来监管的主要思路；就私人数字货币的融资活动的监管而言，我国可将私人数字货币纳入比证券范围更广的区块链通证范围内，实行许可的通证模式，即在联盟链、私有链范围内鼓励封闭式通证的发行和流转，可由支付机构或工商部门进行管理；对于在区块链公链上发行 ICO 或变相 ICO，可采取严格的管制，甚至是禁止措施；就私人数字货币交易所的监管而言，可通过对境外交易所的“长臂管辖”确认对交易所实体和实际控制人的管辖权，同时运用技术监管，建立链上数据监测和风险识别手段，建立反洗钱数据和风险事件报告制度，加强投资者适当性的合规管理和外部监管。

（2）在对私人数字货币的相关风险加强监管的基础上，未来可将区块链通证作为数字货币在我国的发展方向。在守住监管底线的基础上，发展基于区块链技术的通证经济，通过发行、确权、交易流转等环节，设立有牌照的数字资产交易所，可以将私人数字货币、私人数字货币发行融资活动以及数字货币交易所三者有机结合起来。通证的可转换、防篡改，且具有社会共识的属性，再加载区块链和加密技术，可以发挥巨大价值，表现为具有充足的流动性、可编程性、不可变的所有权证明等优势。证券通证化的过程，是将资产的权利数字化存储在区块链上的过程，并且通过区块链合法转让这些资产的权益，这些权益具有可被接受、可流通和兑换的价值。可以说，区块链通证可以为资产“赋值”，如 2021 年迅速火热的非同质化通证（NFT），能助力实现资产的去中心化认证与交易资产通证化、通证数字化与数据价值化的趋势，能进一步发挥区块链作为“价值互联网”的生产、定价、转让和流通属性，实现资源要素流通和配置的低成本化、资源配置的高效化、产权认定的多样化和丰富化，引导私人数字货币和区块链金融真正为实体经济服务。

附录一：中国数字货币相关政策法规梳理

发布时间 实施时间	发布部门	文件名称	文号/详情	相关内容
法律				
2003年12月27日 2004年2月1日	全国人大常委会	《中国人民银行法》	中华人民共和国主席令十届第12号	任何单位和个人不得印制、发售代币票券，以代替人民币在市场上流通
2015年8月29日 2015年10月1日	全国人大常委会	《商业银行法》	中华人民共和国主席令十二届第34号	本法是我国为保护商业银行、存款人和其他客户的合法权益，规范商业银行的行为，提高信贷资产质量，加强监督管理，保障商业银行的稳健运行，维护金融秩序，促进社会主义市场经济的发展，制定的法律

续表

发布时间 实施时间	发布部门	文件名称	文号/详情	相关内容
2016年11月7日 2017年6月1日	全国人大常委会	《网络安全法》	中华人民共和国主席令十二届第53号	是我国第一部全面规范网络空间安全管理的基础性法律
2019年12月28日 2020年3月1日	全国人大常委会	《证券法》	中华人民共和国主席令十三届第37号	我国为了规范证券发行和交易行为,保护投资者的合法权益,维护社会经济秩序和社会公共利益,促进社会主义市场经济的发展,制定的法律
2021年6月10日 2021年9月1日	全国人大常委会	《数据安全法》	中华人民共和国主席令十三届第84号	我国为了规范数据处理活动,保障数据安全,促进数据开发利用,保护个人、组织的合法权益,维护国家主权、安全和发展利益,制定的法律
行政法规				
2016年2月6日	国务院	《电信条例》	中华人民共和国国务院令第666号	为了规范电信市场秩序,维护电信用户和电信业务经营者的合法权益,保障电信网络和信息的安全,促进电信业的健康发展,制定此条例
2018年3月19日	国务院	《人民币管理条例》	中华人民共和国国务院令第698号	人民币由中国人民银行统一发行。任何单位和个人不得印制、发售代币票券,以代替人民币在市场上流通
2018年8月28日	教育部办公厅	《关于进一步加强防范非法集资有关工作的通知》	教财厅函〔2018〕18号	提示社会公众,如遇以下情形的"理财""保险"产品,务必提高警惕:以投资虚拟货币、区块链等为幌子的

续表

发布时间 实施时间	发布部门	文件名称	文号/详情	相关内容
2021 年 1 月 26 日 2021 年 5 月 1 日	国务院	《防范和处置非法集资条例》	中华人民共和国国务院令第 737 号	对本行政区域内的下列行为，涉嫌非法集资的，处置非法集资牵头部门应当及时组织有关行业主管部门、监管部门以及国务院金融管理部门分支机构、派出机构进行调查认定：……（二）以发行或者转让股权、债权，募集基金，销售保险产品，或者以从事各类资产管理、虚拟货币、融资租赁业务等名义吸收资金
部门规章/部门规范性文件				
2013 年 12 月 5 日	中国人民银行、工业和信息化部、中国银行业监督管理委员会（已撤销）、中国证券监督管理委员会、中国保险监督管理委员会（已撤销）	《关于防范比特币风险的通知》	银发〔2013〕289 号	明确将比特币等非数字法币定义为虚拟商品，它不是以货币和法币形式存在
2017 年 6 月	中国人民银行	《关于冒用人民银行名义发行或推广数字货币的风险提示》	数字货币公告及相关风险提示	针对个别企业冒用央行名义发行数字货币产品进行提示

续表

发布时间 实施时间	发布部门	文件名称	文号/详情	相关内容
2017年9月4日	中国人民银行、中央网络安全和信息化领导小组办公室(已变更)、工业和信息化部等	《关于防范代币发行融资风险的公告》	银行综合规定	明确定性ICO本质是一种非法融资行为,应立即停止
2018年8月24日	中国人民银行等	《关于防范以"虚拟货币""区块链"名义进行非法集资的风险提示》	银保监会、中央网信办、公安部、人民银行、市场监管总局关于网络安全管理的风险提示	提醒广大市民警惕以"金融创新"为噱头,实质是"借新还旧"的庞氏骗局,资金运转难以长期维系。请广大公众理性看待区块链,不要盲目相信天花乱坠的承诺,树立正确的货币观念和投资理念,切实增强风险意识
2018年9月18日	中国人民银行上海总部	《常抓不懈 持续防范ICO和虚拟货币交易风险》	—	警惕和打击境内外ICO和虚拟货币交易出现的平台"出海"以及ICO、IFO、IEO、IMO等名目的击鼓传花和虚拟货币炒作

续表

发布时间 实施时间	发布部门	文件名称	文号/详情	相关内容
2019年1月10日 2019年2月15日	国家互联网信息办公室	《区块链信息服务管理规定》	国家互联网信息办公室令第3号	对服务提供者落实区块链信息服务安全主体责任提出六项要求：一是落实信息内容安全管理责任；二是具备与其服务相适应的技术条件；三是制定并公开管理规则和平台公约；四是落实真实身份信息认证制度；五是不得利用区块链信息服务从事法律、行政法规禁止的活动或者制作、复制、发布、传播法律、行政法规禁止的信息内容；六是对违反法律、行政法规和服务协议的区块链信息服务使用者，应当依法依约采取处置措施
2019年3月22日	中国人民银行	《关于进一步加强支付结算管理防范电信网络新型违法犯罪有关事项的通知》	银发〔2019〕85号	加强特约商户管理。不得直接或变相为互联网赌博、色情平台，互联网销售彩票平台，非法外汇、贵金属投资交易平台，非法证券期货类交易平台，代币发行融资及虚拟货币交易平台，未经监管部门批准通过互联网开展资产管理业务以及未取得省级政府批文的大宗商品交易场所等非法交易提供支付结算服务
2019年11月13日	中国人民银行	《关于冒用人民银行名义发行或推广法定数字货币情况的公告》	数字法币公告及相关风险提示	人民银行未发行数字法币（DC/EP），也未授权任何资产交易平台进行交易。目前，网传所谓数字法币发行以及个别机构冒用人民银行名义推出“DC/EP”或“DCEP”在资产交易平台上进行交易的行为，可能涉及诈骗和传销，请广大公众增强风险意识

续表

发布时间 实施时间	发布部门	文件名称	文号/详情	相关内容
2019年12月	北京地方金融监督管理局、人民银行营业管理部、北京银保监局、北京证监局	《关于进一步防范"虚拟货币"交易活动的风险提示》	风险提示	虚拟货币交易活动死灰复燃,提醒各部门予以打击,警告相关机构不得宣传和提供服务
2020年10月	中国银行保险监督管理委员会	《关于防范金融直播营销有关风险的提示》	部门工作文件	有所谓的"科技公司""咨询公司"以投资虚拟货币、外汇、网络理财为名进行诈骗。还有直播平台为吸引用户,承诺在平台充值后有高额收益并可随时提现,存在异化为非法集资的风险
2021年3月16日	中国人民银行重庆营业管理部	《关于谨防虚拟货币交易活动的风险提示》	风险提示	提醒广大市民朋友:任何组织和个人不得非法从事代币发行融资活动;任何所谓的代币融资交易平台不得从事法定货币与代币、虚拟货币相互之间的兑换业务,不得买卖或作为中央对手方买卖代币或虚拟货币,不得为代币或虚拟货币提供定价、信息中介等服务;各金融机构和非银行支付机构不得开展与代币发行融资交易相关的业务

续表

发布时间 实施时间	发布部门	文件名称	文号/详情	相关内容
2021 年 9 月 3 日	国家发展和改革委员会等部门	《关于整治虚拟货币“挖矿”活动的通知》	发改运行〔2021〕1283 号	为有效防范处置虚拟货币“挖矿”活动盲目无序发展带来的风险隐患，深入推进节能减排，助力如期实现碳达峰、碳中和目标，要求各地政府整治虚拟货币“挖矿”项目，坚持分级负责，分类处理，依法依规，积极稳妥的原则，全面梳理排查虚拟货币“挖矿”项目，严禁新增项目投资建设，加快存量项目有序退出
2021 年 9 月 24 日	中国人民银行、最高人民法院、最高人民检察院等十部门	《关于进一步防范和处置虚拟货币交易炒作风险的通知》	银发〔2021〕237 号	明确虚拟货币不具有与法定货币等同的法律地位；明确虚拟货币相关业务活动属于非法金融活动；境外虚拟货币交易所通过互联网向我国境内居民提供服务同样属于非法金融活动；参与虚拟货币投资交易活动存在法律风险。要求建立健全应对虚拟货币交易炒作风险的工作机制，加强虚拟货币交易炒作风险监测预警，强化组织实施
地方性法规				
2016 年 9 月 29 日	吉林省政府	《吉林省工商行政管理局关于做好打击新型网络传销违法犯罪活动专项工作的通知》	—	此次专项行动要重点打击依托微信平台、以“微商”名义实施的传销违法犯罪活动和以“虚拟货币”“金融互动”“爱心慈善”“旅游互助”等为幌子实施的网络传销违法犯罪活动，全力遏制新型网络传销违法犯罪活动发展蔓延势头，切实维护经济社会稳定和群众合法权益

续表

发布时间 实施时间	发布部门	文件名称	文号/详情	相关内容
2016年9月29日	四川省政府	《四川省工商行政管理局关于开展新型网络传销违法犯罪活动专项打击工作的通知》	川工商发〔2016〕155号	重点打击依托微信平台,以“微商”为名实施的传销违法犯罪活动和以“虚拟货币”“金融互助”“爱心慈善”“旅游互助”等为幌子实施的网络传销违法犯罪活动,全力遏制网络传销违法犯罪活动发展蔓延势头,切实维护经济社会稳定和群众合法权益
2017年5月15日	国家卫生计生委(已撤销)	《关于做好卫生计生行业防范和处置非法集资工作的通知》	—	要密切关注非法集资的新手法,对于以“虚拟货币”“金融互动”“消费返利”“医疗养老投资”等名义吸收公众资金的行为要高度警惕,深入排查
2017年6月12日	江西省工商局	《关于印发〈2017网络市场监管专项行动实施方案〉的通知》	赣工商办字〔2017〕12号	营造公平秩序,净化市场环境。严格执行《反不正当竞争法》《禁止传销条例》等规定,加大网上仿冒、虚假宣传等不正当竞争行为的查处力度,严厉打击以“微商”“电商”“消费投资”“虚拟货币”“金融互助”“爱心慈善”“旅游互助”等为幌子实施的网络传销违法行为

续表

发布时间 实施时间	发布部门	文件名称	文号/详情	相关内容
2018年4月25日	湖北省人民政府办公厅	《关于印发2018年湖北省防范非法集资等金融风险宣传教育月活动方案的通知》	鄂政办电〔2018〕46号	针对投资理财、互联网金融、私募股权投资、农民专业合作社、房地产、民办教育、养老医疗等案件高发领域，开展政策法规和业务宣传，同时因地制宜，对虚拟货币、消费返利、养老服务等名义非法集资行为予以重点提示
2018年8月24日	银川市人民政府	《关于服务实体经济防控金融风险、深化金融改革的实施意见》	银党办〔2018〕71号	严厉打击非法集资等非法金融活动。坚决取缔非法金融机构，禁止非法金融活动。严肃查处以财富管理、投资咨询、理财顾问、私募股权、虚拟货币等名义进行的非法金融活动
2019年4月8日	湖北省人民政府办公厅	《关于印发湖北省打击传销和整治违法直销专项行动方案的通知》	鄂政办函〔2019〕25号	重点打击假借“微商”名义实施的传销违法犯罪活动和以“虚拟货币”“金融互助”“爱心慈善”“旅游互助”等为幌子实施的网络传销违法犯罪活动，严惩以“电子商务”“网络直销”“网络营销”等名义从事的网络传销活动
2020年12月31日	四川省眉山市人民政府	《关于印发〈眉山市金融生态环境建设的指导意见〉的通知》	眉府办发〔2020〕25号	严厉打击非法证券、金融诈骗、非法吸收公众存款、洗钱等金融违法犯罪活动。规范发展互联网金融，打击各类违法违规网络借贷、虚拟货币等行为

续表

发布时间 实施时间	发布部门	文件名称	文号/详情	相关内容
司法解释				
2010年12月13日 2011年1月4日	最高人民法院	《关于审理非法集资刑事案件具体应用法律若干问题的解释》	法释〔2010〕18号	规定了对审理非法集资刑事案件具体应用法律若干问题
2016年12月19日 2016年12月20日	最高人民法院、最高人民检察院、公安部	《关于办理电信网络诈骗等刑事案件适用法律若干问题的意见》	法发〔2016〕32号	规定了非法持有他人信用卡,没有证据证明从事电信网络诈骗犯罪活动,符合《刑法》第177条之一第1款第2项规定的,以妨害信用卡管理罪追究刑事责任。 此项规定对于众多虚拟货币经销商大量借卡收款的行为来说,存在刑事风险
2019年10月21日 2019年11月1日	最高人民法院、最高人民检察院	《关于办理非法利用信息网络、帮助信息网络犯罪活动等刑事案件适用法律若干问题的解释》	法释〔2019〕15号	对买卖虚拟货币收到电信诈骗赃款是否构成帮助信息网络犯罪活动罪中"明知"上游犯罪进行了界定,即(1)经监管部门告知后仍然实施有关行为的;(2)接到举报后不履行法定管理职责的;(3)交易价格或者方式明显异常的;(4)提供专门用于违法犯罪的程序、工具或者其他技术支持、帮助的;(5)频繁采用隐蔽上网、加密通信、销毁数据等措施或者使用虚假身份,逃避监管或者规避调查的;(6)为他人逃避监管或者规避调查提供技术支持、帮助的;(7)其他足以认定行为人明知的情形

续表

发布时间 实施时间	发布部门	文件名称	文号/详情	相关内容
2019年12月3日	最高人民检察院	《最高人民检察院发布7起“弘扬宪法精神落实宪法规定”典型案例》	司法解释性质文件	一些不法分子以“区块链”“虚拟货币”“消费投资”“慈善互助”等新名词、新概念为噱头，以高额回报为诱饵，通过各种宣传培训吸引老百姓参与其中。这些纷繁复杂的犯罪手段，特别是以“金融创新”等名义开展的各类金融投资业务，迷惑性强、难以识别，群众容易上当受骗，造成经济损失，严重扰乱社会经济秩序。检察机关通过严厉打击这类以新概念为噱头的传销、诈骗、非法集资犯罪，彰显法律的威严，切实维护人民群众的财产，维护良好的社会经济秩序
2021年1月25日	最高人民检察院	《最高人民检察院发布11起充分发挥检察职能推进网络空间治理典型案例》	司法解释性质文件	依法严厉打击以金融创新为名实施的新型网络犯罪。近年来随着区块链技术、虚拟货币的持续升温，一些犯罪分子打着金融创新的旗号，假借国家对外政策，实施违法犯罪活动，迷惑性很强，危害性巨大。检察机关办理此类案件，要坚持“穿透式”审查理念，结合行为方式、资金流向、盈利模式等，分析研判是否符合国家法律规定，准确区分金融创新与违法犯罪。构成犯罪的，依法严厉打击

续表

发布时间 实施时间	发布部门	文件名称	文号/详情	相关内容
2021年3月19日	最高人民检察院、中国人民银行	《最高人民检察院、中国人民银行联合发布惩治洗钱犯罪典型案例》	司法解释性质文件	(1)利用虚拟货币跨境兑换,将犯罪所得及收益转换成境外法定货币或者财产,是洗钱犯罪新手段,洗钱数额以兑换虚拟货币实际支付的资金数额计算。虽然我国监管机关明确禁止代币发行融资和兑换活动,但由于各个国家和地区对比特币等虚拟货币采取的监管政策存在差异,通过境外虚拟货币服务商、交易所,可实现虚拟货币与法定货币的自由兑换,虚拟货币被利用成为跨境清洗资金的新手段。(2)根据利用虚拟货币洗钱犯罪的交易特点收集运用证据,查清法定货币与虚拟货币的转换过程。要按照虚拟货币交易流程,收集行为人将赃款转换为虚拟货币、将虚拟货币兑换成法定货币或者使用虚拟货币的交易记录等证据,包括比特币地址、密钥,行为人与比特币持有者的联络信息和资金流向数据等

续表

发布时间 实施时间	发布部门	文件名称	文号/详情	相关内容
2021年6月17日 2021年6月17日	最高人民法院、最高人民检察院、公安部	《关于办理电信网络诈骗等刑事案件适用法律若干问题的意见(二)》	法发〔2021〕22号	规定了“为他人实施电信网络诈骗犯罪提供技术支持、广告推广、支付结算等帮助，或者窝藏、转移、收购、代为销售及以其他方法掩饰、隐瞒电信网络诈骗犯罪所得及其产生的收益，诈骗犯罪行为可以确认，但实施诈骗的行为人尚未到案，可以依法先行追究已到案的上述犯罪嫌疑人、被告人的刑事责任”。 此项规定对于虚拟货币交易者来说，在收到赃款或赃币时存在被认定为帮助信息网络犯罪活动罪或掩饰、隐瞒犯罪活动、犯罪活动收益罪的风险
2022年2月23日 2022年3月1日	最高人民法院	《关于修改〈最高人民法院关于审理非法集资刑事案件具体应用法律若干问题的解释〉的决定》	法释〔2022〕5号	以网络借贷、投资入股、虚拟币交易等方式非法吸收资金的，能够以非法吸收公众存款罪定罪处罚

续表

发布时间 实施时间	发布部门	文件名称	文号/详情	相关内容
行业规定、标准与自律公约				
2017年4月6日	江苏省互联网金融协会	《互联网传销识别指南》	风险提示	对传销式虚拟货币进行定性和特点分析
2018年1月12日	中国互联网金融协会	《中国互联网金融协会发布防范变相ICO活动风险提示》	风险提示	以发行迅雷“链克”(原名“玩客币”)为代表,一种名为“以矿机为核心发行虚拟数字资产”(IMO)的模式值得警惕
2021年5月18日	中国互联网金融协会、中国银行业协会、中国支付清算协会	《关于防范虚拟货币交易炒作风险的公告》	事项公告	认定虚拟货币非货币,不应且不能作为货币在市场上流通使用;要求金融机构、支付机构等会员单位要切实增强社会责任,不得用虚拟货币为产品和服务定价,不得承保与虚拟货币相关的保险业务或将虚拟货币纳入保险责任范围,不得直接或间接为客户提供其他与虚拟货币相关的服务等
其他				
2018年8月	全国互联网金融风险专项整治工作领导小组办公室	《关于进一步开展比特币等虚拟货币交易场所清理整治的通知》	—	要求各商场、酒店、宾馆、写字楼等地不得承办任何形式的虚拟货币推介宣讲等活动

续表

发布时间 实施时间	发布部门	文件名称	文号/详情	相关内容
2018年1月17日	中国人民银行营业管理部支付结算处	《关于开展为非法虚拟货币交易提供支付服务自查整改工作的通知》	银管支付〔2018〕11号	严禁人民银行及分支机构为虚拟货币交易提供服务，并采取有效措施防止支付通道用于虚拟货币交易；人民银行各单位应加强日常交易监测，对于发现的虚拟货币交易，应及时关闭有关交易主体的支付通道，并妥善处理待结算资金
2018年12月24日	全国人大常委会办公厅	《关于第十三届全国人民代表大会第一次会议代表建议、批评和意见办理情况的报告》	人大议事	人民银行会同有关方面开展网络借贷、互联网资产管理、虚拟货币交易等互联网金融风险专项整治，研究出台规范金融机构资产管理业务、推进金融业综合统计、加强非金融企业投资金融机构监管等制度规范
2019年11月14日	上海市金融稳定联席办、人民银行上海总部互金整治办	《关于开展虚拟货币交易场所排摸整治的通知》	地方性内部通知	对辖内以下三种虚拟货币相关活动进行摸排：一是在境内组织虚拟货币交易；二是以“区块链应用场景落地”等为由，发行“××币”“××链”等形式的虚拟货币，募集资金或比特币、以太币等虚拟货币；三是为注册在境外的ICO项目、虚拟货币交易平台等提供宣传、引流、代理买卖等服务

续表

发布时间 实施时间	发布部门	文件名称	文号/详情	相关内容
2019 年 11 月21 日	深圳市互联网金融风险等专项整治工作领导小组办公室	《关于防范“虚拟货币”非法活动的风险提示》	—	近期借区块链技术的推广宣传,虚拟货币炒作有所抬头,将对非法活动展开排查取证
2020 年 7 月 22 日	最高人民法院、国家发展和改革委员会	《关于为新时代加快完善社会主义市场经济体制提供司法服务和保障的意见》	法发〔2020〕25 号	加强对数字货币、网络虚拟财产、数据等新型权益的保护,充分发挥司法裁判对产权保护的价值引领作用
2021 年 5 月 21 日	国务院金融稳定发展委员会	—	第五十一次会议	会议指出,要强化平台企业金融活动监管,打击比特币挖矿和交易行为,坚决防范个体风险向社会领域传递
2022 年 2 月 18 日	银保监会处置非法集资部际联席会议办公室	《关于防范以“元宇宙”名义进行非法集资的风险提示》	—	提示民众警惕以“元宇宙投资项目”“元宇宙链游”等名目吸收资金,涉嫌非法集资、诈骗等违法犯罪活动

附录二：数字货币大事记

【1995 年】

密码学家尼克·萨博(Nick Szabo)首次提出“智能合约”(smart contract)概念。智能合约就是用计算机语言取代法律语言记录条款并由程序自动执行的合约,其概念最终在区块链上予以实现,是区块链上可以被调用的、功能完善且灵活可控的程序。

【2008 年】

一位化名中本聪(Satoshi Nakamoto)的神秘人发表经典论文《比特币:一种点对点的电子现金系统》。基于分布式数据存储、共识验证、点对点传输、密码算法等技术的比特币创新设计,使数字货币技术实现了新的飞跃,引发了全球大规模的数字货币试验。

【2009 年】

比特币正式发布,但由于知道的人很少,1 比特币的价格仅几美分。

【2012 年】

位于瑞士的 Giori 公司推出由中央银行设立和发行的数字法币 GDM,并向我国国家知识产权局申请专利。

【2013 年】

2013 年 4 月,随着越来越多的人认可和发现比特币,比特币的价格 4 年来累计飙升了上万倍,1 比特币的价格最高达到了 266 美元。

2013 年 11 月,比特币价格飙升到 1000 美元。

2013 年 12 月 5 日,中国人民银行等五部委发布了《关于防范比特币风险的通知》,比特币开始走下坡路,但是比特币的相关应用却不断发展壮大。

2013 年年末,维塔利克(Vitalik Buterin)发布以太坊白皮书。2014 年 7 月,以太坊项目启动。以太坊可用来创建去中心化的程序、自治组织和智能合约,开展 DeFi 应用。

【2014 ~ 2018 年】

2014 年,中国人民银行正式启动数字法币研究,论证其可行性。

2015 年,持续充实力量以展开九大专题的研究。

2016 年 1 月,中国人民银行召开数字货币研讨会,系统地展示关于数字货币的研究成果,并择要发表于《中国金融》数字货币专刊。

2016 年 6 月,中央编办批复同意中国人民银行印制科学技术研究所更名为中国人民银行数字货币研究所,主要负责数字货币的研究开发、原型构建、实验推广、系统建设等工作。

2016 年 9 ~ 12 月,中国人民银行数字货币研究所基于我国"中央银行—商业银行"二元体系,研发准生产级的数字法币原型系统。

2017 年 9 月 4 日,中国人民银行等七部委发布《关于防范代币发行融资风险的公告》,要求国内交易所于 10 月底全部关门。随后,各交易所转战海外,分别开设了国外交易平台,比特币等虚拟货币再次回归,价格也不断攀升,最高到一枚 4.18 万美元。

2017 ~ 2018 年,在此基础上,设计实现了基于区块链技术的数字票据交易平台,开展数字法币的"沙盒"试验。累计完成了 80 余件专利申请工作,初步形成了一批关键性的数字货币专利集合。

2018年，经国务院批准，中国人民银行组织相关市场机构开展名为DC/EP(Digital Currency/Electronic Payment)的数字法币分布式研发工作。

【2019年】

2019年4月1日，比特币价格突然暴涨，一度达到5000美元。

2019年6月20日，比特币价格再度突破10,000美元。

2019年6月18日，互联网巨头脸书(Facebook)发布Libra白皮书。

2019年10月25日，中共中央提出把区块链作为核心技术自主创新重要突破口，明确主攻方向，加大投入力度，着力攻克一批关键核心技术，加快推动区块链技术和产业创新发展。

【2020年】

2020年，比特币第三次减半，价格随之上涨。

2020年2月9日，比特币价格再次突破10,000美元。

2020年3月12日，比特币遭遇黑色星期四，从8000美元跌破4860美元。

2020年5月12日3时23分比特币第三次减半完成，产量由12.5个降至6.25个。

2020年12月16日，比特币突破20,000美元大关。

【2021年】

2021年3月3日，SEC公布《2021年优先审查事项》，其中提到将加强关注数字资产的合规性。

2021年4月14日，美国最大数字货币交易所Coinbase在NASDAQ成功上市。这一利好信息使加密货币市场提前上涨，比特币突破了64,000美元，以太坊突破2400美元。

2021 年 5 月 18 日，中国金融业三大协会联合发布公告，要求金融机构、支付机构不得开展与虚拟货币相关的业务。

2021 年 5 月 21 日，国务院金融稳定发展委员会召开会议明确定调，打击比特币“挖矿”和交易行为，坚决防范个体风险向社会领域传递。受此影响，5 月 24 日，比特币等加密货币再度演绎跳水行情。

2021 年 6 月 21 日，中国人民银行就银行和支付机构为虚拟货币交易炒作提供服务问题，约谈了工商银行、农业银行、建设银行、邮储银行、兴业银行和支付宝（中国）网络技术有限公司等部分银行和支付机构，要求各机构全面排查识别虚拟货币交易所及场外交易商资金账户，及时切断交易资金支付链路；要分析虚拟货币交易炒作活动的资金交易特征，加大技术投入，完善异常交易监控模型，切实提高监测识别能力；要完善内部工作机制，明确分工、压实责任，保障有关监测处置措施落实到位。

2021 年 7 月 16 日，中国人民银行发布《中国数字人民币的研发进展白皮书》，将中国人民银行发布的数字货币定义为数字人民币，并对其设计原则、已展开工作进行了详细说明。

2021 年 9 月 3 日，中国人民银行发布《中国金融稳定报告（2021）》，对 2020 年以来，我国金融体系的稳健性状况进行了全面评估。报告在防范化解重大金融风险攻坚战的主要成果中提及，“……虚拟货币交易等领域整治工作基本完成，已转入常态化监管”。

2021 年 9 月 3 日，国家发展改革委等部门发布《关于整治虚拟货币“挖矿”活动的通知》，要求各地政府加强虚拟货币“挖矿”项目的整顿，坚持依法依规、有序退出的原则。

2021 年 9 月 7 日，萨尔瓦多成为世界上首个正式承认比特币作为法定货币的国家。

2021 年 9 月 15 日，中国人民银行等十部门发布《关于进一步防范和处置虚拟货币交易炒作风险的通知》，否定了虚拟货币作为法定货币的属性，将虚拟货币相关业务定为非法金融活动。

【2022 年】

2022 年 2 月 18 日，中国银行保险监督管理委员会在官网发布《关于防范以“元宇宙”名义进行非法集资的风险提示》，提示民众警惕“元宇宙”热下的法律风险。

2022 年 2 月 24 日，最高人民法院发布《关于修改〈最高人民法院关于审理非法集资刑事案件具体应用法律若干问题的解释〉的决定》，指出非法募集虚拟币可构成非法集资。

附录三：虚拟世界中的价值问题漫谈

2008年中本聪发布《比特币：一种点对点的电子现金系统》的文章，创造性地提出比特币的概念，2009年第一个创世区块诞生，自此开启了虚拟货币的元年。随后，作为比特币的底层技术——区块链开始应用落地，稳定币也悄然诞生。同时，以ICO、IEO、STO等模式发行的"使用型、权益型"通证开始进入大众视野，并由此开启了"挖矿经济"的序幕，"币圈一天，人间十年"的惊奇场景开始浮现并被人们所热捧。虚拟货币繁荣的背后，却同样暗流涌动。无论是布局者、参与者还是旁观者，都逃避不了一个问题——虚拟货币究竟给社会发展带来了什么价值。在这一问题还未有权威解答时，围绕虚拟货币又产生了诸如NFT数字藏品、链游GameFi、DAO、Web3.0、元宇宙等新领域。这些新概念、新玩法，可谓日新月异，此起彼伏，层出不穷……

现如今，围绕虚拟货币产业的经济规模总市值超过数万亿美元，参与的人群遍布全球，人数多达千万。笔者经常跟专家学者及政府领导讨论由虚拟货币所衍生出的虚拟世界系列法律问题，第一个问题，也是最基本和最核心的问题就是，虚拟货币这一新鲜事物到底有什么用？这里的"用"即"益处""正向价值"，对此，笔者时常思索，十几年间，围绕虚拟货币产生的一系列社会现象，到底对我们的社会发展有什么贡献？在现如今虚拟货币热潮下，笔者选择进行"冷思考"，并就虚拟货币的价值问题，作出如下探讨。

一、一切有益现象，必定回归价值

（一）虚拟货币有什么价值

从全球来看，在市面上流通的虚拟货币，就多达10,000种，其总市值高达数万亿美元，拥有如此体量的虚拟货币，能够对社会发展带来什么益处？在回答这个问题之前，我们首先需要将虚拟货币作一个分类，笔者结合自己的实务经验和当前虚拟货币的市场行情，作出了如下分类：第一类，主流虚拟货币，如比特币、以太坊；第二类，稳定币（这里主要是指抵押型稳定币）；第三类，遵循发币所在国证券法及相关法律所发行的使用型、权益型代币。

在清楚了基本的虚拟货币分类后，再来回答，关于虚拟货币对社会的发展有何用？笔者从"有用"这个角度看待虚拟货币，认为主要有以下 3 个观点：

1. 主流的虚拟货币及稳定币的普遍适用，能够在一定程度上打破美元作为全球贸易结算货币的垄断地位，在一定程度上抑制美国通过超发货币，向全球"割韭菜"（也就是将其通胀的风险嫁接到全世界其他国家）；此外，在国家政治关系中，虚拟货币及稳定币在一定程度上可以成为有效的对抗工具。2022 年 3 月 18 日，作为俄罗斯立法者的杜马成员亚历山大 · 雅库博夫斯基（Alexander Yakubovsky）指出，加密货币领域是一个难以对俄罗斯施加限制的领域，数字金融资产的有效发展将最大限度地减少对国家制裁的损害。

2. 虚拟货币被用于国际贸易结算过程中，促进了跨境贸易的便利，在一定程度上减少了进出口相关成本，提高了交易效率，释放了跨境商品贸易的市场活力，为全球的市场经济繁荣带来了促进作用。

3. 项目方遵循发币所在国证券法及相关法律监管规定下发行的使用型、权益型代币，类似传统企业在交易所上市交易公司股票。在传统金融领域当中，如果实业能够插上金融的翅膀，便能创造实体经济的进一步繁荣，自 1609 年 AEX 成为世界历史上第一个股票交易所开始，关于"企业为何选择在交易所上市"的问题便开始成为人们研究和探讨的话题。笔者从 3 个场景来试图诠释这一问题：

场景一：假设有个村庄有 100 个人，每个人都是种庄稼的，每个人平均一年创造 1 万元的收益；那么，整个村庄的收益是 100 万元。现在，村里面有一个很有想法的张三准备采购现代化的设备大规模种庄稼，于是借用10个村民一年的收益，将其筹措到的10万元收益用作创业的启动资金。一年之后，张三通过10万元的启动资金，创造了50万元的收益。于是，整个村庄多创造了40万元的收益，这就是最简单的借贷的金融场景，通过市面上的闲散资金进行实业创造。

场景二：张三不仅通过大规模的现代化设备种庄稼，还想“进军”建筑和房地产行业，于是又希望通过村里面的乡亲筹措资金，但是愿意信任张三的就那么十几个人，如何能够让更多的乡亲信任张三，并将手上的闲散资金给张三来创业？于是，张三想到了一个办法——入股，让乡亲出资一起干，赚到的钱按照投资份额进行分配。

场景三：然而，建筑和房地产行业相较传统的种庄稼，前期资金投资巨大，而且回本周期比较慢，因为乡亲的生活拮据，经常需要资金应对一些突发情况。遇到突发事故急需用钱，是让张三还钱，还是让公司破产清算？面对这种困境，张三又想到一个办法：在村里成立一个交易所，专门用来交易其所创造的公司的股份，这样乡亲既可以在遇到突发情况时变现资金救急，同时保证企业在借助乡亲闲散资金的情况下可以长久发展。当年的荷兰东印度公司正是运用这一模式，开创了荷兰金融市场的辉煌历史，为当时荷兰的经济发展、国际政治地位作出了巨大贡献。

以上3种场景的不同之处在于：股票上市之于股权投资，股权投资之于民间借贷，其筹措资金的能力愈发强大，进而利用社会闲散资金创造社会财富的可能性就愈发强大。笔者将以上通过金融赋能于实体企业的模式称为“移花接木”。

对比今天的虚拟货币项目方发行的使用型、权益型代币向社会募集主流虚拟货币的模式，我们从中探索其存在的“价值”。相较传统金融模式中的企业IPO上市，项目方遵循发行所在国证券法及相关法律监管规定下发行的使用型、权益型代币，虚拟币项目方将投资人范围扩大到全世界，进一步加强了企业筹措资金的能力。早年间，中国互联网企业纷纷“出海”登陆

NASDAQ 上市，正是看好国外股市繁荣所带来的强大的筹措资金能力。

（二）区块链有什么价值

区块链作为一项创新技术，只要能够用于正确的适用场景，就一定可以发挥正向价值。目前，从区块链的激励机制来分，可将区块链分为以下两种：一种是“有 Token（代币）作为激励机制的区块链”，另一种是“没有 Token 作为激励机制的区块链”。有 Token 作为激励的区块链代表就是“比特币和维护比特币正常运行的公链”；没有 Token 作为激励的区块链多体现在政务、企业等组织构建的联盟链上，如长安链、文昌链等。

区块链作为一项技术创新，与 5G、人工智能、物联网、云计算一样，都是科技进步的体现。区块链的诞生是为了解决——“去中心化的协同”这个问题，去中心化技术的应用，可以被使用在“提高协同效率、提升保密等级、进行数字资产确权”等场景中。有 Token 作为激励的区块链，类似大家共建一个去信任的区块链网络，而网络本身以 Token 的方式反馈共建者作出的贡献，并将每个人的工作证明通过在二级市场交易，来让参与者获取报酬；没有 Token 作为激励的区块链，本质上还是由特定的老板给参与区块链建设的人发工资，只不过该种区块链技术是通过分布式的服务器存储数据的，用以确保没有中心化的独立第三方可以操控数据，解决了信任机制的问题。

关于这两种区块链到底对社会发展有何作用，笔者试图描绘两个场景来进行解释说明：

场景一：我们今天使用如此方便的地图导航，其实都是通过早期地图开发公司耗费巨资、聘请专业的人员、预制专业的设备所打造的，在我们国家首次启动地图开发项目的公司，便是大家耳熟能详的“高德地图”。

其实在高德地图启动线下采集实景数据之前，很多地图公司也都有这个想法，但是，一是苦于庞大的工作量，如需要号召和管理数量众多的参与人员；二是需要耗费巨资，且短时间内企业还难以通过采集数据盈利。这两层因素就导致很多有此想法的公司打了“退堂鼓”，使在今天看来如此便民、对社会有巨大价值的科技创新就此停滞，要不是阿里巴巴注入海量的资金，恐怕高德地图实现全国每条街道、每个小区实景数据建设的步伐仍要放缓。通过该案例,我们试想,如果现实世界存在一项对社会有巨大价值,但需要耗费巨大的资金或者人员来参与开发、建设的工程,在前期缺乏资金、缺乏人员的情况下,能否通过区块链技术来解决这一难题?

譬如,高德地图发布一项公告,号召全国各个地方的人员前期无报酬参与地图实景数据的采集,然后凭借采集的数据发放 POW(工作证明),这个工作证明可以在未来免费或者优惠使用高德地图的项目;或者高德地图未来的项目盈利后,可以凭借工作证明来参与项目的盈利分红;同时,一旦高德地图项目完成,这个工作证明类似股票可以拿到专门的二级市场(交易所)来上市交易,从中让参与者获利。如此,高德地图可以在前期几乎不花费成本,且能够号召如此庞大数量的参与群体,来共建对社会有巨大价值的事宜;同时,也不会让参与者毫无获利可言,这种参与项目建设的人员,类似投资的行为,一旦项目成功,凭借工作证明既可以享受项目的使用权、收益权,又可以在二级市场交易,可能比一开始付费报酬得到的好处多得多。

场景二:我们国家的民法将"物"(商品)区分为"动产"和"不动产","动产"的所有权,多是通过"占有"来实现的。也就是说,你控制了它,它就属于你;法律上"不动产"讲究的是登记,作为可信的第三方政府产权登记部门,产权交易中心登记这套房子属于你,才是你的。那么,虚拟数据怎么辨别属于谁?大家都知道商标等知识产权一旦以虚拟数据的形式呈现出来,那么可以凭借国家成立的知识产权相关部门进行登记确权。但是,如果虚拟数据不符合知识产权保护的相关标准,但也是具有价值的,那么该如何对其确权?如果指望具有可靠公信力的政府来将所有的虚拟资产都进行登记造册,进行权属的宣告,在工作量上以及行政资源的使用效率上,似乎不太现实,但区块链技术做到了;无论是有或没有 Token 作为激励机制的区块链,他们的原理都是"去信任网络",即通过 POW、POS(权益证明)等共识机制对链上资产进行确权,并对全网络公开通告,其安全性由整个网络保证。最终,虚拟资产以哈希值的方式通过公、私钥的方式连接到用户名下。在今天，大火的NFT、链游中的游戏装备、土地、元宇宙中的虚拟资产，就是利用这一原理。通俗来讲，虚拟资产的物理形态作为一串数字，天然具备可复制性、易篡改性的特征，但是区块链技术赋予其一套特殊的生产、追溯、记录方式，可以为这些虚拟资产出具“身份证明”及“流转记录”。所以，掌握了标识该“身份证明”的Token，理论上即拥有了该虚拟资产的所有权，但这里可能与传统民法中的物权法理论存在分歧。

通过对场景的描述，我们可以直观地感受到区块链去中心化技术的落地，它能够作为特殊的协同方式，解决中心化难以解决的效率问题、成本问题、信任问题；此外，在数字资产的确权方面，区块链解决了传统方式难以解决的数字资产所有权争议问题；这就是该项技术的益处和价值，但是技术同样是把“双刃剑”，再好的技术，一定要结合有益的场景才能发挥正向的社会效应。

（三）NFT数字藏品有什么价值

自从诞生了“虚拟资产”这个概念，我们知道一串虚拟数据代码作为载体，已经从单纯的信息传递，过渡到了价值传递，成为价值的载体；于是，一串虚拟的数据承载了什么样的使命，就具有什么样的市场价值。随着区块链技术可以为虚拟数据发放唯一可信的“身份证明”后，就引发了另一个值得深思的问题，那就是，这一串数据能否承载“艺术藏品”的价值，让这一串数据成为艺术品的载体，具备艺术品的属性？

比如，把现实世界中凡·高的名作《星空》、达·芬奇的《蒙娜丽莎》两幅艺术品，扫描成为虚拟图片，并把虚拟图片放在区块链上进行确权；然后在区块链上标识该虚拟图片的“身份凭证”，然后进行市场交易。那么，从扫描实物画作，将实物画作变为虚拟图片，再进行区块链链上登记确权来说，该“身份凭证”持有者，也就是代表虚拟画作的所有权人。如果通过市场交易定价，该“身份凭证”被交易为天价，甚至与画作的物理真品的市场价相差无几，该如何理解这一社会现象？该现象对社会发展有何益处和价值？

回答这一问题之前，首先要思考：天价艺术品被市场认可的背后到底是什么逻辑,其对社会的有益价值是什么?对于这个问题,笔者曾与经济学学者探讨过,主要还是基于基础的经济学原理——商品的价格围绕价值上下波动,支撑艺术品市场高价的背后,一定是该艺术品对社会具有特定的价值;比如,我们无法通过直接的使用价值去估量凡·高的《星空》,但是该艺术品对文化的影响有目共睹。有专家指出,艺术品本身的价值包含物理价值、艺术价值、文化价值、历史价值、经济价值,而且价值之间都具有相对独立性。画作最基本的价值是其本身所具有的文化内涵,包括艺术价值、历史价值和审美价值,以及其所体现的艺术传承、历史变迁和审美体验。那么,试问虚拟的艺术品,能否承载实物艺术品的艺术价值,相信多数人的答案是肯定的。无论是实物纸张抑或是虚拟代码,仅仅作为艺术作品的载体,其体现的艺术价值并不会变。

此外,之于实物的艺术品,虚拟艺术品就其数据载体所具备的特性,其在艺术传承、文化传播等方面相较实物艺术品更具优势。这也是为何,NFT能够掀起虚拟艺术品交易的一波又一波浪潮。

(四)元宇宙有什么价值

最近一年,"元宇宙"的概念大火,在实践当中,大抵可以分为这几个版本:

1.0:随着"虚拟现实、虚拟仿真"的VR、AR技术水准的不断提高及落地应用,利用科技手段进行链接与创造,通过虚拟世界与现实世界进行映射和交互,具体表现为:VR、AR的相关设备及产品带来的全新体验。

2.0:随着GameFi市场火热,网络游戏中的产品、装备、土地、角色、皮肤等,通过区块链进行确权变为虚拟资产后,可以被用于交易并被炒作出市场高价,使不少玩家获利;于是,市场不停地鼓吹,诱惑现实世界中的人们进入元宇宙的世界中来投资消费。

3.0:随着顶级奢侈品路易威登以及运动品牌耐克、阿迪达斯入局元宇宙后,结合现实物理世界中的产品特色,打造自家品牌的虚拟空间,引导消费者来虚拟世界中消费虚拟产品;同时,也间接为现实世界中的商业场景进行“倒流”和营销宣传。

4.0：人们心中的元宇宙更接近于科幻电影《头号玩家》和《黑客帝国》，将人们的创造和消费都安排在虚拟世界之中，这给了无数人梦幻的想象空间。因为现实世界中的我即使是乞丐，但在元宇宙的世界中可以成为国王，体验另一种人生。

清华大学新闻学院沈阳教授表示，“元宇宙本身不是一种技术，而是一个理念和概念，它需要整合不同的新技术，如5G、6G、人工智能、大数据等，强调虚实相融”。元宇宙主要有以下几项核心技术：一是扩展现实技术，包括VR和AR。扩展现实技术可以提供沉浸式体验，可以解决手机解决不了的问题。二是数字“孪生”，能够把现实世界镜像到虚拟世界中去。这也意味着在元宇宙中，我们可以看到很多自己的虚拟分身。三是用区块链来搭建经济体系。随着元宇宙的进一步发展，对整个现实社会的模拟程度加强，我们在元宇宙当中可能不仅是在花钱，而且有可能赚钱，这样在虚拟世界里同样形成了一套经济体系。

关于元宇宙有什么价值？笔者认为，其作为一项或者一系列的科技创新的场景，可以通过“虚实结合”的方式，提高现实世界中的生产及生活效率问题，为社会发展带来正向价值。比如，医学方面的虚拟仿真技术，可以让医学院的学生在缺乏足够实验标本的情况下，完成高难度的医学实验教学。此外，从消费角度，如果元宇宙的场景可以高度还原物理场景，就像迪士尼的“飞越地平线”项目，可以达到足不出户就能沉浸式体验户外美景的效果，甚至打造出超现实的梦幻场景，这可以给人们带来良好的消费体验。

二、创造、消费、炒作、违法犯罪，从4个视角分析虚拟世界行业生态

从虚拟货币到NFT，再到链游、元宇宙，基于律师的实操视角来分析目前市场上“虚拟世界”的行业生态到底是怎么样的，哪些是对社会有价值的？哪些是消耗社会资源的？哪些是投机炒作的？哪些是违法犯罪的？笔者将

从4个视角——“创造、消费、炒作、违法犯罪”展开探究。

(一)虚拟货币的行业生态探究

创造:笔者在文章的第一部分已经分析:主流虚拟货币以及稳定币的创造性体现在打破美元作为全球贸易结算货币的垄断地位,在一定程度上抑制美国通过超发货币向全球“割韭菜”的行为。在一定程度上减少了进出口的相关成本,提高了交易效率,释放了跨境贸易的市场活力,而使用型、权益型代币的创造性体现在可以跨国实现全球融资,尽管合规成本也随之增大,但也丰富了资金的流动性和融资的便利性,促进了实体经济的繁荣与发展。

消费:2010年5月22日,比特币在真实世界里发生了第一次交易。程序员汉耶茨花了10,000枚比特币,从网友那里买了两份价值约25美元的大号披萨。比特币当时仅面世一年,被外界认为一钱不值,汉耶茨当时估计,1枚比特币的价值仅相当于0.003美分。2021年9月,萨尔瓦多成为世界上首个将比特币确定为法定货币的国家,至少在当地,比特币实现了消费场景的升级。在虚拟世界,随着链游和元宇宙的诞生,更多虚拟货币被用于购买其他虚拟资产,其消费场景也在虚拟世界得以扩大。

炒作:从创造的角度,我们分析了虚拟货币的正向价值,然而,在实务中的虚拟货币却是“牛鬼蛇神”,因投资及炒作所引发的一系列社会现象可谓骇人听闻。比特币从诞生,到第一批投资人入场,再到共识的凝结,最后被用于资产保值、增值的工具以及跨境支付的场景,并没有所谓的“正义”与“不正义”,支撑其6万余美元(峰值)一枚的价格,到底是被投机者炒作出来的,还是市场天然形成的共识所达到的,我们无法估测。但是,比特币到底值不值如此高昂的价格,还是得看比特币承载的使命是什么。货币的本质是“共识”,如果历史中的人们将该“共识”机制赋予了比特币,那么比特币就是“数字黄金”;如果对比特币的“共识”凝结超过了对黄金的共识,对其市场价格的进一步徒增也不会感到意外;如果历史中的人们在比特币上凝结出的共识最终以破灭收场,那么,比特币的神话也无非是比18世纪的荷兰“郁金香泡沫”营造了一个时间更久、范围更大的“泡沫”。

关于稳定币,结合当前稳定币的市场应用场景,其类似在欧盟成员国之间共同使用的统一支付工具——欧元,这对成员国之间的经济发展具有极大的意义,也是欧盟经济得以进一步繁荣的基石。然而,人们对稳定币最大的诟病在于:发行主体应不应当由一家民营企业承担?如何监管稳定币的发行及流通,以及控制由稳定币引发的金融风险?要知道,从理论上来说统一全球支付工具,这应该是由联合国号召各成员成立全球中央银行来做的举世壮举,结果被一家民营企业给做了;这家民营企业能不能做得好?会不会被强大的项目所“反噬”?目前,发行稳定币 USDT 的 Tether 公司频频被美国监管部门指控,要么指控其财务账簿不公开,要么指责其增发稳定币、联合虚拟货币交易所“玩猫腻”等。

关于使用型、权益型代币可谓是虚拟货币领域炒作的“天花板”,募资的项目创始团队基本都是海外雇用的一批不知所云的“人物”,编造或者购买一堆虚假的身份;然后,杜撰或者请“写手”撰写一套所谓的白皮书(类似传统股市中企业 IPO 的招股说明书),坊间传闻,曾经 ICO 火热的时期,电商平台上明码标价的白皮书低廉到几千元一套。有了白皮书就可以招募几个程序员设计几行代码生产“代币”(Token),甚至在当下发币都不需要专门的技术人员,很多网站已经提供了免费的服务,只需要输入几个参数就可以快速完成发币。有了代币,就可以找营销机构来“路演”,找“托儿”来制造虚假的市场热捧效应。然后,找到虚拟货币交易所的资源,要求上线虚拟货币交易所进行交易,从中与交易所分成利润,一旦代币完成上线,即可寻找所谓的“市值维护团队”,通过强大的资金来操盘,将币价维护到一定的市场价格,吸引“韭菜”进场。一旦市场价格“合适”,开始挥动“镰刀”完成“割韭菜”的“使命”。此外,为了吸引更多的“韭菜”入场,项目方将传销的模式引入代币的发行和流通过程中,用户只要发展下线,引入新用户购买代币,就可以获得返佣或者以减免手续费等方式间接获利,这种传销的模式可以快速地占领市场份额,通过这些用户将币价维持在一个高位,从中建立一个稳定的资金池,只要有后续源源不断的新“韭菜”入场,就不会让自己经营的空中楼阁瞬间坍塌。与传统金融最终赋能于实体经济相比，笔者将以上模式称为"击鼓传花"。

以上看似调侃，其实是实操过程中90%以上项目方发行代币的真实流程，可以说是令圈外人瞠目结舌的操作：没有真实的融资项目、不符合公开融资的法律要求、公司财报不公布、在二级市场筹到的资金使用用途不明确，往往以实控人直接瓜分收场。而内幕交易和操纵代币交易市场行为简直视为被所有人默认、许可甚至授权般自然。这种做法在传统的企业上市融资模式中，简直难以置信，甚至直接涉嫌违法犯罪。

违法犯罪：2017年9月4日，中国人民银行等七部委发布《关于防范代币发行融资风险的公告》，其中明确指出，代币发行融资，是指融资主体通过代币的违规发售、流通，向投资者筹集比特币、以太币等所谓"虚拟货币"，本质上是一种未经批准非法公开融资的行为，涉嫌非法发售代币票券、非法发行证券以及非法集资、金融诈骗、传销等违法犯罪活动。

由于发行代币的项目方不直接募集法币资金，通常都是募集主流的虚拟货币，如比特币、以太坊、USDT等，那么，又因为这些主流的虚拟币在我们国家的法律上很难解释为"资金"（法币），导致该种发币的行为很难直接套用"非法资金"的相关规定进行打击。2022年2月23日，最高人民法院发布《关于修改〈最高人民法院关于审理非法集资刑事案件具体应用法律若干问题的解释〉的决定》，首次在司法解释层面指出"虚拟货币交易"，通过对该司法解释的解读，如果虚拟币交易符合非法集资的构成要件，那么按照非法集资的相关罪名，如非法吸收公众存款罪和集资诈骗罪，可以将非法募集虚拟币的行为纳入非法集资的体系内进行打击。

此外，鉴于虚拟货币的匿名性、流通性强，难以被办案单位追踪或适用刑事强制措施进行冻结，这导致围绕虚拟货币展开的刑事犯罪近年来屡创新高，这也是虚拟货币最为人诟病的原因之一。以虚拟货币为标的衍生的"诈骗犯罪""洗钱犯罪""掩饰隐瞒犯罪所得及其收益罪""帮助信息网络犯罪活动罪""非法经营罪"成为行业高发罪名。

(二)区块链的行业生态探究

创造:区块链,涉及数学、密码学、互联网和计算机编程等很多科学技术问题。从应用视角看,区块链是一个分布式的共享账本和数据库,具有去中心化、不可篡改等特点。区块链应用场景丰富,基础应用主要体现在存证和溯源方面,其最具价值的面向资产的多方商业协作场景尚未被完全开发,它能够实现多主体间的协作信任与一致行动。在这些应用场景之中,区块链降低了因信息不对称带来的成本,提高了工作效率。此外,在数字资产的确权方面,区块链解决了传统方式难以解决的数字资产所有权争议问题。这些应用场景就是区块链该项技术创造的有益价值。

炒作:笔者在文章第一部分畅想了高德地图如果利用区块链技术发行Token(工作证明)来号召大量人员参与地图的实景采集工作,将是一个很好的促进区块链技术落地、提高生产效率的应用场景。但是很遗憾的是,截至目前,放眼全球并没有哪一项目的场景,能够将区块链这项协同及激励机制的技术真正落实到应用层面,从而给人们的生产、生活带来颠覆性创新。那么,试问:市面上炒得火热的“区块链技术”到底是在干什么?

笔者发现,在当下的实践中,炒得火热的“区块链技术”都是在进行“数字资产的确权”。那么,利用“区块链技术”进行“数字资产确权”这件事是不是炒作?其真正的价值和意义又有多大?

不可否认的是,数据通过区块链进行确权后,被用于各种创新、创造及商业化的场景之中,如数据交易,这将带来不可估量的价值。但是,目前我们在实务中发现,很多企业宣称自己采用了区块链技术,但并没有解释清楚采用区块链技术在什么样的场景之中,到底解决了什么问题。笔者发现,大多数企业采用的区块链技术作为其网络应用的开发手段,与传统的技术开发在服务目标上并没有差异,这就好比我们买了一把水果刀和一把斧头,最终都是用来切西瓜,然后堂而皇之地称呼自己是创新、创造的企业,因为自己使用了“斧头来切西瓜”。所以说,适用区块链技术,必须结合一定的应用场景,通过应用场景解决其他技术难以解决的在实务中存在的问题,这才是人们理解的价值落地。

(三)NFT 数字藏品的行业生态研究

创造:NFT 数字藏品是区块链技术在数字资产确权过程中形成的产物。文章第一部分已分析:艺术的呈现方式除物理形态外,自然也可以虚拟形态呈现。那么,以虚拟数据作为载体的艺术品,通过区块链技术进行确权后,该艺术品的所有者即随之确定,虚拟形态艺术品的所有权人确定后,即可完成交易,在交易过程中实现艺术价值与经济价值。

消费:自 2021 年下半年起,国外很多"大厂"就开始领先加入元宇宙,NFT 数字藏品行业。直到 2022 年年初,NFT 进入火爆期,国内各大企业也纷纷加入。在国内,NFT 数字藏品爱好者可以通过腾讯和阿里巴巴等开放的数字藏品平台购买 NFT 产品。Opensea 作为全球最大的 NFT 交易平台,可供用户购买的 NFT 数字藏品有 3000 万种以上。在国际上,越来越多的知名企业开始采用 NFT 技术支持市场营销活动,以此改善客户服务。如奢侈品牌古驰就与 Roblox 达成合作,在游戏中销售了一款限量虚拟包;阿迪达斯推出 NFT 系列,独家发售街头服饰,买家可获得实体和数字特权。

炒作:2021 年 3 月 23 日,推特(Twitter)创始人杰克·多西(Jack Dorsey)发出的第一条推文,以 NFT 的形式拍卖,最终以超过 290 万美元的价格出售;2021 年 8 月 30 日,波场 TRON 创始人孙宇晨宣布,他以 1050 万美元的价格拍下编号为 3442 的 Justin Sun Tpunks 头像;2021 年 3 月 11 日,艺术家 Beeple 的作品《Everydays: The First 5000 Days》在佳士得官网上以 69,346,250 美元成交(折合人民币约为 4.5 亿元),成为最贵的 NFT 艺术品,同时该作品成为在世艺术家拍卖作品价格排行榜中的"第三高价"。人们愿意为虚拟艺术品的天价买单甚至疯抢,是因为该虚拟艺术品同传统的物理艺术品一样,是艺术品基于独特魅力发挥的市场价值?还是说,仅仅是一场疯狂炒作的"豪赌"?理智的人们更愿意相信是基于后者,理由在于:

第一,支撑艺术品天价的背后,往往是由艺术品的稀缺性所造就的。物理艺术品的稀缺性很好理解,虚拟艺术品的稀缺性就很难被人们所理解了。

如果是基于物理艺术品进行扫描创作的虚拟艺术品，即使通过区块链技术做成 NFT 被标识了唯一身份，但只要物理艺术品仍在，理论上还可以做无数个版本的 NFT，与前者并无差别。

第二，虚拟产品天然具有可复制性，从虚拟艺术品的表现形式来说，只要该虚拟艺术品在网上公布过，任何人都可以完成拷贝，单纯从虚拟艺术品表现形态上的价值来说，网络公布即代表免费向所有人展示，所有人可以通过互联网随时、随地观看、欣赏该虚拟艺术品，以发挥其自身的艺术价值。相较物理世界的艺术品，我们以《清明上河图》举例，对比真迹，即使《清明上河图》被临摹得多么相像，或者是直接基于真迹进行扫描的虚拟作品，一旦临摹的赝品上市，或者基于真迹扫描的虚拟作品在网上公布，并不会影响真迹的市场价值。因为物理的真迹绝无仅有，它是通过历史传承过来的，这是当代临摹或者扫描所不具备的属性。所以，真迹的市场价格并不会因为临摹的人多或者扫描成作品在网上公开而影响其市场价值。但是，NFT 作品就很难以这种理由说服他人，物理真迹在扫描后通过区块链技术创造出一个"身份证明"，这一身份的市场价值就如同历史传承过来的物理文物或艺术品一样，的确难以令人接受。

第三，目前市面上很多的 NFT 藏品，其背后物理艺术品的市场价格都难以达到虚拟 NFT 藏品的市场价格，这无疑是一种本末倒置的现象。并且，基于背后的物理艺术品上链产出的 NFT 藏品，即所谓的"身份证明"也并非 1∶1的产出比例，而是 1∶1000，甚至 1∶10,000 的比例。

违法犯罪：在笔者看来，目前的 NFT 数字藏品极易演化为 2017 年的 ICO 代币的发行融资交易，一旦二级市场放开，炒作盛行，市场泡沫终会破裂，投资人大量受损，其最终愈演愈烈的结果只能是违法犯罪。首先，发行 NFT 的成本有多高？除技术人员工资以及获得物理艺术品的授权外，似乎没有其他成本支出，便可以将一个 NFT 产品创造出来，然后在二级市场疯狂炒作，在二级市场的交易平台，大家故技重施把虚拟货币交易所的那套玩法搬过来，通过操控交易市场，最终把投资人变成"韭菜"。其实，很多涉及

NFT 领域的大平台，已经意识到这个问题，他们的解决方案为：要么，只做一级的发行市场，如腾讯的幻核平台；要么，遵循《元宇宙产业自律公约》，坚决抵制利用元宇宙进行资本炒作，对于数字藏品，只支持持有一定期限后无偿转赠给朋友，不支持任何形式的数字藏品转卖行为，如阿里巴巴的鲸探平台。另外，关于发行 NFT 的成本和价值问题，很多平台通过"加权利"的方式来解决——将 NFT 虚拟资产描述为可以作为实务项目的收益权、使用权凭证，比如，用户持有 NFT 可以免费参观实物艺术品，可以享受基于实物艺术品带来的商业价值的分红。在笔者看来，这里的法律风险非常多，如果不能将炒作控制在一定范围内，这种看似规避法律风险的行为无异于掩耳盗铃。据笔者了解，目前已经有人在 NFT 交易平台投资亏损，并选择报警，控告平台实施集资诈骗。

（四）元宇宙的行业生态研究

创造：元宇宙时代的到来，确实给大家带来了无限的想象空间，人们可以徜徉在"虚拟现实、虚实相融"的领域进行科技创新，最终提高物理世界的生产和生活效率，从中推动社会进步，为社会产生有益价值。

消费与炒作：当下的元宇宙项目，多以炒作的目的出现，典型的代表就是"链游"，"链游"号称是将游戏从"Game for fun"的时代，带到了"Game to earn"，也就是说，玩游戏不是为了单纯的玩得开心，而是为了赚钱。2021 年下半年，各种"链游工作室、打金工作室"涌现；一个个宠物孵化的游戏，单纯从游戏体验感上来说，可以媲美 20 世纪 80 年代的小霸王游戏机，大家真的是为了怀旧的目的选择链游吗？绝对不是！大家选择链游的目的只是赚钱，通过不断地炒作，一个游戏孵化的"宠物"每天的价格都在上涨，一个月几倍、数倍甚至几十倍的收益，谁能不为之疯狂？但是，当炒作的热潮退却，最终留下的仍是一地鸡毛，这与人们鼓吹的元宇宙几乎毫无关联。链游的泡沫破裂之前，市场都在鼓吹链游带动了元宇宙的发展；链游泡沫破裂后，市场上似乎很少有这种声音再出现。

然而，当路易威登、耐克、阿迪达斯、周杰伦、潘玮柏等强大的 IP 进入元宇宙的赛道，当抖音“柳夜熙”一条视频吸引上百万名粉丝的关注，大家发现虚拟角色、虚拟场景在元宇宙的世界里，开始有用户在虚拟世界中为了消费而埋单。好比装扮QQ空间一样，用户愿意在虚拟世界的角色中，花费一笔不菲的资金，给自己的角色进行装扮，比如，给自己的角色购买一双耐克牌虚拟鞋。装扮角色也不是为了进行炒作，以更高的价格卖给后面的“接盘侠”，而真的仅仅是为了在虚拟世界中的消费体验，即使这种行为很多人难以接受。

违法犯罪：元宇宙这个领域可谓鱼龙混杂、泥沙俱下，一边是政府大力支持，另一边是投机分子的炒作，甚至还有从事违反犯罪的人以元宇宙项目为幌子，在此大行诈骗犯罪之实。2022年2月18日，中国银行保险监督管理委员会在官网发布《关于防范以“元宇宙”名义进行非法集资的风险提示》称，近期，一些不法分子蹭热点，以“元宇宙投资项目”“元宇宙链游”等名目吸收资金，涉嫌非法集资、诈骗等违法犯罪活动，其手法主要体现为：编造虚假元宇宙投资项目、打着元宇宙区块链游戏旗号诈骗、恶意炒作元宇宙房地产“圈钱”、变相从事元宇宙虚拟币非法牟利。

三、如何正本清源，破除“劣币驱逐良币”的不正之风，塑造行业创新价值

长期以来，我国政府都高度支持科技创新。在当代，大数据、人工智能、区块链、物联网、5G、云计算等方面的创新已被寄予厚望。然而，鉴于创新技术的落地应用，需要长时间的社会共同探索，不良资本在此嗅到了商机，开始进行投机炒作，甚至有居心不良的犯罪分子利用公众对新技术的理解力不足，以国家大力支持的创新科技作为幌子，大肆从事违法犯罪活动。在这种鱼龙混杂的现状下，该如何破除“劣币驱逐良币”之不正之风，塑造行业创新价值？笔者从法律角度，谈谈以下几点看法。

（一）类型化划分虚拟货币及NFT产品，并明确其法律属性

笔者通过对不同类型虚拟货币的“属性、技术原理、市场接受程度”等因

素将其分为不同种类:第一类,主流虚拟货币,如比特币、以太坊;第二类,稳定币;第三类,遵循发行所在国证券法,发行的使用型、权益型代币;第四类,非法融资项目代币。

在法律层面对虚拟货币进行类型化划分,并明确其属性,能够将其纳入现有的法律体系进行规制,从而规范行业生态,依法打击行业乱象,引导行业走向正途。

(1)鉴于主流虚拟货币在全球形成的广泛共识和众多应用场景。如我国法律、法规将主流虚拟货币,如比特币、以太坊,纳入“虚拟财产”的范畴,那么围绕以虚拟货币为标的的各种民事法律行为就可以准确适用法律、法规的相关规定,避免出现过度的“全面保护所有虚拟货币”,扩大市场投机风险的现象,也避免出现“借币不还,违约不究,法院不管”,让借币者、违约者无端受益,有损公平、正义的乱象。当然,在厘清哪些虚拟货币可受法律保护的基础上,如何定义哪些属于“主流虚拟货币”,如何评估主流虚拟货币之外的其他虚拟货币的价值,如何更好地在维护公序良俗的基础上实现个案正义。回应这些问题:既需要对不同虚拟货币的产生方式、属性、原理、技术路径进行分类研究,也需要司法裁判者在涉币案件中就案件结果本身对社会、对个人影响力进行判断,从保持个案公正和维持金融秩序稳定的双重视角来理性裁判案件。

(2)我国目前禁止发行使用性、权益型代币,对 ICO 行为更是通过中国人民银行的公告进行直接打击。然而,通常这类行为在发生纠纷时能够符合美国“豪威测试”的四大要件,即“金钱投资;投资于共同事业;投资人有收益预期;收益仅来自他人的努力”,由此,此类投资合同纠纷常被认为属于证券纠纷,故而纳入证券法的管辖范围。然而,目前我国对境内居民投资境外权益型代币的行为尚未有明确定性,如何厘清个中法律关系亦是难点。当此种权益型“代币”在发行所在国被解释为证券,那么境内投资人的投资行为与通过开立境外股票账户、交易境外股票的行为类似,如若以该境外的股票为标的,在境内产生的各种民事法律行为是否应当受到我们国家的法律保护？如果最终发现发行该“使用型、权益型代币”的实控人在境外操纵代币的证券市场，或者发行审核材料造假，向公众作不实陈述，出现该种情形时，该如何处理我们国家以该代币作为标的物的各种民事法律行为？若我们国家的投资人出现大面积亏损，我们国家的法律该如何保护我国投资人的利益？

（3）非法融资项目代币，是指完全不遵循发行所在国的证券监管规定，实质上的发币行为属于非法募集资金。以前，在司法实务中没有用非法集资的相关罪名去打击“违法发行项目代币”的原因在于，“发行项目代币”募集“主流的虚拟货币”，这个“虚拟货币”能否解释为“非法集资”法律规定中的这个“资”？对此，学术界、理论界莫衷一是。终于在2022年2月23日，最高人民法院发布《关于修改〈最高人民法院关于审理非法集资刑事案件具体应用法律若干问题的解释〉的决定》，首次在司法解释层面指出“虚拟货币交易”，通过对该司法解释的解读，如果虚拟币交易符合非法集资的构成要件，那么按照非法集资的相关罪名，如非法吸收公众存款罪和集资诈骗罪，可以将非法募集虚拟币的行为纳入非法集资的体系内进行打击。

（4）NFT在我们国家法律上该如何定性。关于NFT数字藏品在我们国家法律上的定性，有人说它属于民法上的“物”、有人说它是“版权”、有人说它是“证券”；NFT数字藏品在法律上到底是什么，成为当下学术界和理论界颇具争议的一个研究领域。

在民法典的物权法理论中，“物”分为“动产”和“不动产”，“动产”的所有权一般是通过“占有”实现；“不动产”的所有权一般是通过“登记”实现；那么，虚拟财产的所有权通过什么方式来实现确权？是通过“登记”还是通过控制虚拟财产的“存储载体”？抑或是掌握控制虚拟财产的“私钥（密码）”？关于这些问题，学界少有研究。

另外，随着数据成为权利的载体被普遍应用后，NFT数字藏品通过区块链技术产生的“身份证明”，不仅意味着NFT数字藏品所有权归属于持有者，还可以在该“身份证明”上增设其他权利，比如，持有该数字藏品“身份证明”，可以在3年内免费观看物理实物艺术品；可以基于物理实物艺术品，在特定期限内享有商业变现分红的一定额度。那么，以数据形式呈现的数字藏品“身份证明”变成了一系列的权利载体，如使用权凭证、项目股权、版权、债权等，从法律属性上变成了更接近于一个类投资合同的“权利集合体”，该类“权利集合体”在法律上该如何定性，如何进行规制？如果将该“权利集合体”通过在二级市场流转炒作，使该“权利集合体”具备了“证券”等金融属性，又该如何纳入金融法的监管范围？

（二）联合政府多部门，建立常态化的监管模式

目前，围绕虚拟货币、NFT、链游、元宇宙等领域，需要进行强监管和打击的现象主要有以下几点：第一，以“虚拟货币、NFT、链游、元宇宙”等专业名词作为幌子，大肆进行诈骗的行为；第二，大肆地投机炒作；第三，为上游诈骗、网赌、传销、贪污贿赂等违法资金进行销赃或“洗钱”；第四，“虚拟币挖矿”大肆消耗我国能源，不利于“双碳”目标的实现；第五，打破国家外汇管制，影响国家外汇收支平衡；第六，偷、漏税行为损害国家税收利益。

2021年9月15日，中国人民银行联合十部门下发《关于进一步防范和处置虚拟货币交易炒作风险的通知》，其中明确，建立健全应对虚拟货币交易炒作风险的工作机制，同时，构建多维度、多层次的风险防范和处置体系，严厉打击虚拟货币相关非法金融活动。

在此，笔者建议，针对虚拟货币、NFT、链游、元宇宙等领域中存在的“投机炒作、违法犯罪”等问题，应当联合政府多部门进行及时的防范和管理；同时，在因规范性文件的效力层级不足以打击该类领域中的违法犯罪问题时，立法部门应当及时出具具有更高效力层级的法律、司法解释和行政法规。值得一提的是，2022年2月23日，最高人民法院发布《关于修改〈最高人民法院关于审理非法集资刑事案件具体应用法律若干问题的解释〉的决定》，首次在司法解释层面指出，涉“虚拟货币交易”相关的非法集资类行为，为打击该类犯罪提供了法律依据。

（三）政府相关部门引导、支持行业向“创新、创造”的场景中发展

通过对虚拟货币、NFT、链游、元宇宙等行业现状的梳理，从“创造、消

费、炒作、违法犯罪”4个角度对行业现象进行分类，从中筛选出可以“创新”的场景，然后政府相关部门积极引导、支持该类“创新”场景的建设和长期发展。

笔者认为，科技创新一定要落实到为人们生活水平的提高，创造新消费场景等能够对社会经济的发展起到重要推动作用的应用场景中来，最终体现为对人类社会的进步和发展增加福祉。综观前两次工业革命和互联网的应用发展，人类的生产和生活方式都由此发生了翻天覆地的变化，社会经济效率也由此大大提高。回顾我国经济30余年的飞速发展，每一项科技创新也无一不推动了社会效率的提高。科技改变生活，让人民更幸福已不再是一句空话。例如，传统互联网的创新发展，极大地优化了商品跨地域交易的场景，实现了用户足不出户，即可在全国乃至全球购物的设想；即时通信技术的进步也使纸质书信成为历史，甚至微信已成为当下国人日常生活中不可或缺的工具；4G的崛起孵化出移动互联网这棵参天大树，由此诞生的外卖平台、打车平台、短视频平台等都极大颠覆了人们的出行方式、餐饮习惯和社交形式。

故而，在未来，能够进一步提高民众的生产和生活效率，促进民众生活便利的应用场景依然离不开科技创新的支持，如5G、人工智能、大数据、云计算、物联网等。然而，类比分析，放眼于本文探讨的“虚拟货币、NFT、链游、Web 3.0、元宇宙”等场景，其在推动民众的生产及生活效率、社会物质水平、人们幸福生活的提升方面，到底体现在哪些场景之中？如果存在这些场景，区块链技术到底能不能支撑这一场景的实现？今天所谓的“DAO、Web 3.0”，是不是这一场景的表现之一？假设，有100个程序员共建一个元宇宙，每个程序员在这个元宇宙中拥有一个固定的身份角色，共100个角色。每个程序员每天给自己控制的角色发号指令，然后，在元宇宙的世界中，不同的角色之间通过指令进行交互，甚至是进行研究和创造，要知道这些角色之于物理世界中的人类，可以“不眠不休”。若角色之间的交互，最终能不被用于解决现实物理世界中的问题，那么，该元宇宙的意义绝对是颠覆性的。

如果经过论证，这些场景能够为人们的生活增加福祉，那么，应用该场景以及为该场景提供支持的创新技术，政府相关部门应当大力支持！

最后，笔者立足于区块链技术，憧憬在元宇宙的场景中，能够发挥出区块链去中心化的优势，最终解决现实物理世界中的真问题，为人来社会的进步增加福祉。

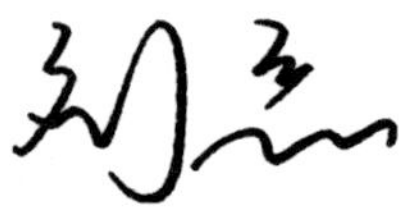

写于上海陆家嘴锦绣前城

2022 年 3 月 21 日